KB253661

곽선희 목사 설교집
33

너는 저를 사랑하라

곽선희 지음

계몽문화사

머리말

　'복음은 들음에서'—이는 진리이며 우리의 경험입니다. 하나님께서 우리에게 주신 복 가운데 가장 큰 복은 말씀을 주신 것입니다. '말씀이 육신을 입어서 오신 것'입니다. 말씀을 주셨고 들을 수 있게 하셨고 마음문을 열고 받아 믿게 하신 것, 참 놀라운 은혜입니다.

　말씀은 단순한 지식이 아닙니다. 추상적인 이론이 아닙니다. 말씀은 선포되는 하나님의 계시적 능력인 것입니다. 말씀의 권능, 그 능력을 알고 체험하면서 비로소 '말씀 안에서 태어나는 생명적 기적'이 나타나게 됩니다. 오늘도 그 말씀이 증거되고 새롭게 선포되고 있습니다. 설교가 곧 말씀입니다. 성령의 역사와 함께 끊임없이 이루어지는 생명의 역사입니다. 이 선포되는 말씀, 증거되는 진리를 통하여 구원의 능력은 항상 새로워집니다. 말씀 안에서 새 생명이 탄생하고 말씀 안에서 영혼이 소생하며, 그 큰 능력 안에서 우리는 강건해집니다. 우상을 이기는 능력의 사람으로 성장해가는 신비롭고 놀라운 사건을 강단에서 늘 경험하고 있습니다.

　여기에 또다시 설교말씀을 모아 책자로 내어놓습니다. 소망교회 강단을 통하여 하나님께서 우리에게 주신 말씀입니다. 이제 그 말씀을 책자로 엮어 내어놓음으로써 우리가 시간과 공간을 초월하여 개별적으로 하나님을 만나게 되는 '말씀의 역사'에 귀중한 방편이 되고자 합니다. 책자라는 그릇에 담긴 이 말씀들은 읽는 자의 마음 안에서 또다른 '말씀의 신비한 기적'을 낳게 되리라 확신합니다.

　한 시간 한 시간의 설교를 위하여 간절히 기도해주신 소망교회 성도들과 이 책자를 출간하기까지 수고해주신 여러분께 진심으로 감사를 드립니다. 그리고 또다시 영광을 오직 하나님께 돌리면서……

곽선희 목사
장로회 신학대학 졸업
프린스턴 신학석사
풀러신학 선교신학박사
인천제일교회 목사
장로회 신학대학 교수 역임
숭의여자전문대학 학장 역임
서울장로회신학교 교장 역임
소망교회 목사

곽선희 목사 설교집 제33권

너는 저를 사랑하라

인쇄 · 2003년 7월 25일
발행 · 2003년 7월 30일
지은이 · 곽선희
펴낸이 · 김종호
펴낸곳 · 계몽문화사
등록일 · 1993년 10월 11일
등록번호 · 제16—765호
전화 · (02)917-0656
정가 : 13,000원
총판 · 비전북 / (031)907-3927
ISBN 89-89628-07-5   03230

너는 저를 사랑하라

너는 저를 사랑하라

소금을 두고 화목하라

만일 네 손이 너를 범죄케 하거든 찍어 버리라 불구자로 영생에 들어가는 것이 두 손을 가지고 지옥 꺼지지 않는 불에 들어가는 것보다 나으니라 만일 네 발이 너를 범죄케 하거든 찍어 버리라 절뚝발이로 영생에 들어가는 것이 두 발을 가지고 지옥에 던지우는 것보다 나으니라 만일 네 눈이 너를 범죄케 하거든 빼어 버리라 한 눈으로 하나님의 나라에 들어가는 것이 두 눈을 가지고 지옥에 던지우는 것보다 나으니라 거기는 구더기도 죽지 않고 불도 꺼지지 아니하느니라 사람마다 불로서 소금 치듯함을 받으리라 소금은 좋은 것이로되 만일 소금이 그 맛을 잃으면 무엇으로 이를 짜게 하리요 너희 속에 소금을 두고 서로 화목하라 하시니라

(마가복음 9 : 43 - 50)

소금을 두고 화목하라

70년대에 만들어진 미국영화에 「대부」라고 하는 대작영화가 있습니다. '마피아'들의 생태를 보여주는 영화입니다. 거기 나오는 여러 장면 중에서 우리마음에 오래오래 기억될 한 장면이 있습니다. 특별히 저는 바로 이 장면에 크게 충격을 받았습니다. 그래서 잊을 수 없는 기억으로 남아 있는 장면입니다. 마피아의 일곱 패밀리 두목들이 각자의 졸개들을 거느리고 모여서 이제 더는 싸우지 말자, 하고 화합하는 의식을 가집니다. 우리끼리 서로 싸우고보니 이긴 쪽이나 진 쪽이나 너무도 손해가 많다, 그러니 다시는 싸우지 말자, 하고 합의를 봅니다. 아주 거창한 의식과 함께 하나됨을 다짐합니다. 당석에서 각자의 손가락 하나씩을 깨물어 피를 내고 돌아가면서 한 컵에다 그 피를 받고 이것을 저어서 섞은 다음에 다시 일곱 사람이 돌아가면서 이것을 마시는 것입니다. 하나되는 의식치고는 여간 거창하지 않습니다. 확실하기 이를데없습니다. 이제는 절대로 싸우지 말자, 우리는 피로 뭉친 사이다, 이랬습니다. 그러나, 한번 하찮은 일로 해서 조금씩조금씩 서로 삐걱거리기 시작하더니 마침내 다시 서로 싸우기 시작하는데, 다 죽어버리고 일곱 중 두 사람만 남게 될 정도였습니다. 여기서 우리는 생각하게 됩니다. 그들이 왜 하나가 되지 못했을까? 하나되어야 한다는 것, 다 알고 있습니다. 그래 하나 되기로 합의하고 결의했습니다. 그러나 결국은 하나되지 못했습니다. 참으로 중요한 것을 말해주는 이야기입니다. 불의와 거짓과 악, 죄악을 바탕으로해서는 절대로 하나될 수가 없다는 것, 불의가 바탕에 깔린 그러한 하나됨의 역사는 실현될 수 없다―그것을 교훈하고 있는 것입니다.

오늘도 많은 사람들이 하나됨을 역설합니다. 화합을 이루자, 화목을 도모하자, 총화단결 하자… 특별히 독재자마다 단골로 이렇게 목청을 높입니다. 그러나 하나됨은 이루어지지 못하고 있습니다. 그 이유는 간단합니다. 첫째는 진실이 없기 때문입니다. 거짓이 있고는 하나됨이 이루어지지 않습니다. 정의와 진리를 떠나서는 하나됨이 있을 수 없습니다. 야합(野合)과 화합은 다릅니다. 내 이익을 위해서 합치는 것이 야합이요, 내 이익을 포기하고 희생하면서 하나를 이루는 것이 화합입니다. '나를 중심으로 모여라!' 아무리 외쳐보아야 그것으로는 하나가 되지 않습니다. 진리를, 정의를, 의를 중심으로 할 때에만 하나가 될 수 있는 것입니다. 1934년, 생각하면 아득한 옛날입니다. 그때 벌써 인도의 간디는 일곱 가지 요인을 들어 망국론을 피력했습니다. 이렇게 되면 나라가 망한다, 하였습니다. 원칙 없는 정치, 도덕 없는 상업, 노동 없는 부, 인격 없는 교육, 인간성 없는 과학, 양심 없는 쾌락, 희생 없는 신앙—이 일곱 가지 요인이 나라를 망친다고 했습니다. 어쩌면 이미 그 때에 오늘의 우리 현실을 내다보고 지적한 것만 같습니다. 과연 그는 훌륭한 분이었습니다. 예언같은 말씀입니다. 왜 하나가 안되느냐고요? 의를 저버렸기 때문입니다. 또하나는, 목적이 달라서 하나가 되지 못하는 것입니다. 목적만 같고보면 의견이 좀 달라도, 혹 뜻이 좀 다르고 방법이 좀 달라도 종국에는 하나될 수가 있습니다. 그러나 방법은 하나인데 목적이 다르다면 언젠가는 다 깨어지고 맙니다. 그러니까 자기중심의 이기심, 이것이 있는 한 절대로 하나될 수가 없는 것입니다. 또하나는, 지혜자가 없기 때문에 하나됨이 없습니다. 뚜렷한 지도자가 없으면 하나될 수 없습니다. 참으로 훌륭한 화해자가 없으면 하나됨이 없습니다. 아무리 보아도 쓸만한 인물이 없을 때, 뚜렷한 지도자가 없을 때 우리는 하나되지 못하는 것입니다. 우리가 다같이 신뢰하고 존경할만한 훌륭한 어른이 하나 있다면 자연스럽게 하나가 될 수 있지만 저마다 저 잘났다고만 하는 사람들 투성이라면 결코 하나됨이 있을 수 없는 것입니다. 진정한 피스메이커(peacemaker)가 없으면 사람들은 하나되기 어렵습니다.

오늘본문에 예수님 친히 말씀하십니다. "서로 화목하라." 화목을 주제로 말씀하시는데, 먼저 이 마가복음 9장을 자세히 살펴보면 몇가지로 암시해서 하나됨의 길을 말씀하십니다. 29절에 보면 기도 없는 제자들의 무능력을 지적하십니다. 기도 없이는 용기내어보아도 소용없고, 기도 없이는 큰소리쳐보아도 아무 소용 없다, 결국은 하나님 앞에 기도하는 사람이어야 한다, 그리고야 능력이 있고 화해할 수 있다는 말씀입니다. 또 경쟁심, 으뜸이 되고자 하는 마음, 승부욕을 버리라, 그런 것이 있는 한, 시기 질투가 있는 한 하나됨은 없다, 하는 것입니다(막 9 : 34 - 35). 또한 나만 옳다고 하는 편견, 고집, 아집 같은 것, 이런 마음이 있어서는 하나될 수가 없다는 것입니다. 또하나는, 본의아니게 남을 실족하게 할 수 있습니다. 나는 나대로 살아갈 수 있지마는 다른 사람에게 덕을 끼치지 못하는 경우가 많습니다. 이럴 때는 배려의식이 필요합니다. 나로서는 할 수 있지만 다른 사람을 위해서 하지 말아야 하는 것이 있는 법입니다. 남을 실족시키는 일, 실망시키는 일들이 세상에는 참 많습니다. 내 돈 내가 쓰는데 누가 뭐라고 해? 그러나 그것이 다른 사람의 마음을 아프게 한다면 쓰지 말아야 합니다. 내가 내 마음대로 가는데 누가 말려? 그러나 그것이 다른 사람을 실족케 하고 실망케 하고 낙심케 한다면 멈추어야 합니다. 그런 말씀입니다. 그래서 눈이 너를 범죄케 하거든 빼어버리라, 손이 너를 범죄케 하거든 찍어버리라, 발이 너를 범죄케 하거든 찍어버리라, 차라리 절름발이가 되어 하늘나라에 들어가는 것이 온몸이 성해서 지옥불에 던지우는 것보다 낫다고 말씀하십니다.

이렇게 누누이 깊은 면에서 하나됨의 원리를 말씀하시고 결론으로 이렇게 말씀하십니다. "너희 속에 소금을 두고 서로 화목하라." 소금은 3대 기능을 가졌습니다. 아시는대로 먼저는 맛을 내는 것입니다. 소금에 얽힌 우스운 이야기가 있습니다. 어떤 분이 의사로부터 소금은 당신몸에 나쁘다, 혈압도 높으니 먹지 마라, 하는 주의를 받고 소금을 전혀 안먹기로 했습니다. 좌우간 설렁탕도 소금을 치지 않고 먹었다니 참 대단한 사람이지요. 그거 무슨 맛으로 먹습니까. 어쨌든 그렇게 하는데 한번은 어떤 의학교수로부터 산 사람은 소금을 먹어야 한다, 소금은 몸에 좋은 것이다, 하는 얘기를 들었습니다. 듣고 그는 '옳다' 하고 이제는 음식에 소금을 쳐서 먹었는데, 그렇게 맛있을 수가 없는 것입니다. 소금은 맛을 냅니다. 소금 없이는 음식 맛있게 먹을 수 없습니다. 사람들이 음식 대접할 때 보면 요새는 으레 하는 소리가 두 가지 있습니다. "많이 잡수세요"하는 것이 그 하나입니다. 많이 먹으라니, 내가 굶고 사나, 할 수도 있습니다. 많이 먹으라니, 빨리 죽으라는 거냐, 할 수도 있습니다. 더구나 노인 보고 많이 잡수시라 하는 것은 빨리 가시라는 거나 다름없습니다. 좋지 않은 일입니다. 그래서 조금 더 유식하게는 맛있게 잡수세요, 한다거나 또 조금 고상하게는 즐거운 시간 되세요, 하는데, 이 정도는 괜찮은 편입니다. 그래 옛날어른들은 음식 대접하는 인사를 이렇게 했습니다. "간이 맞습니까?" 젊은사람들 가운데는 이것이 무슨 말인지 모르는 사람도 있겠습니다마는 "간이 맞습니까?" 하는 것, 참 좋은 인사입니다. "우리집음식이 간이 맞습니까?" 그만큼 간은 중요한 것입니다. 소금맛이 결국은 모든 음식의 맛을 만들어내는 것입니다. 맛을 낼 뿐 아니라 소금은 또 방부제 구실도 합니다. 지금은 냉동하는 방법도 있지마는 옛날에는 방부제라면 오로지 소금이었습니다. 소금으로 절였습니다. 그래서도 우리가 짠 것을 많이 먹게 된 셈이지만 어쨌든 상하지 않게, 썩지 않게 하려면 소금을 많이 쳐서 절이는 것입니다. 맛을 내고, 상하거나 썩지 않게 할 뿐더러 소금은 또 '고르게' 하는 구실을 합니다. 소금을 넣으면 다 고르게 됩니다. 이것이 바로 오늘 주시는 테마입니다. 소금이 들어가면 뻣뻣한 것이 노글노글하게 됩니다. 여기서 숨이 죽습니다. 그래서 하나가 되는 것이다, 말씀하십니다. 고르게 하는 역할을 하는 것입니다. "너희 속에 소금을 두고 서로 화목하라" 말씀하십니다. 특별히 구약성경에 보면 제사에 소금이 쓰이는 것을 볼 수 있습니다. 레위기 2장 13절에 보면 "네 모든 소제물(素祭物)에 소금을 치라 네 하나님의 언약의 소금을 네 소제에 빼지 못할지니 네 모든 예물에 소금을 드릴지니라" 하고 하나님 말씀하십니다. '브리트 멜라흐'—소금의 언약, 언약의 소금, 아주 신비로운 의미가 여기에 있고 상징적 의미가 여기에 있습니다. '언약의 소금을 치라' —중요한 의미를 담고 있습니다. 여러분 아시는대로 무릇 제물이란 아무리 귀한 것이라도 제물 그대로 바치는 것이 아닙니다. 제물은 죽여야 됩니다. 산 양을 죽이고, 산 소를, 산 비둘기를 제단 앞에서 죽입니다. 그것도 깨끗한 것이어야 합니다. 죽어가는 것은 안됩니다. 깨끗하게 펄펄 살아 있는 짐승을 바로 그 자리에서 죽여 하나님 앞에 바치는 것이 제사의식입니다. 그런데 이제 이것이 동물이 아니고 채소라, 그 말입니다. 채소를 드리는 제사를 소제라고 합니다. 채소를 가지고 와서 드리려고 할 때, 소금을 쳐서 뻣뻣한 채소를 부드럽게 만들어가지고 드리라 하는 말씀입니다. 그러니까 숨을 죽인다는 의미, 마치 양을 죽이는 것과 같은 그런 의미가 여기에 있습니다. 뻣뻣한 사람 노글노글하게 죽어야 됩니다. 이것을 알아야 합니다. 목이 곧은 사람, 목을 꺾어야 됩니다. 어깨에 힘주는 사람, 힘을 빼어야 됩니다. 눈높이가 높은 사람, 낮추어야 됩니다. 잘났다는 사람, 이제 자기가 가장 못난 사람인 것으로 생각을 돌려야 합니다. 교만한 사람, 겸손해져야 됩니다. 이것이 소금을 친 것입니다. 그런데 이것을 내가 못하면 하나님께서 하게 하십니다. 하나님께서는 당신의 백성을 당신 보시기에 합당한 자로 만드십니다. 그래서 교만한 사람, 여지없이 낮추어버리십니다. 잘났다는 사람, 저 잘났다는 생각을 깨끗이 버릴 때까지 하나님께서는 진노의 고삐를 늦추지 않으십니다. 이것을 잊지 말아야 합니다. 주 앞에 나올 때 성도의 교제 속에 완전히 깨끗한 겸손이 있어야 됩니다. 완전히 나로서는 죽어가지고 절인 배추처럼 아주 부드럽게 되어야 합니다. 그래야 하나님 앞에 열납되는 제물로 바쳐집니다. 그래야 하나님 앞에 바른 예배를 드릴 수가 있는 것입니다. 하나님께서 친히 오늘도 역사하시는 것을 역력히 볼 수 있습니다. 가만히 보면 아직도 덜 죽은 사람이 있습니다. 숨이 덜 죽었습니다. 그래서 은혜가 없습니다. 그래서 은혜받지 못합니다. 그래서 성도간의 교제에서도 기쁨을 모르고 사랑을 모릅니다. 자, 하나님께서 '소금을 두라' 하십니다. 유대사람들에게는 '소금이 없으면 세상은 살아갈 수 없다' 하는 격언이 있습니다. 그만큼 저들은 소금을 소중히 여깁니다. 양을 키우는데, 양에게 소금을 먹이지 아니하면 양이 기운을 차리지 못합니다. 꼭 소금이 필요합니다. 지금 우리가 '월급'을 샐러리(salary)라고 하는데, 이 말도 본래 소금이라는 뜻입니다. 옛날에는 임금을 소금으로 줄 때가 있었습니다. 그런가하면 라틴사람들에게는 '세상에 없어서는 안될 것 두 가지가 있다. 하나는 태양이고 하나는 소금이다' 라는 격언도 있습니다. 그만큼 인류는 소금을 중시해왔습니다.

이제 오늘본문에 주시는 귀한 말씀의 뜻을 생각합니다. 소금은 그 기능을 다하기 위해서 두 가지로 역사합니다. 첫째, 소금은 녹아집니다. 녹지 않는 소금은 소용없습니다. 녹아져야 합니다. 형체가 없어집니다. 깨끗이 녹아집니다. 그래야만 소금이 소금될 수 있습니다. 그래야 소금된 구실을 할 수 있습니다. 녹지 않는 소금은 소금이 아닙니다. 형체가 없어지지 아니하면 소금구실을 못합니다. 동시에 소금은 다 녹아 없어지면서도 제맛은 항상 지켜갑니다. 본질을 잃지 않습니다. 형체는 없어지나 본질은 살아 있습니다. 이것이 소금의 특성입니다. 그리고 다른 물체에 영향을 줄지언정 자신은 영향받지를 않습니다. 여러분, 소금 썩은 것 보았습니까? 썩어지는 물체를 썩지 않게 할 수는 있어도 썩어지는 물체 때문에 소금 자신이 썩는 일은 없습니다. 소금이면 제 맛이 변하지 않습니다. 그런데 보아하면 맛간 교인들이 많습니다. 교회다닌다는데 아무리 보아도 예수냄새가 나지 않는 사람이 있습니다. 맛이 간 사람입니다. 여기에 문제가 있습니다. 제가 아는 어느 고위직공무원 한 분이 언제 한번 점심을 같이하는 자리에서 고충을 이야기합니다. "자, 위에도 윗자리가 있고 밑에도 아랫자리들이 있고… 이렇게 중간위치에 있어보니 예수믿는 사람으로 참 곤란해질 때가 많습니다. 교회나가는 것도 그렇지마는 예수믿는 사람이기에 가지 말아야 될 곳도 있고 하지 말아야 할 것도 있는데 부득불 가야 되고 해야 되고… 공무원으로 예수믿기 참 힘드네요." 제가 그 얘기에 이렇게 말해주었습니다. "내 말 잘 들으세요. 하위직은 좀 고달프긴 해도 명은 깁니다. 보다 오래 있을 수 있지마는 당신 정도 되는 고위직이라는 것은 오래 못갑니다. 당신생각에는 얼마나 오래 그 자리에 있을 것같소? 그거 뭐, 북풍이고 남풍이고 한번 불었다하면 그런 자리는 추풍낙엽 아니오? 어느 때 어디에 연루되어가지고 떨어져나갈는지 모르지요. 어차피 오래 못있지요? 잘해야 1년이지." 그랬더니, 사실 그렇다고 대답합니다. "그렇다면 내일이라도 그만둘 마음 가지고 사표를 써놓으세요. 제출하지는 않더라도 말이오. 그리고 하고 싶은대로 하는 거요. 알았소? 그리고 그만둬야 한다면 떳떳하게 그만두는 거요. 그만둔 다음에 그만두기를 잘했다 싶게 해요. 그 자리에 붙어 있으려고 쓸데없는 얘기 하지도 말고 하고 싶지 않은 일 하지도 말고 비겁하게 살지 말아요. 알았어요?" "알았습니다." "그 다음에 우리교회 소망지 갖다가 책상 위에 딱 놓아두고 오는 사람마다 하나씩 주는 거요. 예수믿으라고. 그 자리에 앉아 있을 때 만나는 사람마다 이렇게 전도하세요." 그 뒤 이 분은 내 말대로 실천했습니다. 거기다가 소신껏 일하는 분이라고 진급까지 했습니다. 여러분, 제발 시시하게 살지 맙시다. 앉은 자리 지키자고 양심 거스르고 살 것이 아닙니다. 좀 떳떳하게 살 수 없습니까. 소금은 녹아집니다. 분명히 녹아서 형체는 없어지는데 본질은 그대로 살아 있는 것입니다. 어디 가나 짠맛은 그대로 있어야 하는 것입니다. 이것이 변질되면 안됩니다. 예수님 강조하십니다. "소금이 그 맛을 잃으면 무엇으로 이를 짜게 하리요." 소금은 절대로 제맛을 잃어버리지 않습니다. 그것이 소금입니다. 예수 그리스도께서 우리를 위하여 십자가를 지셨습니다. 에베소서에 보면 하나님과 우리 사람을 화목케 하기 위하여 그 제물로 오셨다고 말씀합니다. 그는 분명 십자가에 죽으셔서 형체가 없으십니다. 하나님의 아들의 형체, 거룩한 위상, 다 없어진 것같은데, 그러나 십자가에 죽으시면서 당신을 십자가에 못박는 사람들의 죄를 용서하십니다. "아버지여 저희를 사하여 주옵소서 자기의 하는 것을 알지 못함이니이다(눅 23 : 34)" 한치양보도 없이 그는 그의 본질을 그대로 지켜가십니다. 스데반은 돌에 맞아 죽습니다. 그의 형체는 없어지나 그의 정신, 그의 믿음은 그대로 살아서 자기를 죽이는 자들을 위하여 기도하지 않습니까. 이것이 소금입니다. 한 알의 밀이 땅에 떨어져 죽으면 많은 열매를 맺느니라―예수님 말씀하십니다(요 12 : 24). 죽어요. 분명히 죽습니다. 형체가 없어집니다. 그러나 그 생명력은 살아서 많은 열매를 맺는다는 것입니다. 그것이 소금입니다.

　저는 20세기가 낳은 인물 중 가장 훌륭한 분으로 넬슨 만델라를 들고 싶습니다. 그는 인종차별문제를 해결하기 위하여 남아공화국에서 얼마나 고생을 했습니까. 얼마나 많은 수고를 했습니까. 그는 27년 동안 감옥에 있었습니다. 그 고통을 겪었습니다. 요새는 뭐, 몇달 갔다오고는 훈장 단 것처럼 내세우는 사람이 있는데 이런 것과는 유가 다릅니다. 정의를 위하여, 오직 하나되기를 위하여, 백인과 흑인의 인종차별 없는 세계를 만들기 위해서 싸우다가 그는 무려 27년 동안 감옥에 있었습니다. 그리고 감옥에서 나와 이제 온민족의 지지를 받아 대통령이 되는데, 한번 보십시오. 대통령 되고나서 바로 자기를 괴롭혔던 그 많은 백인들, 그 모든 정적들을 다 사면해버렸습니다. 다 용서해버렸습니다. 그는 어느 누구도 저주하지 않았습니다. 어느 누구도 비판하지 않았습니다. 자기를 괴롭힌 자를 절대로 원수로 생각하지 않았습니다. 그리고 자신에게 주어진 대통령직무를 마치고 이제 그 특유의 웃음을 웃으면서 고향으로 내려가는 모습을 보십시오. 아무 미련 없이 훌쩍 고향으로 갔습니다. 대통령이란 그 직을 떠난 다음에 잘살아야 하는 법입니다. 그것이 더 중요한 일입니다. 대통령직에 있을 때보다도 그만둔 다음에 얼마나 존경을 받느냐, 그것이 문제입니다. 절간으로 들어가서도 안되고, 감옥으로 가서도 안되고, 청문회에 불려나가서도 안되는 것입니다. 대통령이 그만둔 다음에 더욱 높은 존경을 받고 조용하게, 행복하게 살아야 그게 민주주의라는 것입니다. 깊이 생각할 일입니다. 만델라 그분은 욕심이 없었습니다. 전혀 없었습니다. 그는 정말로 나라를 사랑했고 진정으로 민족을 사랑했습니다. 의를 사랑하였을 뿐입니다. 그리고 자기희생을 주저하지 않았습니다. 여러분, 나를 완전히 희생하여야 됩니다. 내가 녹아 형체가 없어져야 비로소 화해의 역사는 이루어지는 것입니다. 너희는 세상의 소금이다, 하신 예수님께서 오늘본문에서 말씀하십니다. "너희 속에 소금을 두고 서로 화목하라." 신비롭기 이를데없는 말씀입니다. 소금같이 녹아 없어져라, 그러나 그리스도인의 본질은 그대로 지켜가라—이 신비로운 역사 속에서 하나님께서는 화목하게 하시고 하나되게 하시는 역사를 이루어가고 계시는 것입니다. △

너는 저를 사랑하라

여호와께서 내게 이르시되 이스라엘 자손이 다른 신을 섬기고 건포도 떡을 즐길지라도 여호와가 저희를 사랑하나니 너는 또 가서 타인에게 연애를 받아 음부된 그 여인을 사랑하라 하시기로 내가 은 열 다섯 개와 보리 한 호멜 반으로 나를 위하여 저를 사고 저에게 이르기를 너는 많은 날 동안 나와 함께 지내고 행음하지 말며 다른 남자를 좇지 말라 나도 네게 그리하리라 하였노라 이스라엘 자손들이 많은 날 동안 왕도 없고 군도 없고 제사도 없고 주상도 없고 에봇도 없고 드라빔도 없이 지내다가 그 후에 저희가 돌아와서 그 하나님 여호와와 그 왕 다윗을 구하고 말일에는 경외함으로 여호와께로 와 그 은총으로 나아가리라

(호세아 3 : 1 - 5)

너는 저를 사랑하라

미국에 작가 아서 고든이라고 하는 분이 있습니다. 그가 사는 이웃집에 젊은 내외가 살고 있는데 이웃하고 있으니 서로 오고가면서 가까이 지내는 사이였습니다. 그런데 언제부터인가 아서 고든네 집에 만만찮은 걱정거리가 생겼습니다. 그것은 바로 이웃에 사는 이 젊은 내외가 결혼생활에 파국을 맞았기 때문입니다. 늘 싸우는 소리가 들립니다. 때때로 가구를 때려부수는 요란한 소리도 들립니다. 그리고 이 부부가 번갈아 찾아와서는 그저 남편은 아내를 흉보고 아내는 남편을 흉봅니다. 이렇게 계속 불화하는 가정의 이야기를 들어주면서 이웃하고 살자니 적이 고통스러웠습니다. 남의 집 일이니 뭐라 간섭을 할 수도 없고 또 뭐라고 가르치고 인도할만한, 그런 입장도 되지 못합니다. 자못 걱정이었습니다. 그런데 어느날 아침, 이 젊은 부부의 가정에 거짓말처럼 서광이 비칩니다. 하루아침에 완전히 달라졌습니다. 웃음소리가 들려옵니다. 다시는 싸우는 소리가 들리지 않습니다. 만날 때마다 반가운 인사를 주고받게 됩니다. 하도 신기해서 그렇게 가정이 변화하게 된 특별한 비결이라도 있었느냐고 그 부부에게 물어보았습니다. 그들은 이렇게 대답하는 것이었습니다. 날마다 티격태격하다가 하도 답답하고 괴로워서 자기네가 평소에 존경하고 있던 나이많은 어느 내과의사를 찾아가 사연을 이야기하고 어떻게 하면 좋겠느냐고 물었더니 "처방은 있는데 이것을 이행할 수 있을는지 모르겠구만. 행하기만 하면 도움은 될 텐데…"하면서 일러준 처방인즉 여덟 단어로 된 말 한마디였습니다. 'So I love him(her), though I love him(her).' — '그래서 사랑하고 그래도 사랑하고'였습니다. 이 한마디를 듣고 와서 그 부부는 이제 그대로 외우기 시작했습니다. "그래서 사랑하고, 그래도 사랑하고"—이렇게 하는 가운데서 그 가정은 마침내 새로운 가정이 되었다고 하는 것입니다.

무엇보다도 중요한 것은 사랑에 대한 정의입니다. 사랑에 대하여 가지는 개념입니다. 당신은 사랑을 무엇이라고 생각하십니까? 우리생명보다도 소중한 이 사랑이라고 하는 것에 대한 이해, 그 개념, 그 정의가 우리의 운명을 좌우하는 것입니다. 가장 비참한 일은 사랑 아닌 것을 사랑으로 알고 있는 것입니다. 사랑이 아니라 집착일 뿐인 것을 사랑으로 알고 있는 것입니다. 집착과 사랑은 다릅니다. 욕정과 사랑도 다릅니다. 독선과 사랑도 다릅니다. 사랑의 이름으로 사람을 괴롭힙니다. 사랑의 이름으로 내가 괴로움을 당합니다. 그것은 사랑이 아닙니다. 사랑은 절대로 '눈물의 씨앗'이 아닙니다. 사랑하는 자의 마음은 기쁩니다. 사랑을 받으면서 행복합니다. 그래야 사랑이지 어떤 경우든지 사랑이라는 것에 슬픔이 따르고 사랑이라는 것에 고통이 따르고 사랑이라는 것이 그 누구를 괴롭히고 있다고 한다면 그것은 절대로 사랑이 아닙니다. 사랑이 변질되는 것처럼 불행한 일이 없습니다. 저는 늘 생각합니다. 사랑이 중생하여야 한다고. 사랑 그 뜻, 사랑의 의미 자체가 완전히 중생하기 전에는 내 생애에 아무런 변화도 이루어지지 않습니다.

저는 여행을 할 때면 좀 가벼운 책을 몇권 사가지고 다니면서 읽곤 합니다. 지난번여행 때는 전경린씨가 쓴「내 생에 꼭 하루뿐인 특별한 날」이라고 하는 긴 제목의 책을 하나 사서 재미있게 읽었습니다. 그 내용 중에 보면 아주 순결파인 처녀가 하나 등장합니다. 아주 깨끗하게 살고 깨끗한 사람과 결혼을 해서 깨끗하게 일생을 살아보겠다, 하는 순결적 이상을 지니고 있는 처녀인데, 뜻대로 대학 졸업하자마자 연애가 잘되어서 결혼을 하였습니다. 그래 썩 아름다운 가정을 이룹니다, 자기딴에는. 그런데 어느날 그만 남편이 곁눈파는 실수를 합니다. 그는 이를 용납할 수가 없었습니다. 내가 너를 사랑하고 네가 나를 사랑한다고 하면서 어떻게 이런 실수가 있을 수 있느냐, 어떻게 딴여자를 만날 수 있다는 거냐, 어떻게나 분해하는지요. 내 인생은 끝났다, 그래가지고 2년 동안은 같이 살기는 사는데 남편을 완전히 짐승취급 합니다. 사람으로 보지를 않습니다. 자기자신도 말을 잃었습니다. 우울증에 빠졌습니다. 그러던 어느날 답답증에 못이겨 외출 좀 했다가 외간남자를 하나 만납니다. 그 남자하고 화끈하게 사랑에 빠집니다. 그러다가 그는 깜짝놀랍니다. '내 속에도 이러한 마음이 있었던가?' 어찌 내 마음속에도 저 남편에게 있었던 것 못지않은 타락성이 있었더란말이냐―이렇게 자기자신에 대해서 깜짝놀라는 그런 이야기로 시작되는 내용입니다. 여러분, 여러분은 누구를 사랑하고 있습니까? 왜 사랑한다고 생각하십니까? 저와 나는 꼭 같은 처지라고 하고 어쩌면 저 사람의 타락이 나 때문이라고 생각하는, 오히려 저보다 내가 더 깊은 곳에 부족함과 죄악이 있다는 것을 시인하기 전에는 진정한 의미의 사랑일 수 없습니다. 고자세의, 높은, 고고한 마음으로 그 누구를 불쌍히 여기는 것 같은 따위의 사치스러운 사랑은 결코 사랑일 수 없다는 것을 알아야 합니다. 참사랑을 아는 것이 인생의 출발입니다. 사랑의 사도 요한은 말씀합니다. 하나님은 사랑이라고… 요한일서 4장 7, 8절에서 말씀합니다. "사랑하는 자마다 하나님께로 나서 하나님을 알고 사랑하지 아니하는 자는 하나님을 알지 못하나니"―사랑을 알 때에야 비로소 하나님의 사랑을 압니다. 하나님의 사랑을 알 때에야 사랑의 사람이 됩니다. 사랑의 사람이 될 때에야 참인생이 시작되는 것입니다. 깊고 오묘한 말씀입니다.

오늘본문에 엄청난 메시지가 있습니다. "그 여인을 사랑하라." 호세아 선지에게 하나님께서 명령하십니다. "그 여인을 사랑하라." 그 여인이 누구입니까. 고멜이라고 하는 음란한 여자입니다. 당초에 이 고멜을 하나님께서 호세아한테 중매하셨습니다. 하나님께서 소개하시어 그 여자와 결혼하라고 명령하셨습니다. 결혼할 당시에도 이 여자는 윤락가에 나도는 창녀였습니다. 하나님께서 호세아 보시고 이런 여자하고 결혼을 하라 하십니다. 하나님의 명령이기에 호세아는 모든 어려움을 무릅쓰고 그 여자를 데려다가 씻기고 입히고 하여 좀 거룩하게 만들어서 자기사랑의 대상으로 삼고 사랑하면서 살아갑니다. 그런데 이 여자의 품행은 여전히 좋지를 않았습니다. 그래서 둘째아들의 이름이 '로암미'가 되었습니다. '로암미'는 '내 백성이 아니다' 라는 뜻의 이름입니다. 여기에는 여러 가지의 신학적인 의미가 있습니다마는 인간적으로 생각할 때 아무래도 좀 수상했던가봅니다. 요새같았으면 '친자확인' 이라도 해볼 필요가 있는 자식이었습니다. 아무래도 시원치 않다 싶었던 것같습니다. 어쨌든 이제 아들딸 셋을 낳았습니다. 이만하면 제아무리 고멜이라해도 이제는 마음을 붙이고 안정될만도 한데 역시나 이 여자는 다시, 오늘말씀대로 딴남자의 연애를 받아 가출을 하고 맙니다. 이렇게 된 것입니다. 집을 나간 뒤로 이 여자는 이 남자 저 남자로 흘러다니던 끝에 결국 더는 갈 데가 없어지고 말았습니다. 그만 노예로 팔려갔습니다. 이 더러운 여자, 사람이라 칠 수도 없는 이 여자를 두고 하나님께서 호세아에게 또 말씀하십니다. 그 여인을 사랑하라고. 여러분, 사람이 원수를 사랑하는 것보다 더 어려운 것이 더러운 사람 사랑하는 것입니다. 어떤 전도인이 하나님 앞에 헌신을 다짐합니다. 가장 불쌍한 사람들을 위하여 살겠습니다, 맹세하고 나아가 빈민굴에서 전도를 시작합니다. 문둥병환자들이 모인 마을에 가서 전도를 합니다. 그들과 함께 살면서 전도를 합니다. 살다보니 문둥병환자마을에 웬 창녀가 하나 있습니다. 창녀생활 하다가 병을 얻은 여인이었습니다. 이제 더 살 길이 없어서 죽어가는 이 여인을 보고 이 전도인이 찾아갑니다. 매일같이 방문하여 기도하고 음식도 가져다주고 몸도 씻겨주고 누운 자리도 옮겨주고 여러 모로 정성을 다하여 봉사했는데 이 창녀는 그 사랑을 받아주지 않습니다. 당신이 나를 사랑하는 것은 그리함으로써 당신이 기쁘기 때문이다, 당신이 나같은 사람에게 봉사하는 것은 그 봉사가 당신에게 즐거움이 되기 때문이다, 나는 어차피 더러운 사람이니 더는 도와주지 말고 떠나라, 그럽니다. 그런에도 불구하고 변함없이 사랑하니까 마지막에는 한다는 소리가 "나같은 사람 열심히 사랑하면 당신이 생각하는 그 알량한 천당에 가게 되는가본데 그만했으면 이제는 천당갈 것이니 날 그냥 내버려두세요"하는 것입니다. 이렇게 비웃는 것입니다. 그래도 전도인은 아무 소리 없이 여전하게 사랑을 기울였습니다. 끝내 여인은 죽기 직전에까지 이르렀습니다. 이제 그 여자는 말합니다. "이제는 우리도 헤어져야 할 때가 됐어요. 그러니 마지막으로 작별의 키스나 해주세요." 전도인은 서슴없이 창녀에게 입을 맞추었습니다. 전도하는, 하나님을 찬양하는 거룩한 입술로 더러운 창녀의 입에 입을 맞춘 것입니다. 여기서 마침내 이 여인은 마음이 환하게 열리고, 비로소 하나님의 사랑을 받아들이게 됩니다. 여기서 구원을 얻게 된 것입니다.

　여러분, 사랑이 무엇입니까? 오늘성경에서 말씀합니다. 이미 팔려간고로 그 여자 고멜은 값을 지불해야 데려올 수가 있습니다. 호세아로서는 이 얼마나 어려운 일이겠습니까. 값을 지불하고야 데려올 수가 있습니다. 그냥 사랑할 수 있는 것이 아닙니다. "은 열다섯 개와 보리 한 호멜 반(2절)"―이것은 노예의 값입니다. 여자노예의 값입니다. 호세아는 이런 값을 치르고 여자를 사서 데려옵니다. 그리고 이제 다시 사랑을 합니다. 여러분, 사랑에는 자격이 있다, 없다, 를 논해서는 안됩니다. 애시당초 무자격한 가운데 이루어집니다. 행여 조금이라도 나는 사랑받을 자격이 있어서 받는다고 여긴다면 이것은 대가성(代價性)에 속하는 것이지 사랑이 아닙니다. 애시당초 전혀 사랑받을 자격이 없는데 사랑받는 그것이 참사랑인 것입니다. 내가 누구를 사랑할 때도 사랑할 가치가 있는가 없는가, 효과가 있는가 없는가, 보답이 있는가 없는가, 사랑할만한 존재가 되나 못되나… 이런 것 생각한다면 벌써 사랑이 아닙니다. 완전히 무자격한 가운데서 받는 사랑, 그리고 아무 미래나 가치나 자격을 보지 않고 주는 사랑, 그것이 진정한 사랑입니다. 어떤 목사님이 어떤 교인 가정에 심방을 갔는데 그 집 여자아이가 많은 인형을 가지고 놉니다. 유달리 인형이 많은 것을 보고 "애야, 너 인형 좋아하나보구나?"했더니 아이가 되돌려 묻습니다. "목사님, 목사님은 인형을 좋아하세요?" "그럼. 나도 좋아한단다." "그럼 여기 있는 것들 중에서 어느 인형을 제일 좋아하세요?" 목사님이 선뜻 짚을 수가 없어서 망설이고 있는데 어린아이가 말합니다. "나는요, 저 인형을 제일 좋아해요." 아이가 가리키는 그 인형은 팔다리가 떨어져나가고 찢기고 상한 인형이었습니다. 목사님은 물었습니다. "하필이면 왜 저 인형을 제일 좋아하니?" "저 인형은 아무도 사랑을 해주지 않으니까요." 목사님은 자신도 모르게 어린아이를 덥석 끌어안고 하나님께 감사드렸습니다. '길이 이같은 아름다운 마음으로 살아가게 하여주십시오.' 사랑의 이유는 이것뿐입니다. 아무도 저를 사랑하지 않기 때문에 나는 저를 사랑합니다. 이 사랑에는 의롭다 하심이 있고 거룩케 하는 마음이 있습니다. justification이 있고 sanctification이 함께하는 것입니다. 거룩케 하는 그것이 사랑입니다. 뿐만아니라 오늘말씀에는 더 기가막힌, 가슴을 뜨겁게 하는 메시지가 있습니다. 호세아가 하나님의 명령대로 이 창녀를 다시 데려다놓은 다음에 하는 말씀 좀 들어보십시오. "너는 많은 날 동안 나와 함께 지내고 행음하지 말며 다른 남자를 좇지 말라 나도 네게 그리하리라."

사랑은 행동입니다. 사랑은 감상이 아닙니다. 사랑은 함께하는 행동이었습니다. 값을 지불하고 이 더러운 여자를 다시 사다가 앉혀놓고 다시는 행음하지 말라, 다른 남자를 좇지 말라, 나도 네게 그리하리라, 합니다. 여러분, 이 여자, 이 여자를 위해서 내가 순결을 지킬만한 가치가 있는 것입니까. 그러나 호세아는 말씀합니다. 나도 네게 그리하리라, 깨끗하게 너를 사랑하리라, 그런고로 너도 남을 좇지 말라, 하고 말씀합니다. 사랑은 전체를 주는 것입니다. 나 자신을 주는 것입니다. 돈 몇푼 주고 돌아선다고 사랑이 아닙니다. 사랑은 함께하는 것입니다. 영원히 함께하는 것입니다. 그리고 상호 책임을 함께 나누는 것입니다. 이것이 사랑입니다. 엄청난 사랑입니다. 호세아서는 자세히 읽어나가노라면 호세아의 가정에 있었던 이 개인적인 사건과 이스라엘과 하나님과의 관계를 계속 오버랩하면서 기록해나간 것을 볼 수 있습니다. 그런고로 호세아서는 하나님의 계시요, 계시적 의미가 있는 사건들의 기록입니다. 예컨대 이렇게 한 번 설명해볼 수 있습니다. 호세아가 하나님 앞에 불만이 좀 있었던 것인지도 모릅니다. '애시당초 중매하시려면 좀 깨끗한 여자를 만나게 하시지.' 그리고 이 어찌하기가 어려운 여자, 더러운 여자가 집을 나가버렸을 때 '에이고 잘됐다, 속이 시원하다, 다시 장가가야지, 이제 좀 새롭게 시작해보아야지' 하고 후련해했는지도 모릅니다. 그러나 오늘본문 호세아 3장을 보면 그렇지를 않습니다. 호세아야, 저 여자를 사랑하라, 하나님께서 이렇게 명령하십니다. 명령대로 데리고 왔습니다. 그리고 이제 뭐라고 했겠습니까. '하나님, 정말 사랑하기 힘듭니다. 이거야 장가 안가는 게 낫지 이런 여자 이걸 어떻게 사랑하라 하시나요. 혼자 사는 게 낫지 이거야말로 정말 힘듭니다' 라고 하겠습니까? 하나님 말씀하십니다. '호세아야, 이 더러운 여자 사랑하기가 힘드느냐? 내가 이스라엘을 사랑하는 것이 그렇게 힘들단다.' 오늘성경에도 말씀합니다. "다른 신을 섬기고 건포도 떡을 즐길지라도 여호와가 저희를 사랑하니"—다른 신을 섬기고 음행하고 더러워진 이스라엘일지라도 여호와가 저를 사랑한다고 말씀하십니다. 내가 이스라엘 사랑하기가 이렇게 어렵다—좀더 실존적으로 말씀을 드리면 이렇습니다. 호세아야, 네가 저 여자 사랑하기가 힘드냐? 이 사람아, 내가 너를 사랑하기가 그렇게 힘들단다, 너같은 더러운 것 사랑하기가 힘들단다—여러분, 이 사실을 알아야 됩니다. 우리가 받는 사랑이 자격이 있어서 받는 것이 아닙니다. 사랑하실만한 가치가 있어서 사랑하시는 것이 아닙니다. 우리가 하나님의 사랑 받을만한 존재가 되는 것입니까. 사랑은 여기에 있습니다. 나는 마치 창녀와 같이 더러워지고 더러워지고 또 더러워지고, 사랑받고도 다시 깊은 수렁에 빠져드는 이런 형편없는 존재인 것입니다. 구제 불능한 존재입니다. 그럼에도 불구하고 하나님께서 나를 사랑하시는 것입니다. 여기서부터 생각하여야 합니다. 내가 받는 사랑 자체가 이러한 것이기 때문입니다.

1968년에 조용한 일이지마는 하나의 위대한 일이 있었습니다. 제2차세계대전 당시에 나치독일이 유대사람 600만을 학살한 것은 누구나 다 알고 있습니다. 이 학살의 원흉이었던 아이히만이라는 사람이 마침내 체포되어서 재판을 받고 사형선고를 받았습니다. 이제 사형집행을 조용히 기다리고 있는 바로 그 시점에서 한 유대사람이 뜻밖의 데모를 일으켰습니다. 꼴란즈라고 하는 이 유대사람이 아이히만을 석방하라고 대대적으로 시위를 벌인 것입니다. 대대적으로 석방운동을 했습니다. 있을 수 있는 일입니까? 그는 상당한 이유를 가지고 있습니다. 첫째, 아이히만을 죽인다고해서 죽은 유대사람들이 되살아나는 것이 아니지 않느냐, 하는 것이고, 둘째는 사형시키지 않고 내버려두어도 인생은 다 죽듯이 그 사람도 곧 죽을 것을 구태여 미리 죽일 것 없지 않느냐, 하는 것이고, 셋째, 하나님께서 그의 영혼을 이미 심판하셨으니 우리가 나서서 심판할 것 없지 않느냐, 하는 것이고, 넷째, 동생을 죽인 가인도 하나님께서 용서하셨는데 우리가 누구를 정죄한단말이냐, 그것이 옳단 말이냐, 하는 것이었습니다. 마지막으로 다섯째 이유가 참으로 가슴을 뜨겁게 합니다. 사랑이 식어지는 세상에 이제부터라도 참사랑을 심어가야 하지 않겠느냐, 하는 것이었습니다. 여러분, 사람들이 언제까지 보복을 일삼을 것입니까. 세상이 언제까지 보복에서 보복으로, 원수갚는 것으로 점철되어야 하는 것입니까. 이제부터라도 그 누군가라도 원수를 사랑하고 다시 참사랑을 심어가야 미래가 보일 것입니다. 그래서 그 유대사람은 아이히만을 석방하라고 운동을 벌인 것입니다. 여러분, 참사랑을 알 때 아무 두려움이 없습니다. 참사랑을 믿을 때 어떤 형편에서도 평안할 수 있습니다. 참사랑을 행하게 될 때 기쁨과 행복과 담력이 넘치게 되는 것입니다. 참사랑, 바로 거기에 밝은 미래가 보이는 것입니다. △

그 사람과 십리를 동행하라

또 눈은 눈으로, 이는 이로 갚으라 하였다는 것을 너희가 들었으나 나는 너희에게 이르노니 악한 자를 대적지 말라 누구든지 네 오른편 뺨을 치거든 왼편도 돌려대며 또 너를 송사하여 속옷을 가지고자 하는 자에게 겉옷까지도 가지게 하며 또 누구든지 너로 억지로 오리를 가게 하거든 그 사람과 십리를 동행하고 네게 구하는 자에게 주며 네게 꾸고자 하는 자에게 거절하지 말라

(마태복음 5: 38 - 42)

그 사람과 십리를 동행하라

　러시아의 문호 톨스토이가 어느날 한가롭게 길을 가고 있는데, 남루한 차림의 문둥병환자같은 사람이 마주 다가와 그에게 손을 내밀고 적선을 구합니다. "좀 도와주세요." 톨스토이는 얼른 호주머니를 뒤져보았습니다. 그런데 공교롭게도 이 시간따라 호주머니에는 돈이 한푼도 들어 있지 않았습니다. 그는 진정으로 미안한 마음이 있어서 큰 죄라도 지은 듯한 표정으로 걸인을 향하여 이렇게 말하였습니다. "참으로 미안합니다, 형제여. 내 지금은 아무것도 가진 것이 없거든요. 이 일을 어떡하면 좋겠습니까?" 순간 걸인은 얼굴이 환하게 밝아지더니 "아니올시다. 그저 고마울 따름입니다. 나한테 돈을 주시지 못했어도 당신은 지금 더 크고 소중한 것을 나한테 주셨습니다. 당신은 나보고 방금 형제라고 부르셨습니다. 그리고 손을 내밀어 내 손을 잡아주셨습니다. 이것이면 충분합니다. 오늘 저는 큰 것을 얻었습니다. 감사합니다"하고는 돌아서서 갑니다. 이 한순간의 작은 사건은 톨스토이에게 큰 충격을 안겨주었습니다. 그는 중요한 것을 각성하게 됩니다. 물질을 주고 물질을 받는 것, 그만이 선행은 아니라는 것입니다. 참사랑이란 마음을 주는 데 있다는 것을, 마음을 줌으로써 진정한 감격과 기쁨이 있을 수 있다는 것을, 그리고 참사랑은 상대방과 함께하는 것임을 깊이 깨닫고, 그때부터 그는 억압받는 농민들과 더불어 살면서 경건한 생활을 하게 되고, 경건을 가르치게 됩니다. 그리고 만년에는 불후의 명작소설 「부활」을 쓰게 됩니다.

　여러분, 현대가 이렇게 피곤하고 어려워진 것은 물질적 빈곤 때문은 아닙니다. 물질을 못주어서, 물질을 못받아서, 물질적으로 여유가 없어서, 그래서 우리가 이렇게 강퍅하고 또 절망적이고, 복잡하고, 삶에 짜증이 나고 피곤하고 지치고, 이런 것입니까. 물질 때문입니까. 현대인으로서 어떻게 하면 성공적으로 살아갈 수 있을까— 이런 문제를 다룬 책들이 많이 있습니다마는 제가 읽은 바로는 커밍 웍(Cuming Walk)의 생각이 가장 마음에 와닿는 것이어서 늘 기억합니다. 현대인으로서 성공을 하려면 먼저 지능이 높아야 한다고 했습니다. 요새는 너무 복잡한 세상에 사니까 머리회전이 더디면 참 어렵습니다. 어리둥절한 사람은 살기가 어렵습니다. 그러므로 머리가 좋아야 한다고 했습니다. 두 번째는 지식이 있어야 한다고 했습니다. 아무리 머리가 있어도 공부를 하지 아니하면 빈 상자입니다. 소프트웨어가 없는 하드웨어는 No use, 아무 소용이 없습니다. 그런고로 아무리 머리가 좋아도 공부를 많이 해서 많은 지식을 입력시켜야 한다는 것입니다. 셋째는 아무리 좋은 지식이 있어도 내가 그것을 잘 사용할 수 있는 능숙한 기술이 없으면 소용없다, 합니다. 이것을 알아야 합니다. 자동차를 두고 생각해보아도 그렇습니다. 아무리 좋은 자동차가 있고 아무리 자동차에 대한 지식이 있고 자동차를 만드는 기술이 있다 하더라도 자동차를 잘 운전할 수 있는 기술이 없으면 그 자동차와 나는 관계가 없습니다. 그런고로 잘 다룰 수 있는, skillful한, 능숙한 기술, 그것이 필요하다는 것입니다. 그러나 이 세 가지보다 더 중요한 것은 바로 자세, attitude다, 했습니다. 태도와 자세 곧 마음가짐이 문제다, 합니다. 성공의 비결은 97%가 자세에 있다고 그는 말합니다. 깊이 생각할 문제입니다. 목적이 중요합니다마는 그 목적에 따르는 내 자세가 중요합니다. 환경이 인생을 불행하게나 행복하게 하는 것이 아닙니다. 문제는 삶의 자세입니다. 인생을 불행하게 만드는 것도 자세 탓이요 인생을 행복하게 만드는 것도 마음가짐입니다. 마음의 자세가 문제입니다. 같은 환경, 같은 처지, 같은 시간, 같은 장소, 같은 직업, 같은 모양으로 사는 것같으나 전혀 다릅니다. 마음가짐에 따라 한 사람은 낙원에 살고 한 사람은 지옥에 삽니다. 이것이 현실입니다.

크게 나누어서 삶의 자세에 대체로 세 가지가 있다 하겠습니다. 하나는 형벌의식에 쫓기며 사는 자세입니다. 다시말해서 억지로 살아가는 것입니다. 죽지못해 사는 것입니다. 흔히 말하는대로 팔자려니, 운명이려니 하고 살아갑니다. 그렇거니 하고 살아갑니다, 그 아까운 시간들을. 그 많은 시간을 그렇게 살아갑니다. 노예적으로 삽니다. 참 불행한 일입니다. 제가 어느 미국인가정에 가서 하룻밤을 같이 지내고 아침식사를 하는데 공교롭게도 내 앞에서 아침먹다말고 부부싸움을 하는 것이었습니다. 그바람에 미국사람들 부부싸움 하는 것을 한번 보게 되었습니다. 이 집에 와서 내가 아이 낳아주고 밥해주고 빨래해주고, 나는 다른 사람들처럼 직장도 가지지 않고 온전히 당신 하나만을 위해서 살아왔다, 나는 완전히 이 집의 노예요 이 집의 식모다, 돈도 받지 못하는 식모다—이것이 아내되는 사람의 푸념입니다. 나는 당신과 이 아이들 다 벌어먹이느라고 밖에 나가서 아침부터 밤까지 이렇게 수고하지 않느냐, 나는 이 집의 머슴이다—이것은 남편되는 사람의 대꾸입니다. 그래, 제가 판결을 내렸습니다. "이 집에는 머슴하고 식모가 함께 사누만." 하나는 식모이고 하나는 머슴이고—그렇지 않습니까. 똑같은 생을 사는데 이렇듯 어렵게, 억지로 사는 사람 많습니다. 심지어는 부부생활에서도 한평생

강간당하는 기분으로 사는 사람이 있습니다. 이 웬일입니까. 무사히 살았지요. 한평생 무사했습니다. 이혼하지 않았습니다. 심지어는 다툰 일도 없습니다. 그러나 그것은 산 것이 아닙니다. 딱한 인생들입니다. 왜 인생을 그렇게 살아가야 합니까. 얼마나 많은 시간을 그렇게 보냈습니까. 억지로, 부득이해서, 할수없이 삽니다. 그런가하면 또 형벌의식에 매여서, 매맞을까봐, 벌받을까봐, 저주받을까봐 두려워서 벌벌떨면서 삽니다. 심지어 신앙생활도 이따위로 하는 사람이 있거든요. 감기만 걸려도 아, 벌받는가보다, 하고, 내가 남의 말을 좀 했더니 저주받는구나, 하는 유의 의식, 얼마나 불쌍합니까. 벌벌떨고 사는 것입니다. 그런가하면 또 보상을 바라고 사는 사람이 있습니다. 좋은 일 하면 좋은 일이 오겠지, 아이들 잘 키워놓으면 효도받겠지, 사랑을 주면 사랑받겠지, 하고 항상 투자의식을 가지고, 상받을 마음으로, 보상받을 마음을 가지고 삽니다. 그랬다가 정당한 보상이 주어지지 않는다고 원망 불평입니다. 항상 받으려 하는 마음, 사랑받으려 하는 마음, 칭찬받으려 하는 마음이 아주 민감합니다. 그래서 허영적인 사람도 되고 위선적인 사람도 됩니다. 성경에 보면 예수님께서 두 아들 비유를 말씀하십니다(마 21:28-31). 큰아들에게 "너 포도원에 가서 일하라"했더니 "예, 가겠습니다." 대답은 선뜻 해놓고 가지는 않았습니다. 둘째아들에게 포도원에 가서 일하라 했더니 둘째아들은 "싫습니다"하고 거절하거든요. 아버지는 마음이 아팠습니다. 그런데 알고보니 둘째아들은 뒤에 뉘우치고 일하러 갔습니다. 나는 이 두 아들이 다 못마땅합니다. 아들 하나 더 있었으면 좋겠다 싶습니다. "가겠습니다"하고 두말없이 일하러 간 사람, 예수님의 시각으로 볼 때 그런 사람은 세상에 없었던 것같습니다. 하나같이 그 모양입니다. 한다고 하면서 하지 않거나, 하지 않는다고 하고서는 마지못해 억지로 하는 것입니다. 참으로 불행한 일입니다. 참으로 인간이 인간답게 사는 길은 어디에 있습니까. 요새는 직장생활들을 보아도 21세기를 지향하는 좋은 직장에서는 출퇴근시간이 없습니다. 집에 와서도 생각이 떠올라 연구를 하고 있다면 그것도 근무하는 것이 됩니다. 그런고로 내마음대로입니다. 출근을 하든 퇴근을 하든 일만 하면 된다, 이것입니다. 길거리에 있든 직장에 있든 상관없습니다. 이래서 출퇴근형식이 없는 직장들 많이 생깁니다. 돌이켜 옛날로 말하면 출퇴근규칙이 엄격했습니다. 정해진 시각에 확실히 출근하고 정해진 시각에 확실히 퇴근하고—출퇴근에는 모두들 명수였습니다. 그러나 이를테면 제자리에 앉아 하루종일 담배피운 것밖에 한 일이 없어요. 이런 사람 있으나마나지요. 한 달 시간만 채우고 월급만 타먹는 사람입니다. 비생산적인 직원들입니다. 이제는 그런 것 통하지 않는 세상입니다. 형식적인 충성, 구조적인 충성, 이런 강요된 충성이란 아무 의미가 없습니다. 요컨대 마음의 자세입니다. 세 번째는 존경과 사랑과 감사로 일하는 자세입니다. 일이 주어졌다는 것이 감사하고 오늘도 일할 수 있다는 것이 감사하고, 또 나로하여금 이만한 일을 할 수 있게 해주시고 지혜를 주신 하나님께 감사하고, 회사에도 감사하고, 즐거운 마음으로 일합니다. 자나깨나 필요하면 일거리를 집에 가지고 와서도 하고 혹은 직장에서 밤을 새우면서도 합니다. 대가가 얼마냐고도 따지지 않습니다. 중요한 것은 그 일 자체인 것입니다. 그 일이 나에게 소중한 일이므로 즐거운 마음으로 심취해서 일하는 것입니다. 이같은 삶의 자세가 있습니다.

오늘본문은 예수님께서 베푸신 산상수훈의 중간부분입니다. 기독교인의 윤리, 기독교인은 이렇게 살아야 한다, 하고 누누이 하나 하나 예까지 들어 말씀하시는 중에 그 중심부에서 하시는 말씀입니다. 이 말씀은 너무도 격높은 규범이라서 우리는 때로 '아이고, 그거야 예수님이시니까. 우리같은 사람이야 어디 거기까지 갈 수 있나' 하고 쳐다보지도 않기 쉽습니다. 오르지 못할 나무는 쳐다보지도 말라, 하는 말이 있는데 나는 이 말 아주 잘못된 말이라고 생각합니다. 쳐다보기라도 해야 올라갈 때가 있지 않습니까. 못올라갈 나무라해도 쳐다는 보아야 언젠가는 올라갈 수가 있는 것이지 쳐다보지도 않는 사람이라면 인생닮은 사람 아닙니까. 예수님의 윤리, 아주 격이 높습니다. 그러나 이것은 현실적이요 너무나도 확실한, 요샛말로 하자면 '21세기지향적' 입니다. 보십시오. 속옷을 달라고 하거든 속옷만이 아니라 겉옷까지 다 주어라, 내가 길을 모르니 오리만 같이 좀 가주세요, 하거든 십리를 같이 가주어라―이거 우리네한테 통하는 이야기입니까. 요새는 내것 빼앗기지 않으려고 기를 씁니다. 신경을 곤두세웁니다. 그뿐입니까. 남의 것도 그저 할 수만 있으면 갈취하려고 듭니다. 이렇듯 무서운 세상인데 어떻게 달라고 하지도 않은 것까지 남을 주라 하시는 것입니까. 이런 이야기가 통하기는커녕 손톱도 들어가지 않을 세상인데요. 그러나 그럴수록 너무나도 막중한 말씀입니다. 행복한 생활은 자유에서 얻어지는 것이니까요. 주도성 안에서 평가되는 것입니다. 잘 생각해봅시다. 주는 것과 빼앗기는 것은 다릅니다. 물량으로는 주었든 빼앗겼든 그 물량은 그 물량입니다. 주었건 빼앗겼건 어차피 내 물건이 저쪽으로 넘어간 것에는 다를 것이 없습니다. 물리적으로는 똑같습니다. 형식적으로는 같으나 빼앗기는 것과 주는 것은 엄연하게 다른 것입니다. 빼앗기는 것은 억지로 된 것이고 주는 것은 내 마음에서입니다. 한평생을 주면서 사는 사람이 있는가하면 한평생을 빼앗기면서 사는 사람이 있습니다. 항상 강도만나는 기분으로 사는 것입니다. 강도만나는 듯한 그 마음으로 한평생을 사는 불행한 사람이 있다는 말씀입니다. 그런고로 너희는 선택적으로 적극적으로 능동적으로 주도적으로 살라―예수님께서는 이것을 말씀하시는 것입니다.

보십시오. 억지로 오리를 가자고 하거든 십리까지 가라―무슨 말씀입니까. 오리까지 가는 것은 억지로 가는 것입니다. 이것은 내 뜻이 아닙니다. 어떤 사람이 와서 길을 잘 모르는데 좀 같이 가주세요, 하는데 이거 거절하기가 마땅찮습니다. 또 보니 그 사람 딱하거든요. 그래 갑시다, 하고 가주었습니다. 이것은 억지로이고 피동적이고 수동적이고 끌려가는 것입니다. 그런데 오리까지 가서 보니 이 사람, 이제부터는 내가 찾아가겠습니다, 하지마는 보아하니 또 길을 잃어버리기 쉽겠어요. 그래서 이 사람이 말하기를, 좋아요, 당신이 바란 것은 오리까지지만 이제부터는 내가, 내 마음으로 가겠습니다, 십리까지 가드리겠소, 합니다. 바로 이 마음입니다. 이것은 자발적이고 능동적이고 적극적이고 내가 선택적으로 하는 것입니다. 하고 싶어서 하는 것입니다. 강요된 것이 아닙니다. 여기서 좀더 깊은 의미를 하나 생각합시다. 우선 일의 발단은 억지로 시작되었다는 것입니다. 도대체 오리 간 것, 가고 싶어 간 것이 아닙니다. 내가 가야 할 당위성은 없습니다. 거절한다해서 거기 저주가 있을 것도 아니고 들어준다고해서 거기 무슨 보상이 있을 것도 아닙니다. 딴에는 좋은 마음으로였지마는 어쨌든 억지로 시작한 것은 사실입니다. 나에게 가자고 하는 사람이 없었으면 내가 갔을 필요가 없습니다. 애시당초 시작은 억지로 된 것입니다. 상황은 그렇고 현실은 그렇고, 사건이란 으레 피동적으로 시작되는 것이 대부분입니다. 여러분, 여러분의 운명 여러분이 정했습니까? 어떤 사람 보니 좌우간 삼 년 동안이나 남자가 따라다니면서 결혼해달라고 조르는 통에 그 남자와 결혼해주었다고 합니다. 그런데 결혼하고부터는 좌우간 남편한테 일생동안 그 빌미를 우려먹는 것입니다. 말끝마다 "당신이 하도 쫓아다녀서 결혼해주었더니 이게 뭐예요?"합니다. 나는 이 여자 참으로 불쌍한 사람이라고 생각합니다. 그래 결혼을 그렇게 끌려가서 하는 것입니까. 한 인간이 되어 어떻게 그런 식으로 사는 것입니까. 이 사람딴에는 그렇게 해야 무슨 값을 올리는 줄 아는가본데, 참으로 딱한 여자입니다. 내가 선택하지 못하고 남의 선택에 끌려간 것입니다. 누가 뭐라해도 그 처신은 노예적인 것입니다. 시작은 또 그렇다치고, 그러면 결혼한 날부터는 이야기가 달라져야지요. 이제는 내가 당신을 선택한 것이오—이러고 살아야지 한평생을 그게 무슨 꼴입니까. 잘못입니다. 지금부터, 바로 지금 이 현실에서부터는 확실하게 달라져야 하는 것입니다. 빼앗기는 데서부터 시작했지마는 이제는 주는 마음으로, 억지로 된 일이었지마는 이제부터는 자발적인 것으로, 말하자면 동기전환을 하여야 한다는 말씀입니다. 마음을 바꿉니다. 마음의 자세를 바꿉니다. 처음에는 억지로 했지마는 이제는 즐거움으로 하는 것입니다. 여기에 자유가 있습니다. 이 자유함에 행복이 깃드는 법이요 능률이 솟아오르는 것입니다. 그뿐아니라, 보십시오. 남의 일이거든요. 가자 할 때 끌려가면 오리 가는 동안에는 그것은 남의 일입니다. 나의 일 아닙니다. 그러나 그 다음에는, 자진해서 십리까지 가줄 때는 이것이 나의 일이 됩니다. 거기에 차이가 있는 것입니다. 옛날 시골농촌에는 농사하는 사람들간에 품앗이라는 것이 있었습니다. 요즘의 젊은사람들은 아마도 무슨 말인지 모를 것이지만 품앗이라고 하는 것은 이런 것입니다. 우리밭에 씨를 뿌리거나 김을 매야 하겠는데 나 혼자서 따로 하다가는 힘이 드니까 이웃사람들을 불러서 같이 합니다. 그래서 다른 사람이 와서 우리집 일을 거들어 주었으면 나는 또 그 집에 일 있을 때 가서 품을 갚는 것입니다. 이렇게 서로 품을 지고갚고 하는 것을 품앗이라고 합니다. 그러니까 온동네가 하루는 이 집에 가서 일하고 하루는 저 집에 가서 일하고, 이렇게 서로 품앗이를 하는데 혹 내가 다른 집 일하는 날 못가게되면 다른 사람을 나 대신 세워야 됩니다. 이렇게 품앗이라는 것이 있었습니다. 여기서 중요한 것은, 그렇게 하다보면 일손놀림이 우리일 할 때 다르고 남의 일 할 때 다른 사람도 있다는 것입니다. 우리일이나 남의 일이나 똑같은 마음으로 하느냐 다른 마음으로 하느냐—여기서 인생이 달라집니다. 우리집밭에서 일할 때는 부지런히 하고 남의 집 밭에 가서 일할 때는 함부로 하는 사람, 요런 사람이 문제인 것입니다. 남의 일 할 때는 억지로 하는 것으로 생각합니다. 남의 밭이든 내 밭이든 나의 일이든 남의 일이든, 그리해서는 안되는 것입니다. 처음에는 남의 일이었지만 지금은 나의 일입니다. 언제나 나의 일로, 내것으로 생각하는 마음가짐, 그것이 인간된 기본자세인 것입니다.

할수없어서 시작한 일이지마는 이제부터는 하고 싶어서 하는 일로 하라, 하십니다. 여기에 진리가 있는 것입니다. 그리고, 나 중심에서 시작한 것이지마는 이제부터는 다른 사람의 필요와 중심을 생각하면서 일하라, 하는 말씀입니다. 영어에 커뮤니케이션(communication)

이라는 말이 있습니다. 대화 혹은 소통이라는 뜻입니다. 이 말은 라틴말 '코무누스(communus)'에서 유래합니다. 코무누스는 짐을 지고 함께 간다는 뜻입니다. 신화에 오펠로라고 하는 힘이 센 장사가 하나 있었는데 이 사람의 소원은 가장 강한 자의 신하가 되는 것이었습니다. 그래서 왕의 신하가 되었습니다. 그래 왕하고 가까이 지내면서 보니 왕이 무슨 이야기를 하다가도 '악마'라는 말만 나오면 벌벌떱니다. 아하, 악마가 왕보다 더 세구나, 생각하고 그는 또 악마의 부하가 되었습니다. 악마를 좇아다니면서 심부름을 하다보니 악마는 또 예수의 이름만 나오면 벌벌떱니다. 옳지, 예수가 더 높구나, 그래 이번에는 예수의 제자가 됩니다. 예수를 섬기고 사는데 어느날 나루터에서 일을 하고 있을 때 한 어린아이가 나타나 "어머니가 병들어서 지금 약을 구해가지고 가는 중입니다. 나루를 건네주세요"합니다. 비가 쏟아지고 바람이 부는지라 도저히 배는 띄울 수가 없습니다. 그러나 이 어린아이가 하도 사정을 하므로 "그럼 내가 업어주마"하고 이 아이를 업은 다음에 강을 건넙니다. 그런데 등에 업힌 어린아이가 점점 더 무거워집니다. 나중에는 하도 무거워서 "애야, 넌 쇳덩이를 달았냐, 왜 이렇게 무겁냐?" 한마디 했더니 어린아이가 조용히 그의 귀에 입을 대고 말합니다. "나는 네가 섬기는 예수다." 여러분, 때때로 우리는 무슨 일을 억지로 할 수밖에 없습니다. 그러나 그 억지로 한다는 마음이 마침내는 자원하는 마음으로, 사랑하는 마음으로, 이 기회를 주신 하나님께 감사하는 마음으로 바꾸어져야 하는 것입니다. 그때부터 그 일은 곧 하나님의 일이 되는 것입니다.

21세기를 지향하면서 소위 미래학이라는 이름으로 많은 사람들이 연구를 합니다. 앞으로 21세기에는 어떤 기업이 성공할까, 어떤 사람이 성공할까, 어떤 기술이 좋을까, 여러 가지로 연구합니다마는 제가 그저 돌아가는 책들을 읽어본대로는 이런 결론입니다. 21세기는 행복한 사람이 성공합니다. 남을 모방해서는 살 수 없습니다. 억지로 뭘 해서는 더더욱 안됩니다. 행복한 마음으로 일할 때 창의력이 생깁니다. 창의적이 아니고는 미래에는 살아남을 수가 없습니다. 남흉내나 내고, 뒤꽁무니나 좇아가고, 억지로 끌려가고 해서는 살아내지 못합니다. 이것이 결론입니다. 음식 한 가지를 먹어도 먹는다는 형식은 같지만 맛있게 먹는 사람과 억지로 먹는 사람은 하늘과 땅 차이입니다. 똑같은 일을 같은 장소에서 하는 것같으나 그 마음의 자세가 어떠냐입니다. 오리를 가자고 하지만 나는 십리까지 간다―바로 이 마음이 필요한 것입니다. 라디오방송 프로에 나온 이야기입니다. 전대영이라고 하는 청년이 고등학교 2학년때 교회봉사활동에 참여했다가 경험한 이야기를 서술하고 있습니다. 어느 맹아원을 방문해서 맹아들과 같이 하루를 지냈다고 합니다. 시각장애자 아이들하고 일대 일로 하나씩 만나가지고 아이를 즐겁게 해주면서 놀았습니다. 여섯 살난 종민이라는 아이를 데리고 놀게 되었는데 이 아이가 "나 좀 업어줘! 형, 나 좀 업어줘"해서 업어주었더니 이 아이가 "이 맹아원 밖으로 좀 나가자"합니다. 규칙에 없지마는 하도 조르는 바람에 "그러자"하고 나갔습니다. 나갔더니 "가게 가자"하므로 가게를 갔습니다. 자, 이 학생 생각으로는 그 아이에게 "너는 보지도 못하면서 밖으로 나오면 뭘 하니? 또 가게는 가서 뭘 하니, 보지도 못하면서?" 그러고 싶지마는 그러지 않았습니다. 가게에 갔더니 아이는 "인형 하나 사줘"합니다. 호주머니를 털어서 인형을 하나 사주었더니 이걸 손에 만져보고는 맹아원으로 들어오다가 다른 아이들 노는 소리를 듣고 이 아이가 하는 말이 "형아, 이 인형 저 애들 줘"하는 것이었습니다. 그때 이 학생은 많은 것을 생각했다고 합니다. 일이라는 것이 내가 원하는대로만 되는 것이 아닙니다. 합리적으로만 되는 것이 아닙니다. 저가 원하므로 그대로 따라주었는데 이제와서 보니 얼마나 귀한 일을 했는지, 나중에야 그것을 깨닫게 되었다고 하는 이야기입니다.

강요된 현실이 있습니다. 그러나 이제는 더는 강요당한 일로 여기지 맙시다. 환경의 변화를 기대하지 맙시다. 내 마음의 변화가 먼저입니다. 오리를 가자고 부탁합니까? 십리를 가주십시오. 속옷을 달라고 합니까? 겉옷까지 주는 마음으로 삽시다. 십자가란 기쁨으로 진 자에게만 의미가 있는 것입니다. 억지로 지는 십자가는 십자가가 아닙니다. 순교자는 기뻐하고 감사하고 죽을 때 순교자입니다. 만일에 '속았다' 하고 죽는다면 그것은 순교가 아닙니다. 죽는다고 다 순교는 아닌 것입니다. 고통을 당한다고 다 의미가 있는 것은 아닙니다. 우리마음 깊은 곳에서부터 자원하는 마음으로, 감사하는 마음으로 오리를 가자 하는데 십리까지 가는 바로 그 마음이라야 하나님의 뜻이 이루어지는 것입니다. 그리해야 여러분의 마음속에 엄청난 자유와 높은 지혜, 창조적 능력을 얻게 될 것입니다. △

거두는 자의 기쁨

　　예수께서 이르시되 나의 양식은 나를 보내신 이의 뜻을 행하여 그의 일을 온전히 이루는 이것이니라 너희가 넉 달이 지나야 추수할 때가 이르겠다 하지 아니하느냐 내가 너희에게 이르노니 눈을 들어 밭을 보라 희어져 추수하게 되었도다 거두는 자가 이미 삯도 받고 영생에 이르는 열매를 모으나니 이는 뿌리는 자와 거두는 자가 함께 즐거워하게 하려 함이니라 그런즉 한 사람이 심고 다른 사람이 거둔다 하는 말이 옳도다 내가 너희로 노력지 아니한 것을 거두러 보내었노니 다른 사람들은 노력하였고 너희는 그들의 노력한 것에 참예하였느니라

(요한복음 4 : 34 - 38)

거두는 자의 기쁨

1910년 '한일합방'이라고 하는 치욕적인 사건이 있은 뒤에 우리 한국의 많은 지성인들, 뜻있는 분들이 해외로 이민을 가게 되었습니다. 주로 북만주로 많이 갔으며, 심지어는 구라파로 혹은 북미 등지로도 흩어져 나가게 되었습니다. 그 중에서 어떤 이들은 생전 듣도 보도 못한 땅 남미로 이민을 가게 되었습니다. 눈물을 흘리면서 보따리를 쌌고, 다시 돌아오지 못할 길을 가게 될 때 그들의 마음은 말할수없이 무거웠습니다. 그들의 봇짐 속에는 배추, 무, 마늘, 고추 같은 것들의 씨앗도 들어 있었습니다. 우리네는 어디를 가나 김치를 먹어야 한다고, 매운 것을 먹어야 한다고, 산설고 물설은 이국땅에서 그 무슨 낯선 음식을 취한다해도 이런 것은 꼭 있어야 하겠다고 생각하였기 때문입니다. 가자마자 그들은 거처하게 된 집 마당에 배추, 고추, 무 등을 심었습니다. 그것들은 거기서도 아주 무성하게 잘 자라주었습니다. 이윽고 이것들을 수확하게 되고 그러구러 조금이라도 향수를 달래게 됩니다. 그런데 그들과 같은 무렵에 독일에서 이민온 사람들도 있었다고 합니다. 보니 그 독일사람들은 자기네집 주위로 돌아가면서 구덩이를 파더니 거기에다 호두씨앗을 심는 것이었습니다. 서로간에 그럭저럭 의사소통을 하게 되자 한국사람들은 그 독일사람들 보고 이렇게 말했다고 합니다. "호두를 심어놓으면 20년 후에나 가야 호두가 열릴까말까 할 것인데 그런 걸 무엇하러 지금 심는 거요?" 그러나 세월이 가고보니 결과는 어떻게 되었느냐—채소나 심었던 사람들은 그저 그 모양 그대로 사는 것이고, 호두를 심었던 사람들은 오늘날 전세계 호두생산량의 70%를 생산해내고 있습니다. 우리네의 결정적인 약점이 여기에 있습니다. 만사를 조급히 생각하는 그것입니다. 좀더 깊이, 좀더 멀리 내다보고 뿌리를 내려야 하는 것인데 우리네는 오늘 심어서 내일 당장 거둘 수 있는 것, 여기에만 흥미가 있지 십년 이십년 저 뒷날에 될 일에 대해서는 남의 일같이 생각하는 거기에 약점이 있는 것입니다. 조급하게 서두르는 것, 조급하게 출세하고 조급하게 부자되고, 이러다가 전부 내가 다치는 것입니다. 튼튼하게 다져가지를 못하고 비상조치로, 불법으로, 편법으로, 미봉책으로만 일관해오다가 급기야는 오늘과 같은 갖가지 어려운 일들을 맞고 있는 것이라고 생각합니다. 심은대로 거둔다, 많이 심으면 많이 거둔다—이보다 더 확실한 진리가 어디에 있습니까. 이보다 더 단순한 진리가 어디에 있습니까. 그러나 이 진리 안에 문제가 있습니다. 이 엄연한 진리를 부인하기도 하고 부정하기도 하고 때로는 거역하기도 합니다. 거둘 것을 생각한다면 심는 것 조심하여야 합니다. 거두는 날을 생각한다면 오늘 내가 무엇을 심어야 할 것인지도 충분히 알만하건만 사람들은 이 진리를 떠나서 스스로 멸망을 자초하고 있다는 말씀입니다. 심고 거두는 이치 앞에서 사람들은 이래서 실수를 합니다. 우선 당장 먹는 것이 아니니까요. 심어놓는다는 것은 먼훗날을 보는 일이니까 말입니다. 그래서 당장 먹어버릴 일만 찾아서 따라가는 것입니다. 또한, 심고 거둔다고 하는 것에는 긴 시간을 필요로 합니다. 몇달 뒤, 일년 뒤, 어떤 때는 십년 이십년 뒤에 거두게 됩니다. 기다려야 합니다. 그래서 옛날부터 조급한 사람을 두고 이르는 속담이 있지 않습니까. "저 사람 가을보리 심어놓고 못먹겠구만." 가을에 씨뿌려 이듬해 초여름에 거두는 보리가 가을보리입니다. 한겨울이 지나 봄에 싹이 나면서 이삭이 팹니다. 저 사람은 가을보리 심어놓고 그것을 거두는 이듬해까지 못기다릴 사람이다, 그렇게 조급하다, 그 소리입니다. 또 이런 말도 있지 않습니까. "우물에 가서 숭늉 찾겠다." 그렇게 성급하다는 것입니다. '보리 갈아 이태만에 못먹으랴' 하고 느긋이 기다려야 하는 일이 있는 것인데 만사에 그저 성급한 것이 우리네의 약점입니다. 또한, 심는다는 것은 하나의 수고입니다. 수고가 먼저 있어야 한다는 것입니다. 그리고야 거둔다는 것입니다. 거둘 생각만 하지 수고를 먼저 지불할 마음이 없습니다. 이 사람은 하늘의 이치를 거스르는 사람입니다. 또하나는, 언제 거두게 될지 그 불확실성 때문입니다. 내가 지금 심어놓으면 저 뒤에 가서 누가 거두게 될는지 그걸 모르겠는 것입니다. 이래서 믿음이 없고 이래서 낙심하게 되는 것입니다. 심는다는 것은 선택입니다. 그러나 거둔다는 것은 심판입니다. 무엇으로 심든지 그대로 거둘 것입니다. 콩을 심었으면 콩을 거둘 것입니다. 거둘 때 가서 콩 아닌 팥을 거두겠다고 할 수는 없습니다. 심는 것은 자유입니다. 거두는 것은 불가부득이 심판으로 떨어지는 것입니다.

이화대학 부속병원에서 있었던 실화입니다. 거기서 여전도사님으로 수고하던 분이 제게 직접 들려준 이야기입니다. 돈많은 집 며느리가 아이를 낳으러 왔습니다. 보통은 일반산실에서 낳는 것이지만 돈이 워낙 많아놓으니 특실에서 아이를 낳게 되고, 그리고 뭐, 화환들이 아주 즐비하게 들어오고… 굉장하게 떠르르하게 떠받들리면서, 그야말로 공주처럼 떠받들리면서 마침내 아이를 낳았습니다. 그것도 아들을 떡 낳았습니다. 그런데 이게 웬일입니까. 혈액검사 해본즉 그 아기는 그 집안에서 태어날 아기가 아니었습니다. 누가 보아도 산모의 남편이 그 아버지일 수 없는 아기가 태어난 것입니다.

간호사들이 숙덕숙덕 쉬쉬하고 의사들이 숙덕숙덕 쉬쉬하다가 아무래도 이 사실을 일찌감치 알리는 것이 좋겠다고 공론이 되어 그 어려운 일을 이 여전도사님한테 떠안겼습니다. 대신 들어가서 이야기해달라고 병원측에서 부탁을 한 것입니다. 전도사님이 조용한 시간에 산모한테 들어갔습니다. 당신이 이렇게 아이를 낳고 이 집에서 환대를 받지마는 사실 이 아기는, 하고 이야기했더니 그 여인, 처음에는 펄쩍뛰었지만 그래보아도 소용없는 일이다, 결국은 다들 알게 될 것이므로 미리 알려주는 것이다, 하고 타일렀습니다. 그랬더니 산모는 울면서 어떡하면 좋겠느냐고 안달을 하는 것이었습니다. 어떡하긴 어떡해요? 심은대로 거두어야지. 여러분, 이것을 알아야 합니다. 심을 때는 제 마음대로 심었겠지요. 그러나 원컨 원치 않건 추수는 심판인 것입니다. 그대로 거두어야 하는 것입니다.

　본문에 나타난 말씀은 아주 깊은 뜻이 있는 말씀입니다. 예수님께서 이스라엘사람들이 멸시하는 사마리아땅을 지나가십니다. 수가성 가까이 우물가에 앉았을 때 불쌍한 아낙네가 하나 물을 길러 나옵니다. 아주 팔자가 기구한 여자입니다. 이 여자 보시고는 네가 남편 다섯이 있었으나 지금 있는 자는 네 남편이 아니라고 예수님 말씀하십니다(요 4:18). 정말 어떤 사연이 있었는지 모르지만 전설대로는 남편이 죽고 그 다음에 또 개가했다가 다시 또 이혼당하고 어떻게 되고… 어쨌든 남편이 총계 다섯, 지금은 어느 유부남 곧 남의 남편과 살고 있습니다. 당연히 사람들로부터 손가락질당하므로 이 여인은 다른 여인들과는 어울리지를 못합니다. 여느 아낙네들같이 아침저녁 서늘할 때 물길러 나오지 못하고 홀로 이 뜨거운 한낮에야 물동이를 이고 나와야 하는, 이런 불쌍한 여자입니다. 예수님께서 이 사람을 만나서 전도를 하십니다. 이 여인, 마침내 예수께서 메시야되심을 알고 예배의 처소에 대해서 깨달음을 받고, 이 주님을 만나는 시간에 구원을 얻습니다. 그때 그는 물동이를 버려둔 채 평소 그렇게도 자기를 멸시함으로 멀리해오던 그 동네사람들한테 달려가 전도를 합니다. 내가 메시야를 만났다, 하고. 동네사람들이 예수님 뵙기 위하여 무리를 지어 우물가로 몰려나옵니다. 그 나오는 모습을 멀리서 바라보시고 예수님께서 하시는 말씀입니다. "눈을 들어 밭을 보라 희어져 추수하게 되었도다." 한 사람이 전도받고 기쁨으로 나아가 간증할 때 저 많은 사람이 우 몰려오는 것을 보시면서 이야말로 추수때가 되었도다, 하십니다. 예수님의 깊은 통찰력을 여기서 읽을 수 있습니다. 누군가가 심었고 지금은 거둘 때다, 한 사람이 심고 많은 사람이 거둔다, 하시면서 추수의 기쁨, 추수자의 감사하는 마음을 여기서 이렇게 말씀하고 계십니다.

여러분, 우리 먼저 생각할 것은 내가 심고 내가 거둔다고 하는 이치입니다. 인생은 그 자체가 농사입니다. 한편은 거두고 한편은 심습니다. 어느 때까지 심고 어느 때까지 거두는 것이 아닙니다. 계속적으로 거두고 심고, 거두고 심고, 심고 거두는 것이 인생사입니다. 행복한 사람의 조건을 세 가지로도 말합니다. 세 가지를 가져야 행복하다, 합니다. 그 세 가지란 something to do — 할일이 있어야 한다, something to hope — 소망이 있어야 한다, something to love — 사랑할 사람이 있어야 한다는 것입니다. 이것이 행복의 세 가지 조건이라고 말합니다. 이것은 심은대로 거두는 것입니다. 오늘 일을 하여야 하는데 할 수 있는 일이 없습니다. 해야 할 일이 없는 것은 할 수 있을 때 하지 않았기 때문입니다. 할 수 있을 때 하지 못한 사람은 하고 싶을 때 할 수 없게 되는 것입니다. 오늘 할 수 없다, 할일이 없다, 하는 것은 지난날에 게을렀다는 뜻입니다. 게으름을 심었기에 오늘 할일이 없는 것입니다. 쓸모가 없으니까요. 또 지난날에 부정하게 살았고 불의하게 살았고 양심에 가책을 느끼며 살았고 죄 중에 살았기 때문에 그에게는 미래가 보이지를 않습니다. 밝은 미래는 의로운 생활에서 바라볼 수 있는 것입니다. 부정한 세월을 산 사람에게 미래는 보이지 않습니다. 그래서 소망이 없습니다. 또한 사랑의 대상이 없다는 것은 사랑하지를 않았다는 뜻입니다. 사람은 나이 마흔이 되면 주변환경에 책임을 지라는 말이 있습니다. 여러분, 지금 주변사람들이 다 나를 반갑게 대해줍니까? 누구를 만나도, 누구를 보아도 다 나에게 반갑게 좋게 대해주거든 내가 선하게 산 줄로 알 것이며, 아무리 보아도 나를 반갑게 대하는 사람이 없다, 천지간에 나는 혼자다, '왕따' 당하고 있다, 한다면 그것은 내가 남을 멸시하고 살아왔다는 증거인 것입니다. 교만한 사람이기 때문에, 교만을 심었기 때문에 지금 친구가 없습니다. 사랑하지 않았기 때문에 오늘 사랑받을 수가 없는 것입니다. 사랑의 대상이 있다는 것, 그것이야말로 귀한 인생의 추수가 아닐 수 없습니다. 모름지기 우리는 이것을 알아야 합니다. 과거에 심고 현재에 거두고, 현재에 심고 또 미래에 거둡니다. 내가 심고 내가 거둡니다. 내 운명은 내것입니다. 이것을 잊지 말아야 합니다.

그런가하면 오늘의 말씀에는 이같은 엄한 율법의 말씀을 넘어서는 진리가 있습니다. 심은대로 거둔다는 것은 율법입니다. 그러나 오늘본문말씀은 율법을 넘어서 은혜의 길을 우리에게 보여주시고 있습니다. 한 사람이 심고 다른 사람이 거둔다, 한 사람이 심고 많은 사람이 거둔다, 라고 말씀하십니다. "눈물을 흘리며 씨를 뿌리는 자는 기쁨으로 거두리로다"라고 시편 126편 5절에 말씀하고 있습니다. 여러분, 오늘의 나의 생활, 내 윤택한 생활, 이만큼의 생활이 내가 심어서 된 일입니까. 그렇게 생각한다면 그것은 교만입니다. 그 누군가가 심었고 내가 거두고 있는 것입니다. 누군가가 눈물을 흘리며 심었고 나는 그것을 거두는, 추수자의 기쁨을 내가 누리고 있다는 말씀입니다. 우리민족의 역사로만 보아도 과거에 우리 어른들이 얼마나 고생하였습니까. 나라 없이 고생했지요, 또 전쟁으로 고생했지요, 믿음의 사람들이 많이 순교당하였습니다. 그 많은 고생을 하고 그렇듯 의롭게 살았습니다. 그렇게 어려운 고생을 치렀습니다. 이제 우리는 그 대가로 이만큼의 복을 누립니다. 6·25라고 하는 전쟁이 참 뼈아픈 경험이었습니다마는 알고보면 역사가의 말대로 온세계가 통째로 적화하는 것을 막아낸 터닝 포인트(turning point)가 그 한국전쟁이었습니다. 우리는 이 한국전쟁을 통해서 많은 것을 배웠습니다. 거기서 상당한 힘을 키웠습니다. 그리고 오늘에 이르러 이만큼의 번영과 자유를 얻은 것입니다. 많은 사람들이 심었습니다. 그래서 우리가 거두고 있는 것입니다.

이제는 나이가 좀 들고보니 후배목사님들이 간간이 물어옵니다. "목사님, 사십 년 목회하시는 중에 한결같이 늘 건강하게 지내시는데 그 건강의 비결이 무엇입니까?" 물론 저는 나름대로 대답합니다. 이것저것 대답합니다마는 그분들에게는 대답하지 않은 비밀이 하나 있습니다. 이 비밀은 내가 보통으로는 말하지 않는 것입니다. 그러나 이 시간에는 말하겠습니다. 바로, 저를 위해서 기도하신 어머니인 것입니다. 마흔한 살에 저를 낳아서 저를 위하여 평생을, 아흔넷

이 되도록 오로지 이 아들을 위하여 기도하시고 가신 그 어머니입니다. 제가 남쪽으로 온 다음에도 예배당은 다 불타 없어졌는데 그 예배당터에서 가마니때기를 덮어쓰시고 엎드리어 밤을 새우십니다. 눈이 하얗게 옵니다. 아침에 눈 속에서 툭툭 털고 일어나는 것을 본 분들이 뒷날 제게 말해주었습니다. 이렇게 기도하신 어머니가 계심으로 오늘 내가 있는 것입니다. 그가 심고 내가 거두는 것입니다. 여러분, 깊이 생각하여야 합니다. 이것을 은총적 세계관이라고 할 것입니다. 나의 나됨은 내가 된 것이 아니고 내가 심은 것이 아니라 많은 사람들이 나를 위하여 기도하고 나를 위하여 수고하고 땀을 흘리고 희생한 데서 비롯되는 것입니다. 많은 순교자의 피가 있고 그리고 오늘 우리가 이만큼의 은혜를 거두고 있는 것입니다. 한 사람이 심고 많은 사람이 거둔다―주님께서 말씀하십니다.

　다시 오늘본문을 잘 보면 더 깊은 말씀이 있습니다. "넉 달이 지나야 추수할 때가 이르겠다 하지 아니하느냐." 그렇습니다. 기다려야 하는 것입니다. 넉 달 후에 추수 때가 이릅니다. 그러나 영적으로 볼 때는 다릅니다. 물질적으로는 넉 달 후에 추수하겠지만 영적으로는 지금 추수할 때가 되어 있는 것입니다. 많은 사람이 예수님께로 몰려오는 것을 보시면서 "희어져 추수하게 되었도다"하고 말씀하십니다. 선지자들의 많은 피가 바탕에 있고, 그리고 예수 그리스도께서 십자가에 돌아가실 것입니다. 이제 한 사람이 심고 많은 사람이 거두게 될 것이라고 말씀하십니다. 심는 자의 기쁨, 그는 언제나 가을을 바라보며 심습니다. 내가 심고 내가 거둘 것을 생각하며 심습니다마는 그것만은 아닙니다. 오늘 내가 심고 그 언제 다른 누구가 거두게 되든지 나는 오늘 심어야 합니다. 나이 여든, 아흔이 되었다

해도 스피노자의 말대로 '사과나무를 심어야' 합니다. 그 누군가가 거둘 것이니까 말입니다. 우리는 무엇을 심어야 하겠습니까. 심으면서 거두는 자의 기쁨을 미리 맛보는 것입니다. 심는 자와 거두는 자가 함께 기뻐한다—주님께서 말씀하십니다. 모름지기 우리는 심는 오늘에 거두는 내일을 확실하게 바라볼 수 있어야 합니다. 로버트 슐러 목사님의 설교 중에 있는 이야기입니다. 모라비아교파 출신인 조지 스미스라고 하는 청년이 아주 신앙이 좋아서 아프리카에 가 한평생을 바치고 그땅에서 죽으리라 마음먹고 아프리카 선교사로 가기 위한 모든 준비를 했습니다. 그리고 후원자를 얻어서 아프리카로 갔는데, 몇달도 못되어 그곳 정부로부터 추방을 당합니다. 그 몇달 동안에 그는 딱 한 사람 전도하였습니다. 한 사람밖에 전도를 못했습니다. 이제 추방을 당하여 그는 멀리서 아프리카를 향하여 사랑하는 마음으로 늘 기도하고 기도하다가 몇달 뒤에 세상을 떠났습니다. 그 몇년 후에 나타난 사실을 보니 이 조지 스미스가 전도한 그 한 사람이 전도자가 되어서 훌륭한 역할을 한 나머지 정확하게 일만삼천 명이 예수믿게 되었다고 합니다. 한 사람이 심고 많은 사람이 거둔 것입니다.

여러분, 우리는 지금, 내가 심지 않은 것을 거두는 기쁨을 누리고 있습니다. 내가 심지 않은 것을 공짜로 거두어들이면서 기뻐하고 있습니다. 그러니 이제 우리는 남은 시간을 어떻게 하여야 하겠습니까. 우리는 무엇을 심을 것입니까. 내가 심어서 그 누군가가 거두게 될 것인데 지금 나는 무엇을 심고 있는 것입니까. 갈라디아서 6장 8절에 보면 "자기의 육체를 위하여 심는 자는 육체로부터 썩어진 것을 거두고 성령을 위하여 심는 자는 성령으로부터 영생을 거두리라"

합니다. 그렇습니다. 도대체 우리는 지금 무엇을 심고 있습니까. 의와 진실과 화평과 사랑, 복음을 심어서 우리만이 아니라 우리의 후손도 먼훗날에 그 누군가가 다 거둘 수 있는 그러한 것을 심고, 심으면서 또한 거두는 저 가을을 내다보며 심는 자가 거두는 자의 기쁨과 함께 기뻐할 수 있는 그러한 신앙적 미래를 살아야 할 것입니다. 여러분, 선을 행하다가 낙심하지 맙시다. 반드시 거두게 될 것입니다. 심은대로 거두는 이치를 외면하지 맙시다. 인생은 추수입니다. 보이지 않는다고 업수이여기지도 말고 오늘 드러나지 않는다고해서 없는 것처럼 생각해서는 안됩니다. 우리는 뿌리고 거두고, 거두고 뿌립니다. 오늘도 우리가 심지 않은 것을 거두며 살고, 다시 우리가 부지런히 심어서 먼훗날 우리의 후손과, 그리고 그 누군가가 거두는 축복을 누리게 될 수 있는 그러한 오늘이 되어야 할 것입니다. △

네 보물이 있는 곳

너희를 위하여 보물을 땅에 쌓아 두지 말라 거기는
좀과 동록이 해하며 도적이 구멍을 뚫고 도적질하느
니라 오직 너희를 위하여 보물을 하늘에 쌓아 두라
거기는 좀이나 동록이 해하지 못하며 도적이 구멍을
뚫지도 못하고 도적질도 못하느니라 네 보물 있는 그
곳에는 네 마음도 있느니라 눈은 몸의 등불이니 그러
므로 네 눈이 성하면 온 몸이 밝을 것이요 눈이 나쁘
면 온 몸이 어두울 것이니 그러므로 네게 있는 빛이
어두우면 그 어두움이 얼마나 하겠느뇨 한 사람이 두
주인을 섬기지 못할 것이니 혹 이를 미워하며 저를
사랑하거나 혹 이를 중히 여기며 저를 경히 여김이라
너희가 하나님과 재물을 겸하여 섬기지 못하느니라
(마태복음 6 : 19 - 24)

네 보물이 있는 곳

이스라엘사람들의 지혜를 모았다고 하는 「탈무드」에 이런 이야기가 있습니다. 옛날에 한 왕이 있었습니다. 그에게는 세 친구가 있었습니다. 하나는 아주 절친한 친구입니다. 하루도 만나지 못하면 안되고 한 시간도 떠나면 안되는 것같은 그런 절친한 친구입니다. 또하나는 보통친구입니다. 그저 만날 수도 있고 안만날 수도 있는 그런 친구입니다. 또하나는 서먹한 친구입니다. 일년에 한 번이나 만날까, 어쩌다 생각나면 한번 만나는 정도의 친구입니다. 왕이 세상을 떠났습니다. 죽은 다음에 보니 가장 절친했던 그 친구는 전혀 그 앞에 나타나지를 않았습니다. 두 번째 친구는 대궐문까지만 와서 서 있을 뿐입니다. 세 번째 친구, 평소에 그리 반갑지 않았던 이 먼 친구는 찾아오더니 자기와 미래로 향하는 내세의 길을 동행해주더랍니다. 첫번째 친구는 돈입니다. 우리가 아무리 절친하게 여겨보아도 돈이란 내가 세상떠날 때 나와 함께하지 않습니다. 남겨두고 가야 합니다. 전혀 나를 외면합니다. 두 번째 친구는 친척입니다. 친척이 아주 가까운듯이 느껴지지마는 역시 내가 세상떠날 때 문간에나 서서 울고 있을 따름입니다. 다시말하면 장지까지는 따라가지만 거기서부터는 나를 두고 가버립니다. 세 번째 친구는 선행, 자선입니다. 평상시에는 별로 눈에 띄지 않지만 죽은 뒤에도 나와 줄곧 함께하는 것이 이것입니다. 이 친구가 내 마지막 가는 길의 동행이 되더라, 하는 아주 뜻깊은 이야기입니다.

1989년 10월 9일, 베를린장벽이 무너졌습니다. 이것은 공산주의가 무너지는 것이요 세계가 새로운 질서로 가는 계기가 된 큰 사건이었습니다. 「Megachallenges」라고 하는 책이 있어 오늘 베스트셀러가 되고 있습니다마는 이 책의 저자인 존 나이스비트(John Naisbitt)는 한 10여년 전에 「Megatrend」라고 하는 책을 써서 세계를 놀라게 하였던 미래학자입니다. 그는 베를린장벽이 무너지는 그 사건을 바로 베를린 그 현장에서 보았다고 합니다. 그는 이 사건을 보면서 많은 것을 생각했다고 합니다. 그가 생각한 것은 사실입니다. 아주 깊은 의미가 있으니까요. 베를린장벽의 붕괴는 곧 자본주의가 공산주의를 이긴 것을 말합니다. 그 승리의 상징입니다. 큰 승리의 찬가입니다. 돈이 이데올로기를 이긴 것이다, 경제가 정치를 이긴 것이다, 개방이 통제를 이긴 것이다, 개인과 민주주의가 독재를 이긴 것이다, 정보가 이념을 이긴 것이다, 그러한 의미들을 가졌다, 라고 그는 말하고 있습니다. 그러나 이제 문제가 있습니다. 이래서 자본주의가 승리하고 이 땅에는 평안이 왔느냐? 민주주의가 이겨가지고 이제 밝은 미래를 보장할 수 있게 되었느냐? 그것이 아니라는 것입니다. 다시 미래학자들은 이제 자본주의의 종말을 예고하고 있습니다. '민주주의에 문제 있다' 라고 말합니다. 이분도 한국과 일본을 예로 듭니다. 민주주의, 문제 있습니다. '민주' 면 다 할 것인 줄 알았고 뭐, 문민이다 국민이다 해가지고 아주 많은 희생을 지불하였습니다. 그래서 얻은 것이 무엇입니까. 많은 혼란과 많은 어려움, 더 큰 문제들에 부딪혔습니다. 결국은 요새와서 역사가들은 말합니다. 우리나라가 이만큼 사는 것도 박정희대통령 때 세워놓은 그 틀걸이에 의해서라고요. 민주주의면 다인 줄 알고 목숨을 걸고 외치던 사람들, 지금 아주 실의에 빠졌습니다. 이 모습을 보자고 우리가 그 투쟁을 했던가, 합니다. 이거 한심한 것입니다. 그래서 오히려 그 누군가가 좀 똑바른 사람이 나와서 올바로 강하게 우리를 리드, 인도해주었으면 합니다. 강력하되 올바르게 강력한 지도력을 구하고 있습니다. 자, 민주주의에 문제 있습니다. 자본주의에 종말이 왔습니다. 깊이 생각하여야 합니다. 저렇게 베를린장벽이 무너지면서 이제 세계는 바뀌어 온통 경제바람에 휩싸였습니다. 돈이면 그만이다, 이것입니다. 돈이 최고다—돈 앞에 모두가 하나같이 무릎을 꿇었습니다. 온세계가 돈 앞에 꼼짝을 못합니다. 그러나 깊이 생각해봅시다. 돈은 기술과 자원에 의해서 얻는 줄 알았습니다. 그러나 이제 알고보니 경제는 경영에 달려 있다는 것을 알기 시작합니다. 우리나라도 '그저 열심만 내면 되겠다, 기술만 높이면 되겠다' 하였는데 알고보니 경영을 잘못했습니다. 경영 마인드에 펑크가 났습니다. 그래서 그 많은 노력과 수고들이 다 수포로 돌아간 것을 우리는 보았습니다. 바야흐로 경영의 시대입니다. 이제 다시한번 묻습니다. 경영은 인격에서 나옵니다. 인격은 도덕에서 나옵니다. 도덕은 신앙에 뿌리를 두고 있습니다. 그런고로 경제란 도덕과 신앙적 가치관이 뒷받침하지 않는 한 무서운 폭군이 됩니다. 바로 이 돈 때문에 세상은 끝장을 보게 되는 것입니다. 이것을 잊지 말아야 합니다. 경제가 우선이 아닙니다. 그저 '황금만능' '돈이면 다' 라고 하는데 이는 종말을 예고하는 조짐이라는 것을 잊지 말아야 합니다. 미래학자들은 바로 여기에 문제가 있다고 외칩니다. 여러분, 예수님께서는 40일 동안 금식을 하신 터라 아주 주리셨습니다. 인간으로 말하자면 가장 어려운, 절박한 시간입니다. 그런데 바로 그 시점에서 말씀하십니다. "사람이 떡으로만 살 것이 아니요 하나님의 입으로 나오는 모든 말씀으로 살 것이라 하였느니라(마 4:4)." 그 절박한 현실에서도 아직도 말씀이 먼저입니다. 아무리, 아무리 급박하고 절박해도 '경제' 보다 말씀이 우선함을 우리는 잠시도 잊어서는 안될 것입니다.

오늘본문에서는 예수님께서 경제에 대하여 간결하게 교훈하십니다. "한 사람이 두 주인을 섬기지 못할 것이니"—무엇을 말씀하시는 것입니까. 돈이 주인이 될 때가 있다는 것입니다. 그리고 그것이 하나님의 위치에까지 도전해올라가고 있다는 것입니다. 돈은 시원치 않은 인간들을 노예로 만듭니다. 시원치 않은 인간들의 우상이 됩니다. 돈을 섬길 때 돈은 우상이 되어 우리인간을 비참하게 만듭니다. 이상하게도 돈에는 사람을 교만하게 만드는 위력이 있습니다. 여러분 잘 아시는대로 돈이 없고 가난하면 어떤 만남에서도 할말을 제대로 못합니다. 어떤 자리에서도 말발이 서지 않습니다. 상당한 지혜의 사람도 돈없고 가난하고보면 그 순간에 그만 어리석은 자로 평가되고 맙니다. 돈없는 사람이 뭐라고 말을 하면 '제 밥벌이도 못하는 주제에…' 합니다. 아무 말도 못합니다. 그래서 어떤 좀 조그마한 모임에라도 가보면 거기서 목청껏 떠들어대는 사람은 전부가 돈푼이나 있는 자들입니다. 돈있는 사람만 떠듭니다. 돈있는 사람 다 내가 잘났습네 합니다. 잘난 척합니다. 사실은 잘난 것이 없는데. 돈이 있을 뿐인데. 그게 돈이 가지는 매력이요 마력입니다. 어떤 경영학책에 보니 이런 이야기가 있습니다. 사장(社長)은 어떻게 살아야 하느냐, 하는데 사장이 조심할 것이 있다고 합니다. 부하직원들이 뭘 잘못했을 때 잘못을 지적하고 충고하려면 "요것 잘못됐다." 이거 한 가지만 말해야지 그 순간에 이렇게 말하면 안된다는 것입니다. "사람이 그러면 못써." 이렇게 상대의 인격을 통째로 건드리는 소리를 하면 그 부하직원이 나가면서 속으로 이런다고 합니다. '말조심하시오. 사람이야 내가 위지, 당신이 돈푼이나 있다고 그러는 모양인데 어림도 없다, 이 사람아.' 그러니 정신차릴 일입니다. 돈뿐인 것입니다. 돈이 있으면 어디까지나 있는 것은 돈일 뿐, 돈으로 인해서 내가 지식도 가졌고 인격도 가졌고 축복도 가졌고 신앙까지 좋은 줄로 착각하지 말 것입니다. 축복은 누가 받았는지 두고보아야 알 일이지 돈푼이나 있다고 하나님께서 내게 복을 많이 주셨구나, 착각하지 마세요. 그것이 아닙니다. 돈이 있을 뿐입니다. 돈으로 인해서 허세를 부리고 돈으로 인해서 스스로 높아지고 돈으로 인해서 싸움을 벌이고 무한경쟁에 뛰어듭니다. 이상하게도 돈은 가진 사람이 더 가지려고 듭니다. 돈 가진 사람이 "이만하면…"하고 스스로 자기를 만족하게 여기는 사람 보았습니까. 아닙니다. 끝도 없습니다. 더 가지고 더 가지고, 남을 죽여가면서, 남의 것까지 빼앗다가 마지막에는 꽝하고 넘어가는 비참한 인간들을 여러분, 매일같이 보고 있지 않습니까. 그 한심한 사람들이거든요. 왜 이렇게 욕심을 부려야 합니까. 어느 사이에 돈을 섬기고 있었기 때문입니다. 맘몬이라고 하는 우상을 섬기고 있었습니다. 맘몬을 하나님의 높이에 올려놓고 섬겨왔습니다. 여러분, 깊이 생각하여야 합니다. 돈이라는 것은 잘 부리면 좋은, 충성된 종이 되어서 나를 섬긴답니다. 그러나 돈이라는 것은 내가 그를 섬기려고들기 시작하면 어느 사이에 무서운 폭군이 되어서 나를 처절하게 만든답니다. 사도 바울의 편지 디모데후서 3장 2절로 보면 말세의 징조에 대해서 여러 가지로 말씀하는 중에 특별히 지적하는 한 죄목이 있습니다. "돈을 사랑하며"합니다. 2천 년전에 주신 말씀입니다마는 말세에는 사람들이 돈에 미치게 되겠다, 돈을 사랑하게 되겠다고 말씀합니다. 그리고 돈은 사람의 눈을 흐리게 만듭니다.

그래서 오늘말씀에 "눈은 몸의 등불이니 그러므로 네 눈이 성하면 온몸이 밝을 것이요"하였습니다. 그러나 돈독(毒)이 올라서 눈이 흐려지면 보이는 것이 없다, 참으로 비참해지겠다고 말씀합니다. 우스운 이야기입니다마는 「조선일보」의 인기 기획물에 '광수생각'이라고 하는 만화칼럼이 있는데 거기에 등장했던 이야기입니다. 한 아가씨가 자기 친구를 만나서 "나 며칠전에 약혼 파혼했다"합니다. "언제?" "한 일주일 전에. 시원치 않아서 파혼했지." 그런데 친구가 가만히 보니까 그 아가씨, 여전히 그 약혼자한테 받은 다이아몬드반지는 끼고 있거든요. "너 그 반지는 왜 아직도 끼고 있냐?"했더니 대답이 "다이아몬드에 대한 내 애정은 변함이 없거든"합니다. 자, 다이아몬드에 대한 애정은 있고, 다이아몬드를 준 사람에 대한 애정은 없어요. 이것이 현대인의 맹점입니다. 바로 여기에 문제가 있습니다. 인간은 없고 돈만 있는 것입니다. 돈과 함께 망한다는 것을 왜 모릅니까. 좌우간 사람보다 돈을 높이면 그것은 곧 망할 징조입니다. 그것을 알아야 합니다. 눈을 흐리게 하고 정신을 흐리게 합니다. 무디 선생의 설교 중에 있는 이야기입니다. 이민단을 실은 큰 배가 목적지를 향하여 가다가 조난을 당했습니다. 그래서 무인도에 기착합니다. 일단 사람들이 다 내렸고 짐도 내렸습니다. 여기서 얼마동안 지체해야 하게 되었습니다. 그들은 다소간의 양식을 가지고 있었기 때문에 몇달동안 사는 데는 별문제가 없었습니다. 그리고 그들은 이민가서 쓰게 될 종자를 많이 가지고 있었습니다. 이 종자를 심어서 가꾸면 이제 얼마든지 지낼 수 있겠다, 생각했습니다. 그래서 농사를 시작해야 될 판인데, 웬사람이 다니다가 보니 거기에 금광이 있는 것이었습니다. 아예 금덩이가 굴러다니고 있습니다. 이걸 보고 "금광이다!" 소리지르니까 모든 사람이 덤벼들어 금을 캐는 데 정신이 팔려버렸습니다. 그래 금을 많이들 가지게 되었습니다. 마음들이 붕 떴습니다. 그러느라 여름동안 농사를 하지 않았습니다. 겨울이 닥쳐 왔습니다. 금덩이는 많이 가졌는데 식량이 없어 그들은 마침내 굶어 죽고 말았다는 이야기입니다. 보십시오. 금이 아무리 귀하다해도 그 금을 먹고사는 것은 아니더라는 것입니다. 여러분, 생명이 먼저입니 다. 무엇보다도 생명위주의 가치관을 가져야 합니다. 그래서 누가복 음 12장 15절에 예수님 말씀하십니다. "삼가 모든 탐심을 물리치라 사람의 생명이 그 소유의 넉넉한 데 있지 아니하니라." 행복도 소유 의 넉넉한 데 있지 않습니다. 부자라면 행복하겠다고 절대 착각하지 맙시다. 그렇지 않습니다. 모름지기 '생명위주' 입니다. 여기에 먼저 생각이 닿아야 한다는 것을 잊지 마십시오. 사람이 돈에 미쳐서 눈 이 어두워지면 이보다 더 답답하고 비참한 노릇이 없습니다. 어느 교회의 여전도회 회장님께서 복부인이랍니다. 부동산투기 하느라고 날만 새면 돌아다니는데, 여전도회 헌신예배가 있어서 사회를 하게 되었습니다. 인도를 하러 단에 올라가 찬송책을 펼치더니 왈 "찬송 가 105동!" 그랬답니다. 사람이 돈에 미치면 아주 이 지경으로 비참 해집니다. 인생의 행복은 질량에 있지 물량에 있지 않다는 것을 일 삼아 다짐하고 살아야 하겠습니다.

그리고 오늘성경은 무엇을 가르쳐주는고하니, 종말론적 인식을 가지라는 것입니다. 떠나는 것입니다. 여러분, 생각해보십시오. 소 유라는 것이 무엇입니까. 내 이름으로 등기했다고 그게 내것입니까. 소유가 가능한 것입니까. 소유불가라는 것을 잊지 마십시오. 내것이 없습니다. 본래도 아니었거니와 앞으로도 내것이 될 수가 없습니다.

오늘 예수님께서 간곡히 말씀하십니다. "좀과 동록이 해하며 도적이 구멍을 뚫고"―그렇습니다. 도적이 와서 구멍을 뚫기도 하지만 가만히 두어도 녹이 슬고 좀이 먹어서 없어지고 맙니다. 그냥 없어지게 되어 있는 것입니다. 보관불가능입니다. 소유불가입니다. 절대로 내것이 될 수가 없습니다. 잠깐동안 내 손에 있을 뿐입니다. 이것을 잠시도 잊어서는 안될 것입니다. 그래서 어리석은 부자가 미련한 것 아닙니까. 재물이 항상 내 손에 있을 줄로 생각했던 것이거든요. 내 손에 남아나지 않습니다. 이내 내 손에서 떠난다는 것을 잊지 말고 쓸 수 있을 때 써야 합니다. 어떤 의미에서 참소유란, 내가 쓴 것만입니다. 오늘말씀의 진리가 그것입니다. 내가 쓴 것만 내것이다, 그것입니다. 썼으니까 내것이지요. 그래서 농반진반(弄半眞半)으로 한마디씩 하는 소리가 있지요. "잘 잡수세요. 먹은 건 내거요." 먹었으니 그건 틀림없이 내거지요. 밥상에 놓인 것도 내거가 아니더라고요. 고것도 못먹고 죽을 수가 있으니까요. 다 소용없습니다. 자, 옷이 옷장에 있다고 내것입니까. 지금 입은 것만 내것입니다. 이것을 잊지 말아야 합니다. 그런고로 우리의 마음은 항상 가벼워야 됩니다. 그 모든것에 매일 것 없습니다. 세월이 가면서 점점 가벼워져야 됩니다. 무거워지면 안됩니다. 사람이 나이가 들면 다 무게를 느낍니다. 이런 것도 무게를 느끼고 저런 것도 무거움을 느끼는 것입니다. 옷을 맞추어도 첫째조건이 가벼운 것입니다. 가장 가벼운 것을 찾습니다. 왜요? 옷도 무거우니까요. 시계를 차도 가벼운 것으로 합니다. 가벼운 것이 제일입니다, 무엇이든지. 마음도 아주 가볍게 가져야 합니다. 돈이 있어도 있는 듯 없는 듯, 집이 있어도 내것인 듯 아닌 듯 그렇게 생각합시다. 그런 마음을 가집시다. 마땅히 쓸 수 있을 때 써야 합니다. 그것이 중요합니다. 소유란 곧 기회입니다. 곧 축복이요 또 사명입니다. 나이많은 할머니 한 분을 압니다. 그분이 돈을 100억 원도 넘게 가지고 있습니다. 그래 많은 사람들이 부탁을 합니다. 좀 가서 권면하라고. 그래 권면해보았습니다, 좋은 일 하자고. 웬걸, 어림도 없습니다. 지금도 얼마나 고생하고 지내는지. 그러면서 그 돈 그냥 부르쥐고 있습니다. 줄 사람도 없습니다. 그런 할머니인데 요새는 정신이 오락가락합니다. 이제는 누구 줄래도 줄 수도 없습니다. 기가막힙니다. 왜 쓸 수 있을 때 쓰지 못했나, 하는 생각입니다. 돈이란 잘 벌기도 하고 잘 보관하기도 하고 잘 써야 되는 것입니다. 냉수 한 그릇이라도 내 이름으로 주면 결단코 상을 잃지 아니하리라, 예수님 말씀하십니다(마 10:42). 또한 전도서 11장 1절에 보면 "너는 네 식물을 물 위에 던지라 여러 날 후에 도로 찾으리라" 합니다. 좋은 일에 쓰면 되돌아온다는, 그런 말씀입니다.

요새 미국에서 베스트셀러가 되어 있는 책이 하나 있습니다. 「다 쓰고 죽자」라는, 재미있는 제목의 책입니다. 다 쓰고 죽자―남아서는 안됩니다. 자본주의의 결함이 어디에 있습니까. 그저 축적하고 축적하고, 더 가지려고, 더 가지려고 하다가 꽈당하는 것입니다. 쓰는 지혜가 있어야 됩니다. 저는 12년전 저 중국 용정(龍井)을 방문했었습니다. 아시는대로 우리나라가 어려움을 당할 때 애국자들과 신앙이 좋은 우리 믿음의 선배들이 그쪽으로 망명을 했었습니다. 그들이 모여 살던 곳이 용정땅입니다. 그렇게 특별한 뜻이 있는 곳입니다. 제가 처음 방문했을 그때 보니 지하교회 집사님 한 분이 예수 믿는다고 끌려가서 얼마나 심하게 매를 맞았는지 온몸이 뼈가 다 부러졌었습니다. 전혀 일어나 앉지도 못할 정도였습니다. 누워 있어

수십 년을 지내는 것입니다. 그런데 제가 들어서서 "안녕하십니까" 하고 인사했더니 처음 보는 나 보고 "목사님 오셨군요"하고 깜짝놀랍니다. 어리둥절해 있는데 그분이 말합니다. "제가 10년 동안 목사님의 설교를 듣고 있거든요. 오늘아침에도 목사님 음성을 들었는데 내가 왜 곽목사님을 못알아뵙겠습니까." 너무도 반가웠습니다. 그래 제가 그때 결심하였습니다. '이 용정에 예배당을 다시 지어주리라.' 그런 생각을 하고 있다가 여러분의 참 고마운 헌금으로 마침내 그곳에다 예배당을 지었습니다. 저번 여름에 가서 헌당식을 했습니다. 잘 지었습니다. 한 12억 원 들었습니다. 그런데 고마운 것은 그 교회, 지금 한 삼천 명 모이는데 중국 갔다오는 사람들 중에서 이 교회 보고 와서는 하나같이 "목사님, 참 좋은 일 하셨습디다. 좌우간 중국 천하에 최고로 좋은 예배당입디다. 너무너무 좋은 일 하셨습니다"하는 것입니다. 그럴 때 내 마음이 얼마나 좋은지 모릅니다. 여러분, 돈이란 이렇게 쓰는 것입니다. 멋지게 써가지고 거기서 절정경험을 얻어야 합니다. peak experience, 화끈한 기쁨을 좀 맛보고 사십시오. '째째하게' 살지 말고. 돈을 쓰고도 떫어서, 어딘가모르게 찝찝하고… 이렇게 살지 말고 좀 '화끈하게', 좀 멋지게 한번… 그러고 싶지 않습니까?

여러분, 투자신탁에 문제 있습니다. 선행에 투자하고 하나님께 신탁하는 것보다 아름다운 것이 없습니다. 그럴 때 영혼이 자유합니다. 저 앞에 밝은 세계가 보입니다. 여러분, 돈이 아주 귀하고 놀라운 역사를 이루기도 하고 또 돈이 나를 파멸로 이끌기도 합니다. 여러분, 새로운 마음으로 물질에 대해서 바른 신앙관을 세워야 하겠습니다. 선행에 투자하고 하나님께 신탁하는 주의 사람들 되어야 하겠

습니다. 네 보물을 하늘에 쌓아두라, 하십니다. △

습니다. 네 보물을 하늘에 쌓아두라, 하십니다. △

함께 지어져가는 교회

또 십자가로 이 둘을 한 몸으로 하나님과 화목하게 하려 하심이라 원수된 것을 십자가로 소멸하시고 또 오셔서 먼 데 있는 너희에게 평안을 전하고 가까운 데 있는 자들에게 평안을 전하셨으니 이는 저로 말미암아 우리 둘이 한 성령 안에서 아버지께 나아감을 얻게 하려 하심이라 그러므로 이제부터 너희가 외인도 아니요 손도 아니요 오직 성도들과 동일한 시민이요 하나님의 권속이라 너희는 사도들과 선지자들의 터 위에 세우심을 입은 자라 그리스도 예수께서 친히 모퉁이 돌이 되셨느니라 그의 안에서 건물마다 서로 연결하여 주 안에서 성전이 되어가고 너희도 성령 안에서 하나님의 거하실 처소가 되기 위하여 예수 안에서 함께 지어져 가느니라

(에베소서 2 : 16 - 22)

함께 지어져가는 교회

　아이가 혼자 제 방에서 장난감벽돌을 가지고 이것을 높이 쌓으면서 놀고 있었습니다. 아버지가 밖에서 들어와 이 아이의 방에 들어갔습니다. 관심을 보이느라고 아이가 하고 있는 일을 유심히 들여다보았습니다. 아버지가 옆에 있는 것도 모르고 열심히 벽돌쌓기를 하고 있는 아이를 보고 "너 지금 뭘 하고 있는 거니?"하고 물어보았습니다. 했더니 이 어린아이가 뒤돌아보면서 손가락을 입에 갖다댑니다. "쉿! 조용히하세요, 아빠. 지금 교회를 짓고 있어요." 아버지는 깜짝놀랐습니다. 늘 이 어린것의 손을 잡고 교회에 다니기는 했지만, 교회에 갔을 때마다 떠들어서 조용히하라고 주의시킬 정도로 이 아이는 늘 말썽이었는데 이만큼이나 믿음이 생겨 있구나 싶은 것이 자못 대견스러워서 한마디 더 물었습니다. "얘야, 교회에서는 왜 조용히해야 되느냐?" 아이의 대답은 뜻밖이고 걸작이었습니다. "아빠도 참. 교회에서는 조용해야지요. 사람들이 다 잠들었으니까요. 떠들면 모두들 깨잖아요." 어린아이를 데리고 교회나가는 것까지는 좋았는데 갔을 때마다 이 아버지는 잤거든요. 존 것이 아니라 잤습니다. 아이가 이걸 보아왔으니 저런 대답을 할 수밖에요. 교회는 가서 조용히 자는 곳이다, 그러니 떠들지 말아야 된다, 라고 생각해온 것입니다. 이, 기막힌 이야기 아닙니까. 문제는 내가 가진 교회관이 어떠냐입니다. 도대체 여러분은 교회를 무엇이라고 생각하십니까? 교회를 어느 정도로 필요하다고 생각하십니까? 내 모든 생활 중에 교회가 차지하는 비중은 어느만큼입니까? 이는 대단히 중요한 문제입니다.

그리스도인의 신앙생활이라는 것은 세 가지의 고백에 따라 가늠된다고 생각합니다. 먼저, 하나님께 대한 고백입니다. 당신은 하나님을 누구라고 생각하는가, 하나님을 어떤 분으로 알고 믿는가, 하나님께 대하여 어떤 고백을 하고 있는가, 그것이 문제입니다. 하나님은 창조주시요, 심판하시는 분이요, 죄인을 가차없이 벌하시는 분이요, 아주 무서운, 폭군과 같은 분이시다─옛 유대사람들은 이렇게 알고, 하나님의 명령을 거역한다면 그대로 즉시 벌이 내린다고 믿었습니다. 거기서 한걸음 나아가서는, 이미 법을 어겼기 때문에 나는 구제받을 수 없다, 하고 아예 하나님의 백성 됨이나 율법지키는 것을 포기하고 버려진 자로서 사는 그런 사람들이 많았습니다. 어차피 죄를 너무 많이 지었으니 나는 하나님 앞에 설 수 없다, 그러니 율법이고뭐고, 축복이고 저주고 생각할것없이 되는대로 살아버리고 말자, 하는, 그렇게 버려졌다는 존재의식을 가지고 사는 사람들이 많았습니다. 예수님 당시에도 그런 사람들이 많았습니다. 이에 비해서 예수님께서 보여주신 신관 즉 하나님께 대한 이해는 그렇지를 않습니다. 하나님은 좋으신 하나님이요 아버지 하나님이시다, 하십니다. 그래 우리가 외우고 있는 주기도문에 '하나님' 이라는 말씀이 없습니다. '하늘에 계신 우리 아버지' ─그것으로 끝입니다. 예수님께서 보여주신 하나님은 어디까지나 아버지 하나님이십니다. 사랑의 아버지입니다. 설사 진노가 있어도 그 진노 속에 사랑이 계시되어 있습니다. 진노적 사랑의 하나님이십니다. 그런 하나님으로 예수님은 말씀하십니다. 그 대표적인 예가 '탕자비유' 입니다. 탕자의 아버지, 얼마나 좋은 아버지입니까. 아무리 생각해보아도 참으로 좋은 아버지입니다. 그 못된 아들이 집을 나가겠다고 할 때 유산을 나누어주는 아버지, 그 아들이 돌아올 것을 생각해서 기다리고 있는 아버지, 또 돌아왔다고해서, 재산을 다 탕진하고 거지가 되어서 왔지마는 살아 왔다고해서, 그것이 고마워서 잔치를 열고 기뻐하는 그 아버지, 이렇듯 좋은 아버지가 예수님께서 우리에게 소개하시는 하나님 상입니다. 이 하나님을 믿는 사람, 하나님을 이렇게 믿는 사람은 그 하나님의 품에서, 그 하나님의 사랑 안에서 오늘도 행복한 것입니다. 이것이 내가 가진 신관이 나 자신의 운명을 결정하는 것입니다.

다음으로는 교회관입니다. 교회가 무엇입니까. 긴 설명을 드리지는 못합니다. 그러나 결정적인 것을 잊지 마십시오. 교회는 친교기관이 아닙니다. 사람들이 만나서 서로 인사하고 악수하고 뭐하고 하자는 데가 아닙니다. 또한 봉사기관도 아닙니다. 봉사하지마는 봉사가 교회의 목적은 아닙니다. 또한 교회는 학문을 가르치고 지혜를 가르치고 생활철학을 가르치는 그런 학원이 아닙니다. 그런 지적인 기관, institute가 아닙니다. 그리고 교회는 무슨 여흥기관이 아닙니다. 요새는 이상한 모습으로 교회가 발전하면서 교회를 한낱 감정순화 하는 기관쯤으로 여기는 일이 많아졌습니다. 소리지르고 손뼉치고… 요란하게 이렇게 해서 오락기관쯤으로, entertainment를 위한 기관쯤으로 몰고가는 것을 참 유감스럽게 생각합니다. 교회는 이런 곳이 아닙니다. 교회는 내 아버지의 집이요 그리스도의 생명력이 계신 곳입니다. 예수님 열두 살때 하신 말씀이 있지 않습니까. "내가 내 아버지 집에 있어야 될 줄을 알지 못하셨나이까(눅 2:49)." 너무나 좋은 말씀입니다. 열두 살된 어린이 예수님께서도 성전을 생각할 때 '내 아버지의 집' 이었습니다. 거기에 내가 하나님의 자녀로 있다, 아들로 여기에 있다, 하십니다. 그곳이 곧 교회입니다. 하나님을 아버지로, 예수 그리스도를 구주로, 그리고 전통적인 상징적 표현에 따르면 교회를 어머니로, 신령한 어머니로 생각하는 그러한 고백 속에 나의 나됨이 있고 구원의 길이 있는 것입니다. 교회관에 문제 있습니다. 교회는 결정적으로 그리스도의 몸입니다. 그리스도만이 영광을 받으시고 그리스도의 능력이 함께함으로 교회입니다. 물론 교회에 나오는 사람마다 여기에 와서 그리스도를 만나야 됩니다. 그것이 가장 중요한 핵심입니다. 우스운 이야기입니다마는 교회가 작았을 때는 제가 교인들이름도 외우고 부지런히 교인들과 개인적 관계를 많이 맺으면서 목회하여왔습니다마는 이렇게 교회가 수만 명 되는 규모이고보니 이제는 제 기억력 가지고야 도저히 될 일이 아니어서 아예 교인들이름 알기를 포기했습니다. 외우려고도 알아보려고도 하지 않습니다. 그렇게 목회하고 있는데, 간혹 우리 권사님들 가운데 어떤 분들 보면(권사님이 지금 한 오백여 명 되는데 제가 권사님들의 이름이나 얼굴을 일일이 알아볼 수가 없거든요) 길에서 딱 만났을 때 좀 나를 괴롭히는 분들이 계십니다. "목사님, 저 아십니까? 저 소망교회교인인 것을 아십니까?" "모르겠는데요." "저, 소망교회 권사입니다." 이런 때에 저는 농담으로 이렇게 말합니다. "자고로 나는 여자분얼굴은 똑똑히 안봅니다. 그리고 중요한 것은 그것이 아닙니다. 곽목사가 권사님을 알면 어떻고 모르면 어떻습니까. 주님께서 아셔야지요. 예수님께서 권사님을 아시면 그만이 아니겠습니까?" 그렇게 말하면 "그야 그렇지요"하는데 자못 서운해하는 표정입니다. 정말이지 그 누가 알고 모르고, 알아주고 몰라주고가 대수입니까. 잊어버릴 것입니다. 중요한 것은 예수님을 만나는 그것입니다. 예수님과 만나는 체험이 있어야 합니다. 생명력을 체험하여야 됩니다.

주님의 말씀을 개별적으로 들어야 됩니다. 그리고 그리스도 안에 있음을 새롭게 확인하는 체험이 있어야 됩니다. 그런 체험을 가지는 데가 교회입니다. 예수의 영광, 예수의 말씀이 있어서 교회입니다. 결코 사람들이 모여서 친교하자는 데가 아닙니다. 유명한 신학자 폴 틸리히는 교회의 필요성에 대해서 이렇게 피력하고 있습니다. '나는 교회를 떠나서 기독교를 생각할 수 없다. 비록 교회에 문제가 많다 하더라도 기독교가 교회를 떠나서 존재할 수는 없다.' 아주 못박아 말하고 그 이유를 설명합니다. 첫째, 기독교는 사랑의 종교이기 때문에 교회 안에서 우리는 사랑을 주고 사랑을 받고 그리스도의 사랑을 체험할 수 있기 때문이다, 둘째, 사람이 가질 궁극적 관심은 예배다, 하나님과의 만남에, 하나님께 예배하는 데에 궁극적 관심이 있어야 한다, 그 예배는 교회를 통해서 이루어지기 때문에 교회는 절대적으로 필요한 것이다, 또한 교회에서 복음이 선포되고 있다, 복음이 선포되고 복음을 듣는 이것이 교회에서 이루어지는 일이므로 교회가 필요하다, 넷째는 성경을 바로 해석해줌으로써 사람들로하여금 바른 신앙에 서도록 지도하는 곳이 교회이기 때문에 교회가 중요하다—라고 말합니다.

저는 이 말씀을 드릴 때면 생각나는 것이 있습니다. 제가 '73년에 제 개인으로서는 자가용자동차를 처음 가져보았습니다. 미국에서 공부할 때인데, 저를 아는 교인들이 "목사님, 여기서는 이곳저곳 왕래하는 데 차 없이는 힘듭니다"하면서 돈을 개별적으로 모아가지고 아주 좋은 차를 제게 사주었습니다. 좌우간 제가 다니는 학교에서는 총장서부터 교수, 학생에 이르기까지 내 차 만큼 좋은 차를 가진 사람이 없었습니다. 아주 brand new로 사주었는데, 차를 넘겨주던 집사님이 짓궂은 분이어서인지 이런 주의를 줍니다. "두 가지를 조심하십시오. 목사님 마음대로 운전하시되 딱 두 가지는 조심해야 합니다. 첫째, 여자가 모는 차 꽁무니 따라다니지 마세요." 여자가 모는 차는 따라가면 안된다, 비켜가야 된다, 여자들은 위험한 일을 당하면 눈 딱감고 말기 때문이다, 그러면 이름도 없이 동사(同死)하게 된다, 그런고로 여자 운전하는 거는 뒤따라가지 말라, 하는 것입니다. "둘째, 기름넣는 거 조심하세요. 미국에 많은 주유소가 있는데 이들 주유소 가운데는 열악한 환경에 있는 주유소도 있습니다. 가솔린이라고 하는 것은 땅속에다 넣어놓는데 이거 잘못 관리하면 기름 속에 물이 들어가 섞여 있게 되는데 이런 기름을 넣는 날이면 낭패봅니다. 그런고로 주유소에 가서 기름을 넣되 고급, 잘생긴 주유소에 가서 넣도록 하세요." 그런데 그게 마음대로 됩니까. 내가 한번 진짜로 경험했었습니다. 멀리 여행을 하다가 산으로 올라갔는데 여기서 기름이 떨어졌습니다. 거기 보니 정말 아주 열악한 주유소가 있었습니다. 기름펌프가 둘밖에 없는데 노인이 앉아서 졸고 있더라고요. 기름이 시원치 않겠다, 하면서도 어찌할 수가 없어서 넣었지요. 아니나다를까 가다가 딱 막히지를 않겠습니까. 몇번 수리를 해도 안듣습니다. 마지막에는 기름탱크를 뜯어가지고 이걸 청소해내는데, 하 이거 참, 큰일이다 싶더라고요. 무슨 말인지 아시겠습니까? 교회는 주유소와도 같습니다. 아무리 좋은 차라도 주유소에 들러서 기름을 넣어야 합니다. 그런가하면 그 주유소에서 공급하는 기름이 깨끗해야 합니다. 티가 없어야 됩니다. 여기가 오염되고 여기가 시원치 않으면 여러분의 인격은 곤두박질합니다. 운명도 엉망이 되고 맙니다. 그런고로 여러분, 교회 잘 선택하는 것이 보통일이 아닙니다. 교회 잘 만나는 것, 큰 축복임을 알아야 합니다. 좋은 주유소에서 깨끗한 휘발유를 넣고 달려야 차가 제 구실을 하는 것이거든요. 그와같이 우리는 교회에서 순수하고 온전한 복음을 계속 공급받아야 우리의 가정, 우리의 사업, 우리의 인격, 우리의 운명이 바로 갈 수 있는 것이다, 하는 말씀입니다.

오늘본문에는 교회를 하나님과의 화평에서부터 설명해나갑니다. 14절에 보면 예수는 우리의 화평이시라고 말씀합니다. "우리의 화평이신지라"―결정적으로 말씀하고, 15절에서는 예수께서 화평을 이루신다고 말씀하며, 17절에 가서는 평안을 전하신다고 말씀합니다. 친히 전하십니다. 교회를 통하여 존재하시고, 교회를 통하여 역사하시고, 전도자를 고용하시고, 성령의 역사와 함께 주님 친히 화평을 이루시고 화평을 전하시는 것입니다. 그렇다면 이 그리스도의 몸 된 교회 안에 있는 우리교인은 누구인가, 이것입니다. 오늘본문에 보면 우리교인은 하나님의 권속이라고 말씀합니다(19절). '권속'이라고 번역된 헬라말 '오이케이오이'라고 하는 말에서 '오이코스'라는 것은 '집'이라는 말입니다. 그 집의 한 식구가 된다는 것입니다. 이 집은 건물을 말하는 것이 아니라 가정을 말합니다. 가문을 말하는 것입니다. 그리스도의 가정, 이 하나님의 가정의 한 식구, 한 멤버가 된다는 말씀입니다. 우리는 이 가정이라는 것을 말할 때 흔히 '끈끈한 정'을 이야기합니다마는 그것으로는 얘기가 되지 않습니다. 끈끈한 것이 아니라 '영영 끊을 수 없는' 관계입니다. 피로 맺어진 것이니까요. 내 자식이요 내 부모입니다. 이 관계는 어떤 것으로도 끊을 수 없는 관계입니다. 예수께서 우리를 위하여 십자가에 죽으심으로해서 이루어진 관계입니다, 이것은. 절대로 끊을 수 없는 관계입니다. 이것을 잊지 말아야 합니다. 그래서 우리는 그리스도를 주로 고백합니다. 그 주는 성현이 아닙니다. 선생이 아닙니다. 그리고 과거의 예수가 아닙니다. 십자가에 죽으시고 부활하시고 승천하시고, 그리고 재림하실 분입니다. 우리는 living Christ를 믿습니다. 과거의 예수를 믿는 것이 아닙니다. 현재 살아계신 예수를 믿는 것입니다. 살아계신 그리스도의 생명력 안에서 우리는 하나님의 권속입니다. 구속함을 받은 권속, 하나의 식구가 되는 것입니다. 이것은 피로 맺어진 관계입니다. 그리스도와의 관계, 또 우리 성도들 간의 관계가 그렇습니다. 이것은 윤리 이전에 있는 큰 사랑이요 확실한 사랑의 실체입니다. 나아가서는 절대적 관계입니다. 전인적 관계요 공동운명에 속한 관계요, 그리고 영원한 관계입니다. 그래서 교회를 일러서 흔히 종말론적 공동체라고 합니다. 여러분이 세상에서 어떻게 살든지 가정이 어떻든 상관없습니다. 이 교회 안에서 우리는 한 식구가 되고 서로 교제하며 그리스도 안에 하나가 되어 살다가 이대로 하나님나라로 옮겨갑니다. 영원한, 종말론적인 공동체가 교회인 것입니다. 오늘성경은 또 말씀합니다. 우리는 그리스도의 나라의 시민이라고. 그런고로 우리가 왕되신 그리스도께 충성을 다하고 그 안에서 화평을 누리는 것입니다. 또 나아가서는 성도라고 하였습니다. 거룩히 구별된 무리입니다. '성도'의 헬라말 '하기오스'는 구별되었다는 말입니다. 이 세상에 살면서도 구별되었습니다. 비록 속된 세상에 살지마는 거룩한 백성으로 살아갑니다. 비록 세상에 살지마는 하늘의 시민권을 가지고 사는 것이 그리스도인입니다. 영원한 약속을 보장받고 오늘을 살아가는 것이 그리스도인입니다. 성도입니다. 거룩한 무리입니다. 깊이 생각하고 새겨야 합니다.

1924년에 있었던 일입니다. 제8회 올림픽경기가 파리에서 열렸습니다. 이 올림픽경기에 에릭 리들이라고 하는 영국청년이 100m경주의 선수로 나가게 됩니다. 그는 좋은 기록을 가지고 있어서 확실한 금메달 유망주로 다같이 기대를 하고 있는데, 경기 일정이 주일날로 잡혔습니다. 에릭 리들은 신실한 그리스도인이었습니다. 주일날로 경기 일정이 잡히자 그는 올림픽경기를 포기하겠다고 했습니다. 절대로 안나가겠다고, 뛰지 않겠다고 단호히 거부하였습니다. 이에 영국국민들이 분노했습니다. 조국을 배신한 자다, 위선자다, 옹졸한 신앙인이다, 비겁한 자다… 뭐 있는대로 폭언을 하고 비난을 했습니다마는 이 청년은 당당했습니다. "주일을 범하면서까지 금메달을 향해서 뛸 마음은 없어요"하였습니다. 그러고는 그 주일날이 되자 교회나가서 종일토록 경건하게 하나님 앞에 예배하였더랍니다. 그 주일이 지나자 다른 분들이 그를 좀 설득해서 400m경주에 좀 나가줄 수 없겠느냐고 제안했습니다. 주일날이 아니면 나가보겠다고 그는 대답하였습니다. 이래서 이제 100m경주자가 400m경주에 나가서 뜁니다. 이 경주, 이 선수에게는 사실 불가능한 것이었습니다. 그런데 경기는 이러했습니다. 그는 처음부터 100m경주 하는 기세로 총알같이 뛰었습니다. 이렇게 하는 것을 보고 모두들 생각했습니다. '저 사람 200m 뛰고나면 아마 고꾸라질걸.' 그랬는데 그는 그대로 줄기차게 뛰어서 마침내는 세계기록을 깨고 금메달을 따냈습니다. 금메달을 목에 걸었을 때 기자가 그에게 물어봅니다. "100m 선수로서 어떻게 400m를 뛸 수 있었습니까?" 그는 대답합니다. "200m는 내 힘으로 뛰고 나머지 200m는 하나님의 힘으로 뛰었습니다. 나는 '내가 100m경주를 거부하고 하나님을 섬깁니다. 나머지길은 주께서 인도하소서' 하고 기도하였었고 그리고 오늘 뛰었는데 금메달을 딴 것입니다." 잘했느냐 못했느냐—묻지 맙시다. 오직 그의 경건을 생각해봅시다.

　여러분은 교회를 어느 정도로 중히 여기십니까? 어느 정도로 필요하다고 생각하십니까? 내 생애에 있어서 가장 중심되는 것이 교회요, 내가 마지막 의지할 것이 교회입니다. 이것을 잊지 말아야 합니다. 이 압구정동, 이 주변의 집들은 벌써 오래전에 지은 아파트들인데 아직도 집값이 내려가지 않고 있습니다. 그 이유는 가끔 이런 사람들이 나타나기 때문이라고 부동산중개업자들은 말합니다. 복덕방에 와서 "내 이 교회 주변에서 마지막까지 교회와 함께 살다가 죽을랍니다. 집값은 얼마라도 좋으니 소개하시오." 이런 사람 일년에 몇 사람만 있어도 집값은 안내려가는 것입니다. 나는 이것을 자랑삼습니다. 이 교회와 함께 마지막 생을 산다—아니그렇겠습니까. 경치 좋은 무슨 데가 뭐이 중요합니까. 공기 맑다는 데는 왜 찾아요, 며칠이나 더 살겠다고. 중요한 것은 교회입니다. 마침내 의지할 곳은 교회밖에 없습니다. 어떤 분들은 무슨 큰 계약이 걸려 있어도 꼭 주일날 해야 한다면 아니합니다. 포기하는 분도 있습니다. 멀리멀리 여행하다가도 주일 하루 지키기 위해서 달려오는 사람도 있습니다. 모두가 다 그러시라는 이야기는 아닙니다마는 그런 신앙은 특별한 것입니다. 거룩함입니다. 주일을 거룩히 지키고, 거룩히 지키면서 나 자신이 거룩해지고, 내 생활이 거룩해지고, 내 입지가 거룩해지고, 내 운명이 거룩해지는 것이 성도입니다. 교회와 함께 하나님의 말씀을 듣고, 그리스도와 사귀고, 그리스도를 만나고, 교회의 권속 된 행복을 즐깁니다. 여기에 승리의 생활이 있는 것입니다. △

그리스도인의 정체의식

우리가 알거니와 우리 옛 사람이 예수와 함께 십자가에 못박힌 것은 죄의 몸이 멸하여 다시는 우리가 죄에게 종노릇하지 아니하려 함이니 이는 죽은 자가 죄에서 벗어나 의롭다 하심을 얻었음이니라 만일 우리가 그리스도와 함께 죽었으면 또한 그와 함께 살 줄을 믿노니 이는 그리스도께서 죽은 자 가운데서 사셨으매 다시 죽지 아니하시고 사망이 다시 그를 주장하지 못할 줄을 앎이로라 그의 죽으심은 죄에 대하여 단번에 죽으심이요 그의 살으심은 하나님께 대하여 살으심이니 이와 같이 너희도 너희 자신을 죄에 대하여는 죽은 자요 그리스도 예수 안에서 하나님을 대하여는 산 자로 여길지어다

(로마서 6 : 6 - 11)

그리스도인의 정체의식

어느날 새끼호랑이가 어미호랑이하고 풀밭에서 재롱을 떨며 장난을 치고 있었습니다. 새끼호랑이가 어미호랑이한테 물었습니다. "나 호랑이 맞아? 달리기도 못하고 토끼 한 마리도 못잡고 사냥도 못하는 내가 호랑이 맞아?" 어미는 대답합니다. "그럼. 내가 낳은 새끼니까 너는 틀림없는 호랑이다." 새끼는 또 물어봅니다. "강아지만도 못한데 나 호랑이 맞아? 난 아무것도 못하는데 내가 호랑이 맞아?" 자꾸 물어보니까 화가 난 어미호랑이가 꽥 소리쳤습니다. "야, 이 개새끼야, 그렇다면 그런 줄 알아!" 새끼호랑이는 졸지에 개새끼가 되고 말았습니다. 지금 아무것도 못하지만 새끼호랑이도 호랑이는 호랑이입니다. 오늘은 강아지만도 못한 보잘것없는 것이지만 이것이 이제 조금만 있으면 엄연히 백수의 왕, 다른 짐승들을 호령하는 호랑이가 될 것입니다. 지금 내가 뭔가 부족하다고해서, 내 마음대로 안되는 것이 있다고해서 자기정체의식을 잊어버려서는 안되는 것입니다. 한마디 더 하겠습니다. 한 며느리가 시어머니와 조용히 이야기를 하는 중에 좀 고통스러운 점을 불평했습니다. "애써서 음식을 장만하는데도 아범이 늘 반찬투정을 해서 괴롭습니다. 아무리 정성을 들여 음식을 장만해보아도 뭐, 이래 맛이 없고 저래 맛이 없고 하면서 타박을 하니 참 힘듭니다." 했더니 시어머니가 며느리를 위로한다고 하는 말이 이렇습니다. "그거는 부전자전이다. 네 시아버지도 어지간하단다. 나는 그렇게 어려운 지아비를 지금까지도 모시고 시중든단다." 며느리는 기분이 좋아졌습니다. 시어머니가 나를 이해해주는구나, 했습니다. 그래서 이제 입을 열어 평소에 하고 싶었던 말을 막 털어놓습니다. 남편을 계속 흉봅니다. 늦잠자고, 화를 잘내고, 늦게 돌아오고, 뭐가 어떻고어떻고… 한참 흉을 보다보니 시어머니의 눈이 점점 커지는 것이었습니다. 며느리는 정신이 번쩍 났습니다. 혼자 생각했습니다. '나 이 집 며느리 맞나?' 상황인즉 지금 며느리가 시어머니 앞에 그의 아들을 흉보고 있는 참이거든요. 정말 정신나간 여자라 하겠습니다. 가끔 우리는 이렇게 나의 나됨을, 나의 정체를 잊어버린 채 생각을 하고, 잊어버린 채 말하고 행동할 때가 많습니다. 한 칼럼니스트가 한다하는 석학들을 앞에 놓고 "딱 한마디만 질문을 하겠습니다"하고, 이렇게 물었습니다. "현대인의 특징이 무엇입니까?" 한 석학은 대답했습니다. "현대인은 우주에 대하여, 세계에 대하여, 세상사에 대하여 정보홍수를 만나서 아는 것이 참으로 많습니다. 그러나 유감스럽게도 자기자신에 대해서는 모를 뿐만 아니라 점점 더 몰라가고 있습니다. 무지해져가고 있습니다." 확실히 그런 것같습니다. 세상에 대해서는 아는 것이 많은데 나 자신에 대해서는 너무도 모른다는 이야기입니다. 이 정체의식이란 참으로 중요한 것입니다. 나의 나됨의 존귀함, 이것을 모를 때 자살을 합니다. 우울증에 빠집니다. 허탈감에 빠집니다. 실망합니다. 비참해집니다.

　여러분, 내가 나를 알려면 먼저 정직하여야 합니다. 나 자신에 대해서 정직하여야 합니다. 아는 것은 아는 것이고 모르는 것은 모르는 것입니다. 여기에 거짓과 위선이 있어서는 안됩니다. 순수하고 순전하여야 합니다. 좀더 나아가서는 모든 욕망, 끝없는 욕망, 시기 질투, 이런 것으로부터 완전히 자유하여야 합니다. 깨끗한 마음이 되어져야 비로소 나 자신을 알 수 있습니다. 이것뿐만이 아닙니다.

아무리 내가 알려고 노력해도 나 혼자서 알 수는 없습니다. 아무리 눈이 밝은 사람도 빛이 없으면 아무것도 보지 못하는 것과도 같습니다. 하나님의 밝은 빛 앞에 비추어볼 때에만 나를 알 수 있습니다. 그래서 종교개혁자 칼뱅은 말합니다. "하나님께 대한 지식이 없이는 자기자신에 대한 지식이 없다." 단정을 합니다. 그렇습니다. 깊이 생각을 해봅시다. 하나님을 모르면 나를 모릅니다. 하나님을 알고야 나를 압니다. 하나님 모르는 사람들 흔히 말하기를 뭐, 크게나 도를 깨친듯이 "인생무상" 타령입니다. 그럴 수밖에요. 하나님 없이 세상을 보니 '인생무상'이지요. 맞습니다. 하나님을 모르니 천상천하에 유아독존(唯我獨尊)이지요. 이 교만한 소리도 하나님 모르기에 할 수밖에 없는 소리입니다. 하나님을 모르고보면 목적도 목표도 아무것도 없습니다. 인생이 한낱 나그네일 뿐입니다. 그야말로 무상할 뿐입니다. 하나님을 아는 것이 곧 나 자신을 아는 것입니다. 이것을 잊어서는 안됩니다.

성경은 세 차원에서 인생을 말씀하고 있습니다. 하나는 오늘본문에 나타난대로 "옛사람"입니다. 오늘을 기준으로 해서 옛날을 생각해보십시오. 옛사람은 죄와 사망과 정욕의 노예요 진노의 대상이 되었던 사람입니다. 옛사람―이스라엘백성이 애굽에서 노예되었던 것을 잊어서는 안되는 것같이 우리도 옛사람의 모습 잊을 수 없습니다. 그러나 여기서 머물러서는 안됩니다. 요즘은 퇴직을 하는 분들이 많이 있어서 서로 명함을 교환하고 악수를 하고 인사를 하게 될 때, 내가 지금 뭘 하는 사람입니다, 라고 말하지는 못하고 전(前) 무엇입니다, 전직이 무엇입니다, 이렇게 말하는 분들을 봅니다. 전직 회장, 전직 사장, 전직 교수, 전직 장관… 이렇게 자기를 소개합니다. 그대로 듣고 말 일입니다마는 속으로는 이렇게 반문합니다. 'So what?' 그러니 어쩌라는 얘기요? 전에는 내가 이러했다—그러면 오늘의 나는 무엇을 의미하는 것입니까. 그것에 의해서 나를 평가해 달라는 것입니다. 지금 내가 이렇게 초라하지마는 과거에는 이러했다—그래서요? 과거에 의해서 오늘을 생각하는 것처럼 비참한 것이 없습니다. 잘됐던 못됐던 지나간 일은 지나간 일입니다. 옛사람, 이것으로부터 깨끗이 떠나야 합니다.

또하나는 '오직 은혜 안에 있는 나'입니다. 지금은 은혜 안에 있음을 깨달아야 합니다. 현재의 나는 은혜 안에 있는 자유인이요 사명을 받은 사람입니다. 나라고 하는 존재가 나 볼 때는 쓸모없어도 하나님 보실 때는 쓸모가 있습니다. 나는 할일이 없는 것같으나 하나님께서 나를 보실 때는 나를 통해 하시고자 하는 일이 있습니다. 그리하여 내가 존재하는 것입니다. 그런고로 현재는 기회요 사명입니다. 또 약속된 미래가 있습니다. 어느날 요단강을 건널 것이고 우리는 저 가나안, 하나님나라에 가게 될 것입니다. 이를 잠시도 잊어서는 안됩니다. 사도 바울은 늘 편지에서 말씀합니다. 그리스도의 날에, 그날에 너희는 나의 자랑이 되고 나는 너희의 자랑이 되리라, 위에서 부르신 부름의 상을 바라보며 푯대를 향하여 좇아가노라, 내 앞에 생명의 면류관이 있다—이렇게 환하게 결정적이고 약속된 미래를 바라보며 사는 것이 그리스도인입니다. 오늘말씀은 이 문제를 좀더 확실하게 사실적으로 설명합니다. 그리스도와 함께 죽었다, 그리스도와 함께 산다, 라고 말씀합니다. 죽었다—여러분은 스스로 얼마나 죽었다고 생각하십니까? 박노해라고 하는 분을 여러분도 아마 아실 것입니다. 근자에 나온 그의 「오늘은 다르게」라고 하는 수필

집이 있습니다. 얼굴없는 노동자시인으로 오랫동안 살다가 요새와서 얼굴있는 시인으로 우리 앞에 나타나고 많은 일을 하고 있습니다. 지난해 '98년 광복절에 특사로 석방된 시인입니다. '91년에 무기징역 선고를 받고 그동안 옥고를 치러온 분입니다. 감옥에 있을 때 그는 분노와 고독, 절망과 탄식으로 단식투쟁을 많이 했습니다. 그런 분노로 가득찬 사람이었으나 동유럽이 무너지는 소식을 듣고, 공산세계가 무너지는 소식을 듣고 깜짝놀랐습니다. 그는 자신의 오랫동안 생각했던 모든 일들이 하루아침에 무너지는 것을 느꼈습니다. 그리고 그는 그의 책에서 이렇게 아주 명료하게 고백하고 있습니다. '내 마지막 남은 애착과 자존심까지 벗어야 한다. 나를 해체하고, 정체성을 깨뜨리고 내가 내 안에서 적극적으로 빠져나와야 한다.'

여러분, 내가 나 자신으로부터 적극적으로 빠져나와야 합니다. 나를 해체해버려야 합니다. 내 과거, 내 신분, 내 업적, 깨끗하게 포기하여야 합니다. 그래야만 합니다. 이제 묻습니다. '이것이 가능한 것입니까?' 나 스스로 나를 버릴 수 있으면 내가 나로부터 벗어날 수 있느냐, 이것인데 바로 여기에 문제가 있습니다. 오직 예수, 그만이 가능합니다. 오늘말씀에 그런고로 그리스도와 함께 죽었다, 하였습니다. 예수 그리스도를 바라볼 때 그리스도와 함께 죽은 나 자신을 발견하게 됩니다. 신학적으로 말하면 율법을 향하여 죽었고 죄를 향하여 죽었고 정욕을 향하여 죽었고 나의 증오와 시기, 욕심 다 십자가 밑에 묻어버렸습니다. 사실상 십자가를 쳐다보고 그를 믿는 순간 그가 나를 죽여서 내가 죽을 수 있는 것이지, 그가 나를 자유케 하심으로 내가 자유한 것이지 나 스스로 나 자신으로부터 벗어나지 못하는 것이 인간입니다. 그뿐아니라 그리스도와 함께 산다, 하였습니다. 부활의 아침을 말씀하고 있습니다. 이것은 오메가 포인트입니다. 예수께서 부활하신 그 영광된 형체, 그와 같이 변화할 것입니다. 우리가 다 추하고 보잘것없는 존재이지마는 우리가 육체의 몸을 벗는 순간 그리스도의 영화로운, 부활하신 몸과 같은, 자유한, 신령한 몸으로 변화할 것입니다. 이것이 앞에 있는 약속입니다. 그리스도와 함께 살 줄을 믿는다—그리고 오늘을 삽니다. 오늘을 어떻게 사느냐? 그리스도 안에 사는 것입니다, 그리스도 안에. 여러분, 예수를 믿는다는 것이 무엇입니까. 예수를 믿는다 할 때 우리는 예수께서 나와 함께하시고 예수께서 내 소원을 들어주시고 내 기도를 들어주시고… 이렇게 생각을 합니다만 이것은 옅은 믿음입니다. 참신앙이란 그리스도와 함께 죽었고 그리스도와 함께 살아서 내가 그리스도 안에 있음을 깨닫는 것입니다. 어찌생각하면 하나님께서 왜 나를 이렇게 내버리셨나 싶지요? 그러나 어느 순간에 내가 믿음을 갖게 되었을 때 거기에 하나님께서 계셨습니다. 내가 울고 있을 때 하나님께서 함께하셨습니다. 내가 절망하고 있을 때 벌써 하나님께서 돌보시고 계셨습니다. 나는 완전히 사막에 버려진 존재인 줄 알았는데 거기가 하나님께서 주신 은혜의 장소였습니다. 여러분, 하나님 안에 내가 있고 그리스도 안에 내가 있음을 깨닫는 것이 바로 믿음이라는 것입니다. 그런고로 십자가를 쳐다볼 때마다 우리는 두 가지를 생각합니다. 더블 이미지(double image)가 그 십자가 안에 있습니다. 십자가는 나 자신의 죄인됨을 계시해줍니다. 너는 죄가 십자가에 죽을 만큼이나 한 죄요 죽어 마땅한 죄인이라는 것입니다. 계속 우리의 죄를 십자가를 통해서 심판하십니다. 십자가에 죽어 마땅할 만큼 큰 죄인이라는 것입니다. 여지없이 죄인입니다, 십자가를 쳐다볼 때마다. 또하나, 십자가를 쳐다볼 때마다 우리는 십자가의 엄청난 값을 지불해서 구원할만한 존재라는 것을 압니다. 내가 소중한 존재인 것입니다. 그리스도를 사랑하십니까? 그리스도를 사랑하는 나머지 그리스도 안에서 나를 사랑하는 것입니다. 내가 소중한 것입니다. 주께서는 나를 위하여 죽으셨습니다. 주께서는 저를 위하여 죽으셨습니다. 여기서부터 내 정체감을 생각합니다. 여러분, 쳐다보십시오. 혹 어머니가 여러분을 위해서 수고 많이 하십니까? 저는 어머니를 생각할 때마다 늘 그렇습니다. 한평생 저를 위해서 기도하고 계시는 어머니, 그때마다 나는 나 자신이 소중함을 생각합니다. 한평생 눈물로 기도하시는 어머니를 생각할 때 정신이 번쩍납니다. 얼마나 소중합니까. 십자가를 바라볼 때마다 '내가 너를 이와 같이 사랑한다' 하시는 그 사랑 안에서 나 자신을 발견합니다. 이것이 그리스도인입니다.

다시 오늘 이 문제를 성경에서는 자상하게 말씀합니다. 이것은 주어진 것입니다. 은혜 안에 있다는 정체의식이란 첫째, 주어진 존재임을 깨닫는 것입니다. 여러분 자신은 여러분이 선택한 것이 아닙니다. 세상에 태어난 거, 내가 부모 선택했습니까, 낳아주어서 났지. 왜 한국땅에 태어났습니까. 낳아주어서 났지. 주어진 여건이요, 또한 이 신분도 이 지식도 이 재능도, 내가 사는 이 영역, 이 한계라는 것이 하나님께서 내게 은혜로 주신 것입니다. 이에 대해서 불만이 많습니까? 다시한번 생각하십시오. 십자가를 쳐다보십시오. 내 선택이나 노력과는 관계없이 주어진 모든 일들이 너무나도 크고 놀라운 하나님의 은혜입니다. 그런가하면 얻어진 것이 또한 은혜입니다. 나로하여금 공부할 수 있게 하셨지요, 지능을 주셔서, 또 건강 주셔서 일하게 하셨지, 밝은 총명을 주시고 기회를 주시고… 모든 일이 은혜입니다. 농사는 내가 했습니다마는 농사하게 하신 하나님, 추수하게 하신 하나님, 그 하나님께 감사합니다. 결국 내가 한 것이라고는 아무것도 없습니다. 얻어진 것, 지식, 경험, 재산, 모든 일들이 하나님의 은혜입니다. 내가 할 수 있도록 나를 충성되이 여겨 내게 직분을 맡기셨고 나와 함께하셔서 오늘의 내가 있습니다. 또는 이보다 훨씬 더 큰 은혜가 있습니다. 바로 '여겨지는 것' 입니다. 이것은 '믿음으로 말미암아 의롭다 하심을 얻는다' 하는 그 말씀에서 나옵니다. 의롭다 하심입니다. 의로운 것이 아닙니다. 의롭게 되는 것도 아닙니다. 의롭다 하심—순수하게 우리말로 표현하면 의롭다고 보아주시는 것입니다. 어떻게 보아주시느냐가 문제입니다. 믿음을 보시고 의롭다고 보아주십니다. 여러분, 어린아이들을 보십시오. 아이가 실수를 합니다. 그것도 예쁩니다. 걸어가다가 넘어지는 것도 예쁩니다. 노래부르다가 좀 틀리면 그것이 더 좋아서 큰소리칩니다. 왜요? 사랑의 눈으로 보니까, 사랑하는 마음으로 보니까 그가 하는 모든것들이 다 예쁜 것입니다. 자는 것도 예쁘고 깨는 것도 예쁘고 먹는 것도 예쁘고… 자, 하나님께서 당신의 자녀를 의롭다 하신다는 것은 바로 이런 것입니다. 나는 때때로 실수한다고 괴로워했지만, 실패한 줄 알았지마는 합동하여 선을 이루었습니다. 엄청난 역사를 이루는 것 순간순간 깨달아가면서 하나님께서 허물많은 나를 이렇게 사랑하시고 귀하게 보아주시고 귀하게 쓰시고 소중하게 이렇게 사랑의 사람으로 여겨주신다는 것입니다. 그런고로 우리는 이 사랑 안에 사는 것입니다. 나는 김익두목사님을 살아생전에 몇번 뵌 것을 나 스스로 자랑스럽게 생각합니다. 그분은 신천장터의 유명한 깡패였습니다.

예수를 믿고 신천서부교회에서 목회할 때 제가 그 교회에 나가서 목사님으로부터 친히 들은 이야기입니다. 너무도 재미있는 이야기여서 제가 잊어버리지 않을 만큼 자주 말씀을 드립니다. 한여름 어느날 부흥회를 인도하기 위해서 보따리를 걸머지고 산을 넘어가다가 산정에 이르러 바람을 좀 쐬고 가리라 생각하고 아무도 보는 사람이 없는 터라 웃통을 벗어젖히고 '아, 시원하다' 하고 있는데 맞은편에서 술취한 젊은이가 하나 비틀비틀 올라오더니 목사님을 딱 쳐다보면서 "너 왜 나보다 먼저 올라왔냐?" 하면서 다짜고짜 주먹을 날리는 것입니다. 목사님은 그냥 맞습니다. 목사님 표현대로 할까요? 이사나간 집 굴뚝 부수듯이 그냥 갈겨대는 것입니다. 그냥 들이부수는 것입니다. 한참을 그렇게 때리더니 목사님이 대항을 하지 않으니까 청년은 제풀에 지쳤는지 헉헉 숨을 몰아쉬고 씩씩거리더랍니다. 이번에는 목사님이 청년을 딱 쳐다보고 "형님 다 때렸소?" 하더니 악수를 청합니다. 김익두목사님 손이 아주 억셉니다. 딱 붙들고 악수하면서 목사님은 "예수는 내가 믿고 복은 자네가 받았네" 하였습니다. 유명한 말입니다. "예수는 내가 믿고 복은 자네가 받았네"—무슨 말인지 청년이 못알아들으니까 "내가 김익두야" 하십니다. 청년은 깜짝놀랐습니다. 아이쿠 죽었구나, 하고 벌벌떱니다. "내가 예수믿기 전에 이런 일 당했으면 자네는 여기서 장례까지 치르는 거다. 내가 예수믿는 덕에 자네가 살았지 뭔가." "아이구, 그러면 지가 어떻게 하면 좋을까요?" "뭘 어떡해? 날 따라와야지." 목사님은 청년을 데리고 가서 부흥회 참석시키고 예수믿게 했는데, 그가 뒤에 장로가 되었다고 싱글싱글 웃으면서 말씀하시던 것 잊을 수가 없습니다. 여러분, 이것이 예수믿는 사람입니다. 예수 안에 사는 사람입니다.

　　사도 바울은 말씀합니다. 나의 나됨은 오직 은혜라고. 사무엘하 9장 8절에 보면 다윗 왕이 나라를 평정한 다음에 사랑하는 옛친구 요나단을 생각합니다. 요나단의 핏줄기가 어디 하나 없나 찾게 했더니 므비보셋이라고 하는 절름발이 하나가 붙들려왔습니다. 다윗 왕을 없애려 했던 그 사울의 손자라 므비보셋은 벌벌떨고 두려워합니다. 절름발이니 쓸모도 없고 족보를 따지면 사울의 후손이니 원수인 셈입니다. 그러나 관계가 묘합니다. 요나단을 생각하면 사랑하는 친구의 아들이 므비보셋입니다. 사울의 손자가 아니라 요나단의 아들입니다. '너는 왕자와 같이 궁궐에서 먹을 것이다' 하고 다윗은 그를 후대합니다. 그때 므비보셋은 이렇게 말합니다. 가슴을 뜨겁게 하는 말입니다. "이 종이 무엇이관대 왕께서 죽은 개 같은 나를 돌아보시나이까?" 죽은 개 같은 나를—죽은 개만도 못하지요. 그러나 오로지 요나단을 보고 요나단의 아들이니까 '너는 내 아들이다' 하고 돌보게 됩니다. 이것이 하나님의 사랑입니다. 이 마음이 바로 그리스도인의 정체감입니다. 그 마음으로 오늘을 사는 것입니다. △

안식일의 주인 예수

안식일에 예수께서 밀밭 사이로 지나가실새 그 제
자들이 길을 열며 이삭을 자르니 바리새인들이 예수
께 말하되 보시오 저희가 어찌하여 안식일에 하지 못
할 일을 하나이까 예수께서 가라사대 다윗이 자기와
함께한 자들이 핍절되어 시장할 때에 한 일을 읽지
못하였느냐 그가 아비아달 대제사장 때에 하나님의
전에 들어가서 제사장 외에는 먹지 못하는 진설병을
먹고 함께한 자들에게도 주지 아니하였느냐 또 가라
사대 안식일은 사람을 위하여 있는 것이요 사람이 안
식일을 위하여 있는 것이 아니니 이러므로 인자는 안
식일에도 주인이니라

(마가복음 2 : 23 - 28)

안식일의 주인 예수

이스라엘사람들에게 전해지는 재미있는 전설이 있습니다. 어디까지나 이것은 전설입니다. 하나님께서 천지를 창조하시고 많은 사람을 내서서 창대하게 하셨을 때 사람이 많아지니까 사방에 흩어져서 이제 각 민족을 이루게 되었습니다. 이것을 보시고 하나님께서 특별히 한 민족을 선택하시어 chosen people, 선민을 삼으시고 그를 통하여 말씀하시고 그를 통하여 하나님의 사역을, 구원의 뜻을 널리 펴고자 하실 때 어떤 민족을 선민으로 택할까, 하셨습니다. 하나님께서는 가장 복된, 또 복되게 하는 말씀인 계명을, 십계명을 만드시고 그것을 조건으로 내거시어 이것을 지키겠다고 하는 백성에게 선민된 특권을 주려 하셨더랍니다. 먼저 프랑스사람에게 가시어 이 십계명을 보이시고 "너희가 이것을 받겠느뇨?" 하셨는데 "안되겠는데요. 우리는 제7계명 즉 간음하지 말라 하는 계명 때문에 안되겠습니다. 우리는 남녀문제가 복잡해서 그것은 우리가 도저히 받을 수 없겠는데요" 하고 프랑스인은 대답했습니다. 이번에는 독일사람에게 가시어 십계명을 받겠느뇨, 하셨더니 "일주일 다 일해도 모자란데 안식일을 지키라시니 그거 안되겠는데요" 합니다. 다시 아랍사람에게 가시어 "너희가 이것을 지키겠느뇨?" 하고 물으셨더니 "우리는 제8계명 때문에 안되겠습니다. 우리는 사막을 여행하는 사람들의 등짐을 털고 도둑질해먹고 사는데 도둑질하지 말라는 법을 어떻게 지키란말입니까. 안되겠습니다" 합니다. 이제 하나님께서 유대사람에게 가시어 물어보십니다. "너희가 이것을 받겠느뇨?" 그런데 유대사람은 뭐라고 하나님께 반문하는고하니 "그거 얼마입니까?" 그랬습니다. 하나님 말씀하시기를 "공짜다"하시니까 "아, 그러면 받겠습니다"합니다. 그래서 마침내 유대사람이 그것을 받음으로 선민이 되었다고 하는, 유대사람들이 어떤 사람들인가를 잘 말해주는 그런 전설입니다. 유대사람들은 이래서 안식일을 엄수합니다.

주전 170년경에 있었던 사건은 너무나도 유명한 얘기입니다. 헬라의 통치자 안티오커스 에피파네스가 모든 사람으로 하여금 헬라문명 하에 지배받도록 하기 위해서 헬라의 문화와 문명을 강요할 때 거의 모든 민족이 이에 따랐습니다마는 유대사람들은 그렇지 않았습니다. 유대사람들은 끝까지 고집스럽게 자기문화를 지켜가는 것이었습니다. 어떻게 하면 이들을 꺾을 수 있을까—이래서 취한 방도가 두 가지 있었습니다. 유대사람들은 철저하게 음식에 대한 터부가 많습니다. 이것은 먹어야 되고 저것은 먹지 말아야 한다, 엄격했습니다. 이 사람들이 돼지고기는 절대로 안먹는다는 것을 알고 돼지고기 먹기를 강요했습니다. 먹으면 살려주고 안먹으면 죽이는 것입니다, 가차없이. 이렇게 하면서 유대사람들로하여금 헬라문화 앞에 굴복하도록 강제성을 띤 정치를 폈는데 이때문에 많은 사람이 죽었습니다. 또하나는 안식일문제였습니다. 유대사람들이 이것을 엄격하게 지키는 것을 알고 예루살렘성전 마당에다 떡하니 제우스신상을 만들어놓고 제우스신상 앞에 모두가 무릎을 꿇어라, 했습니다. 그리고 안식일 지키는 것을 금했습니다. 유대사람들은 자기네신앙대로 살기 위해서 많은 사람이 산으로 도망갔습니다. 산 속에 들어가 은거하면서 거기서 율법을, 안식일을 지키고 살려 했습니다. 안티오커스가 그리로 쳐들어갑니다. 일부러 안식일을 날잡아 쳐들어갔습니다. 그런고로 안식일을 지키기 위하여 저들은 대항도 하지 않았고 도망도 가지 않았습니다. 도망가는 것도 안식일을 범하는 것이니까. 그대로 다 섬멸당했다고 합니다. 어쨌든 이스라엘사람들은 목숨을 걸고 안식일을 지킵니다.

　　바벨론포수된 이후에 집대성한 구전법 모음인 「미쉬나」라고 하는 책이 있습니다. 우리 신·구약 성경보다 더 큽니다. 구전으로 이스라엘사람들에게 전해진 율법을 다 수집해놓은 책이라고 합니다. 그 속에 안식일에 관한 것만 39개조가 있습니다. 이것을 하지 말라, 저것을 하지 말라, 하는데 이것이 또다시 부칙을 달고 있습니다. 원칙이 있고 또 부칙이 있는 것입니다. 그래서 마침내 이백열아홉 가지나 되는 금칙이 있습니다. 이 서른아홉 가지를 다 말씀드리지는 않습니다만 한번 상상해보십시오. 예컨대 씨뿌리는 일, 수확하는 일, 곡식단을 묶는 일, 타작하는 일, 키질하는 일, 낟알 고르는 일, 맷돌질하는 일, 체질하는 일, 반죽하는 일, 빵만드는 일, 양털깎는 일, 끈매는 일, 바느질하는 일… 이렇게 자세히 서른아홉 가지를 말합니다. 이제 또 부칙이 나옵니다. 그 부칙 중에는 이런 난센스같은 얘기도 있습니다. 어린아이를 안식일에 안아주는 것은 좋으나 어린아이가 책을 들고 있는 것을 안아주면 책을 들었기 때문에 안식일을 범하는 것이 된다, 바느질을 하다가 어찌 실수를 해서 바늘을 옷에 꽂아놓은 채로 입고 밖에 나가면 바늘을 운반하는 죄가 된다, 이것도 안식일을 범한 것이 된다… 아주 까다롭게 까다롭게 이렇게 부칙을 만들어서 안식일을 저들은 지키게 됩니다. 그래서 성경에도 나타납니다마는 장님이 지팡이를 짚고 다니는 것은 죄가 아닙니다. 눈뜬 다음에 막대기를 들고 다니는 것은 안식일을 범한 것이 됩니다. 그만큼 엄격하게 안식일을 저들은 지켰다, 하는 말씀입니다. 이래서 결론적으로 많은 역사가들은 말합니다. 유대사람이 안식일을 지켰느냐 안식일이 유대사람을 지켰느냐—결론은 안식일이 유대사람을 지켰다는 것입니다. 그들은 2천 년 3천 년 디아스포라로 흩어져 남의 나라에 가서 살고 있지마는 그런 가운데서도 그들의 민족성과 신앙을 굳게 지키기 위해서 얼마나 많은 수난을 겪어왔는지 모릅니다. 여러분, 깊이 생각할 문제입니다. 문제는 그 깊은 뜻에 있습니다. 예수님께서 당시의 유대사람들과 충돌하게 된 이유 가운데 하나가 이 안식일입니다. 안식일을 중심으로해서 율법에 대하여 내린 해석에서 예수님의 해석과 그들의 해석이 달랐습니다. 예수님께서는 그들의 위선적인 안식일 엄수의 법을 여지없이 비판하셨습니다. 이런 것들로 인하여 충돌되어 마침내 십자가에까지 이르게 되었다, 라고 해석하게 됩니다. 뜻을 잃어버리고 형식만 남으면 다 그런 것입니다. 깊은 뜻은 멀리 갔고 방법이 목적을 배신합니다. 목적을 위한 방법인데 방법에 충실하다보면 어느 사이에 목적은 멀리 가버립니다. 이런 경우가 그들에게만 있는 것이 아닙니다. 우리에게도 있습니다.

「사물의 체계」라고 하는 책이 있습니다. 쟝 보드리야르라고 하는 프랑스사람이 쓴 것입니다. 이 저자는 파리대학의 유명한 교수요, 사회이론 분야에서는 대표적인 학자라고 합니다. 그는 그 책에서 이렇게 말합니다. '자본주의사회의 사람들은 그 기능을 소비하는 것이 아니라 그 의미를 소비한다.' 기능이냐 의미냐? 한번 생각해봅시다. 우리가 자동차를 탑니다. 여기 '티코'가 있고 '그랜저'가 있습니다. 왜 하필이면 티코가 아니고 그랜저냐, 비싸고 기름도 많이 먹는데, 하고 물어보면 대답은 이렇습니다. "아, 그게 안전하니까." 그러나 사실 사고났을 때 보면 거기서 거기입니다. 그런가하면 승차감이 어떻고, 적당히 얘기합니다마는 솔직하지 못했습니다. 권위주의 때문입니다. 티코를 타고 다니면 무시당하는 풍토입니다. 자동차에 기름을 넣으러 들어가도 그 사람들이 업수이여깁니다. 더구나 호텔에 가서 valet parking을 하려고 하면 티코는 안받아줍니다. 팁을 아무리 준다고해도 어림도 없습니다. 고급차를 타고 들어가면 valet들이 저마다 나와서 몰고가겠다고 덤빕니다. 자, 이런 맛에 좋은 차 타는 것입니다. 그러니까 이것이 기능이냐 뜻이냐 하고 물어봅시다. 어느 쪽입니까? 기능이 아니라 의미라는 말입니다. 우리교회 장로님 한 분이 이런 이야기를 해서 재미있게 뜻있는 얘기로 들었습니다. 언제 한번 미국을 여행하는데, 좀 여러 날이었다고 합니다. 이윽고 집에 돌아오는데 부인한테 미안한 마음이 있어서 화장품이나 좋은 거 하나 사다줄까 하고 백화점에 갔습니다. 화장품에 대해서 모르는 이 양반이 가만히 보다보니 엄청나게 비싼 것이, 붙어 있는 정가가 수백 불이나 되는 것이 있더라고 합니다. 무조건 비싼 것이 좋은 것 아니겠나 싶어서 "제일 비싼 것, 이걸로 주세요"하고 점원 보고 말했더니 "애인을 주실 겁니까, 사모님 드릴 겁니까?"하고 점원아가씨가 묻습니다. "아, 이거 내 마누라 줄 겁니다." 그랬더니 "그러면 사지 마세요." 그러더랍니다. "이거는 좋고나쁘고가 아니라 돈많은 과부들이 비싼맛에 사는 물건입니다. 나는 이렇게 비싼 것 쓴다, 하고 기분상 갖다놓는 것입니다. 사모님 드리려면 이거 살 필요가 없습니다." 그러더랍니다. 애매모호한 소리지요. 그렇지 않습니까? 여러분, 한번 여러분의 심리를 스스로 비판해보십시오. 물건을 비싼맛에 사는 편입니까 실용적으로 사는 편입니까? 왜 옷가지 하나에 몇십만 원, 몇백만 원입니까, 입은 것 보면 별것도 아닌던데. 그러나 아, 이것 입고서 이거 얼마짜리다, 그럽니다. 제가 잘은 모릅니다만 여자들 여름에 입는 블라우스 한 개가 150만 원짜리가 있다면서요? 정말입니까? 세상에… 내 눈으로 볼 때는 150만 원짜리나 만오천 원짜리나 거기서 거기입디다. '옷걸이'가 그렇고그런데 무슨 볼것이 있어요? 그러나 이거 얼마짜리다, 하는 기분이 있습니다. 기분이라는 말을 다른 말로 말하면 그것이 바로 의미라는 것입니다. 기능을 소비하는 것이 아니라 의미를 소비한다—그렇습니다. 목적을 배신한 행위입니다. 도대체 무엇을 위해서 일이 필요한 것입니까. 다 그야말로 자기권위, 자기명예, 자기존재를 높여보자는 것이지요. 답답하지만 이렇게 해보겠다는 것입니다. 율법도 이렇게 지켰다는 것입니다. 형식주의로 빠져나가면 본래성은 상실하고 이것을 지킴으로 내 값이 올라가는 기분입니다. 나는 율법을 지키는 자다, 나는 목숨을 걸고 안식일을 지키는 자다—스스로 교만해지는 것입니다. 이러고서 못 지키는 자는 멸시하는 것입니다. 저것은 사람도 아니다, 율법도 모르는 금수와 같은 사람들이다, 하고 이방사람들을 멸시한 것 아닙니까. 기능적이기보다는 완전히 의미적인 것이었다, 하는 말씀입니다.

오늘본문에 나타난 이야기를 잘 살펴보면 사실 제자들이 잘못은 했습니다. 자고로 제자 잘못 두면 선생이 좀 부끄러움을 당하게 됩니다. 예수님께서 제자들과 같이 지름길로 가시느라고 밀밭 사이로 지나가십니다. 그렇거든 제자들은 가만히 헤치고 나아갈 것이지 왜 이삭은 뜯어서 이걸 비벼가지고 입에다 넣느냔말입니다. 율법상으로는 이 행위는 곧 타작을 한 것이요, 빵만들어 먹은 짓이 됩니다. 이것은 그날의 큰 죄가 되거든요. 이를 보고 바리새인들이 때나 만난 듯이 예수님을 향하여 항의합니다. 제자들이 왜 안식일에 못할 일을 합니까—이럴 때 예수님 정말 난처하셨습니다. '아 이거, 시원치 않은 제자들 때문에 내가 아주 어려움을 당하누만…' 그랬을 것같습니다. 그러나 예수님께서는 엉뚱한 예를 드십니다. 아비아달 제사장 때 다윗이 자기 수종자들과 함께 피난을 갔는데 굶어죽게 됐다, 그래서 진설병이라고 하는 일반사람은 먹을 수 없는 것을 함께한 자들에게 주었다, 당연히 그것을 먹으면 죽어야 하겠지만 그들은 죽지 않았다, 왜냐? emergency니까, 또 불신앙적으로 한 것이 아니었기 때문이다—이런 말씀인 것같습니다. 아무튼 이렇게 변명을 하시면서 예수님께서는 이 시간에 소중한 교훈을 하십니다. 너무나도 저는 이 말씀이 좋습니다. 사람이 안식일을 위하여 있느냐 안식일이 사람을 위하여 있느냐(27절)—다시 깊이 생각하면 이런 말씀입니다. '율법이 사람을 위하여 있느냐 사람이 율법을 위하여 있느냐.' 도대체 누구를 위하여 좋은 울리는 것이냐, 율법은 왜 지키는 것이냐, 어떤 마음으로 지키고 있느냐, 이것을 근본적으로 묻고 계신 것입니다. 대단히 귀한 교훈입니다.

　　요새 한국과 미국에서까지 베스트셀러로 유명하게 읽히고 있는 책이 하나 있습니다. 「최고경영자 예수」 곧 「Jesus CEO」라고 하는 책입니다. CEO라는 것은 'Chief Executive Officer' 라고 하는 말입니다. 예수님께서는 경영자적인 시각에서 보아도 가장 훌륭한 분이었다, 라고 하는 뜻입니다. 아주 신앙이 좋은 분입니다, 이 저자가. 읽어보면 아주 은혜를 많이 받을 수 있는, 대단히 좋은 책입니다. 제가 아주 한번 정독을 했습니다. 여기에서 제가 크게 느낀 것은 뭐냐하면 예수님께서는 먼저 당신의 문제를 해결하시고 목적을 세우시고 그 목적대로 일생을 사셨다, 하는 것입니다. 특별히 이 책의 저자가 지적하는 것은 이것입니다. 예수님께서는 일하시기 전에 먼저 광야에 나가셔서 40일 동안 기도하면서 당신과 하나님과의 문제를 해결하고, 나는 어떻게 살고 어떻게 죽을 것입니다, 다 결정해놓고, 목적과 의미를 다 설정해놓고 그대로 밀어붙이셨다는 것입니다. 이것이 성공하는 길입니다. 살아가면서 이렇게도 살아보고 저렇게도 살아보고 하는 것이 아니라는 것입니다. 예수님께서는 당신의 문제를 신앙적으로 먼저 해결하시고 살아가셨다, 그리고 제자를 양육하신다든가 제자를 믿으셨다든가, 모든 면에서 한 100여 가지의 예를 들어가면서 예수님께서 경영자적 시각에서 보아도 훌륭하고 가장 모범적인 분이라고 해석하고 있습니다. 특별히 율법에 대해서 말합니다. 예수님께서는 율법에 대해서도 특별히 요점을 알고 중심을 말할 수 있는, 진리를 통합하고 분석하고 구체화하는 능력을 가지셨다는 것입니다. 여러분 아시는 바와 같이 어떤 율법사가 예수님께 와서 여쭈어봅니다(마 22:35-40). "율법 중에 어느 계명이 크니이까?" 대답이 어디로 갑니까? 주 너의 하나님을 사랑하라, 이것이 첫째다, 말씀하십니다. 아주 굉장한 대답입니다. 그야말로 dimension을 달리하고 있습니다. 차원적으로 달라요. 계명, 십계명이 도대체 왜 존재하는 것이냐? 십계명은 사랑이다, 오직 사랑이 계명의 뿌리요, 사랑이 계명의 정신이요, 계명의 목적이라고 말씀하십니다. 너무나도 놀라운, 해박한 해석이요 결론입니다. 계명이 왜 있습니까. 사랑 때문입니다. 우리를 사랑하셔서 주신 계명입니다. 그런데 이것을 벌벌떨면서 억지로 지킬 것입니까. 효자가 어떤 자입니까, 효자가. 무슨 효도관광이나 보내드리면 효도입니까. 한평생 평안하게 해드리자고요? 아닙니다. 참효자란 부모님의 말씀, 그 모든것을 내게 향한 사랑으로

소화합니다. 내게 사랑해서 주시는 말씀으로 압니다. 책망도 사랑해서 주시는 말씀이요, 내게 돈을 주시든 안주시든 다 사랑해서라고, 그렇게 받아들이는 것입니다. 어떤 경영자는 돈이 많은데도 불구하고 자식을 남의 회사로 보냅니다. 그리고 말합니다. "네게는 한푼의 유산도 없다." 보내버렸습니다. 그 자식으로서는 좀 불평이겠지요. '아버지재산이 저렇게 많은데 나는 왜 여기서 이렇게 고생을 해야 하나?' 그것이 사랑이기 때문입니다. 자, 어떻게 받아들여야 합니까. 우리아버지가 가난하십니까. 우리 하늘아버지가 그렇게 인색하십니까. 모든 말씀 모든 계명이 그대로 내게 향한 사랑이라는 것을 아는 것, 그것이 효도요 그것이 신앙입니다. 십계명 곧 사랑이다— 예수님 말씀하십니다. 그런고로 율법에 대한 자세를 말씀하십니다. 사랑하는 마음으로 받을 것이요, 율법을 대할 때마다 율법을 주신 자에게 감사할 것이다, 이것이 사랑이기 때문이다—나는 이 율법을 통해서 자유를 느껴야 합니다. 무한한 자유, 무한한 행복을 항상 느끼며 살아가야 합니다.

여러분, 우리가 주일을 지킵니다. 주일의 본래이름은 안식일입니다. 여러분, 주일지키라는 것이 무슨 뜻입니까? 우리교회를 목회하는 저의 목회지침 열 가지 중의 하나가 '주일의 안식일화' 입니다. 주일은 쉬어야 됩니다. '안식' 이라는 말은 문자그대로 쉰다는 말입니다. '일주일에 하루를 쉬라' —이것처럼 지키기 쉬운 계명이 어디에 있습니까. 일하라면 모르겠는데 '쉬라' 하는 것입니다. 그런데 이것을 안지키겠다고 합니다. 안지키면 죽습니다. 그뿐아니라 여러분, '안식일을 지킴으로 손해를 본다면 내가 보상하마' 하십니다. '안식년을 지켜라. 그것도 내가 보상하마' 하십니다. 얼마나 귀한 말씀, 귀한 메시지입니까. 요새같은 때 우리젊은이들 참 피곤합니다. 우리젊은사람들 모이는 데 가보면 마음이 아픕니다. 다 얼굴이 누렇게 떴습니다. 근심걱정으로 찌들었습니다. 저는 수없이 결혼주례를 하지마는 늘 마음이 아픕니다. 옛날에는 남자가 크고 여자가 작았습니다. 요새는 여자가 크고 남자가 작습니다. 왜 이렇게 되었는지요. 여자는 여자대로 조금 다른 견해가 하나 있습니다. '이렇게 살다가도 내가 결혼만 잘하면 팔자고친다' 는 그런 마음이 있는가봅니다. 그런데 비해서 남자들은 '내가 내 길은 책임을 져야' 한다는 생각입니다. 공부해야지요 시험봐야지요 걱정해야지요… 그만 쫄아들어서 크지를 못합니다. 비참한 세상입니다. 여러분, 여러분은 지금 살아나가면서 얼마나 힘듭니까? 그런데 하나님말씀이 일주일에 하루는 깨끗이 잊어버리고 쉬어라 하십니다. 이 계명을 못지키겠습니까. 이것을 안지키겠다고 발버둥칩니까. 그러면 그대로, 그대로 가는 것입니다. 안식일을 지켜야 건강이 보전되도록, 의학적으로도 그렇게 되어 있습니다. 일주일에 하루는 꼭 쉬어야 되게 되어 있습니다. 몸과 마음과 정신이 다 쉬어야 됩니다. 교회와서 오늘만은 세상사 걱정근심 깨끗하게 떠나서 주일을 지키고 말씀을 듣고 성도와 교제를 나누고, 혹은 마음이 있으면 병원도 방문하고 사랑하는 친척도 방문하고, 이러면서 아름답고 귀하게 자녀들과 함께 하루를 쉽니다. 백 퍼센트 쉽니다. 절대적으로 필요한 일입니다. 하나님의 계명입니다. 우리자신을 위해 주신 것인데 왜 이것을 마다하는 것입니까. 저는 어제 한 책을 참 재미있게 읽었습니다. 일주일에 한번씩 교회나오는 사람과 안나오는 사람, 미국에서 조사한 걸 보니 나오는 사람이 안나오는 사람보다 10퍼센트 더 오래 산다고 합니다. 그런 줄 아십시오. 일주일에 한 번 이상 교회에 더 나오는 사람은 20퍼센트 더 오래 산다고 합니다. 알아서 하십시오.

여러분, 안식일은 쉬는 것입니다, 복을 주시는 것입니다. 특별히 자유케 하는 것입니다. 특별히 오늘본문에 안식일의 주인이라는 말씀을 하십니다. 이 말씀은 신학적으로 큰 뜻을 가지고 있습니다. 예수님께서 친히 십자가를 통하여 율법을 완성하셨기 때문에 하시는 말씀이요 십자가를 통하여 우리를 율법으로부터 자유케 하셨기 때문에 하시는 말씀이요 십자가를 통해서 하나님의 사랑을 확증하셨기 때문에 이 사랑을 받고 구원받은 사람은 율법에 대해서 부정적으로가 아니라 능동적으로, 자발적으로 율법을 사랑으로 소화하며 즐거운 마음으로 지켜가게 된다, 하는 말씀입니다. 특별히 히브리서 4장에 보면 안식일이라는 것은 하늘나라의 상징입니다. 그런고로 안식에 들어가기를 힘쓰라, 하였습니다. 주일을 잘지키는 사람은 아무리 바쁘다가도 주일이다하면 올 스톱 합니다. 이렇게 끊어버리는 사람은 주님께서 부르실 때 "가겠습니다"하고 선뜻 따라갈 것입니다마는 안식일을 안지키는 사람들은 주님께서 부르시려고 하면 아마도 연기 신청 내려고들 것입니다, 통하지도 않지마는. 여러분, 깨끗이 벗어나는 훈련, 안식에 이르는 훈련을 쌓아가야 할 것입니다. 인자는 안식일의 주인이라 말씀하십니다. 안식일은 너희를 위하여 있는 것이다, 하십니다. 계명은 사랑에 있는 것이다, 하십니다. 자유함에 있는 것이다, 하십니다. 이 거룩한 말씀을 통해서 온전히 자유할 수 있는 주의 자녀들이 되어야 할 것입니다. △

개혁신앙의 뿌리

이 후에 여호와의 말씀이 이상 중에 아브람에게 임
하여 가라사대 아브람아 두려워 말라 나는 너의 방패
요 너의 지극히 큰 상급이니라 아브람이 가로되 주
여호와여 무엇을 내게 주시려나이까 나는 무자하오
니 나의 상속자는 이 다메섹 엘리에셀이니이다 아브
람이 또 가로되 주께서 내게 씨를 아니 주셨으니 내
집에서 길리운 자가 나의 후사가 될 것이니이다 여호
와의 말씀이 그에게 임하여 가라사대 그 사람은 너의
후사가 아니라 네 몸에서 날 자가 네 후사가 되리라
하시고 그를 이끌고 밖으로 나가 가라사대 하늘을 우
러러 뭇별을 셀 수 있나 보라 또 그에게 이르시되 네
자손이 이와 같으니라 아브람이 여호와를 믿으니 여
호와께서 이를 그의 의로 여기시고 또 그에게 이르시
되 나는 이 땅을 네게 주어 업을 삼게 하려고 너를
갈대아 우르에서 이끌어 낸 여호와로라
(창세기 15 : 1 - 7)

개혁신앙의 뿌리

종교개혁자 마르틴 루터는 수도원에서 기도와 명상과 고행을 통해서 그 영혼을 깨끗케 하고 또 하나님의 나라를 봉사하는 수도사였습니다. 수도사로 살아가는 한 그는 인간적으로 생각하면 죄를 지을래야 지을 수도 없는 사람이었습니다. 흔히 말하는 real sin, 사실적 죄는 지을 수가 없습니다. 왜냐하면, 여자가 없으니 간음죄를 지을 수 없고 그곳에는 사유재산이 없으니 도적질할 것도 없고 가족도 없고, 나아가 출세니 명예니 하는 그런 것도 없으니 인간적 욕망의 노예가 될 필요가 없습니다. 오로지 하나님 앞에 기도, 명상하는 그것만 있는데 그러나 그는 그런 수도원에서도 죄로 고민하였습니다. 개혁자 마르틴 루터의 가장 심각한 고민은 오직 하나, 죄였습니다. 죄와 의의 문제였습니다. 그래서 내 죄, 내 죄, 내 죄—my sin, my sin, my sin, 하면서 그는 가슴을 쥐어뜯고 고민했습니다. 아무리 회개하고 참회하고 고행을 한다해도 그것으로도 죄문제가 해결되지 않는다는 것입니다. 점점 더 깊은 수렁에 빠져들어가는 것을 느꼈습니다. 그는 당시의 수도사들이 가르쳐준 그대로 참회하였습니다. 명상하였습니다. 고해도 하였습니다. 고해성사(告解聖事)라는 것이 있지요. 나름의 죄를 털어놓을 사람이 고해성사 하는 장소에 가서 초인종을 누르고 잠시후에 신부가 나와서 간막이 저쪽에 옆으로 비스듬히 앉으면 이제 그 귀에다 대고 자기 죄를 자복하게 되어 있는 것입니다. 이런 고해 하는 일을 하루에 스무 번도 더 하였다고 합니다. 죄를 고하고 돌아와서는 또 고민되어 또 가서 고하고, 또, 또, 또, 마침내 신부가 하도 귀찮아진 나머지 "루터야, 죄 좀 모았다가 가져오너라" 하였다고 하는 이야기가 전해집니다. 실제로 그랬을 것같습니다. 그는 죄로 인하여 특별하게 많이 고민했으니까요. 아무리 참회하고 고해해도 그 마음속에 죄의 문제에 대한 진정한 해결을 보지 못했습니다. 죄라고 할 때 사람에게는 이미 지은 죄가 있습니다. 여러분, 이것을 잊지 말아야 합니다. 내가 지금 아무리 회개하고 뉘우치고, 뭐 이제부터는 그런 일에서 떠났다 하더라도 이미 지은 죄는 어디로 가는 것이 아닙니다. 자, 우리가 빚을 졌다고 생각해봅시다. 죄를 빚에 비유하여 말할 때가 많이 있습니다. 빚을 졌습니다. 내가 이 시간에 뉘우치고 이제부터는 바로 살겠다고 한다고 해서 그 빚이 없어집니까. 내가 사람을 죽였다고 합시다. 내가 여기서 아무리 회개하고 바르게 고행하고, 한평생 의롭게 산다고 몸부림을 친들 죽은 자가 살아납니까. 죄를 소홀하게 보아서는 안됩니다. 이미 지은 죄는 그 죄 그대로 있는 것입니다. 요새 뭐, 과거에 잘못을 저지른 어떤 사람이 쫓겨다니다가 10년만에 이제 자수했다면서요? 바로 살겠다고 자수했지만 덜커덕 감옥에 들어가던데요. 이미 지은 죄는 죄이기 때문입니다. 또 한 가지는, 이 죄가 나를 타락시켜서, 죄의 결과로 내 속에 타락성이 깃들었다는 것을 또 알아야 합니다. 그런고로 내가 지금 바르게 한다 뭘 한다고 몸부림쳐보아야 그것은 벌써 정상적인 것이 아닙니다. 다시말하면 죄인이 의를 논해도 그것이 의가 될 수 없고 공로를 논해도 공로가 될 수 없는 것입니다. 이미 타락했기 때문입니다. 이 타락성이 무서운 것입니다. 그래서 정욕의 노예가 되고 불신앙의 노예가 되고, 때로는 사악한 마음이 마음속에 있는 것이거든요. 아직 큰 죄는 짓지 않는 것같아도 죄로 인하여 변질된, 타락한 내 심령, 이것은 어떻게 할 것입니까. 이것이 바로 죄입니다. 그런가하면 미래로 지향하면서 우리는 걱정, 근심이 많습니다. 불신이 있고 불안이 있고 또 하나님의 약속에 대한 의심이 있습니다. 이 의심은 병이요 이 의심은 죄입니다. 하나님의 약속에 대해서, 나 하나님의 자녀 됨에 대해서, 내게 주어진 미래에 대해서 의심이 많습니다. 이것이 곧 죄입니다. 그래서 때로는 이런 문제를 가지고 고행을 통해서 해결해보려들 때가 있습니다. 수도원의 계율을 지켜가면 되지 않을까? 아무 소용 없는 일입니다.

루터는 로마에 있는 '스칼라 상타'라고 하는 성당에 갔었습니다. 지금같이 교통이 편리할 때가 아닙니다. 로마에 한번 간다는 것은 일생에 한 번 있을까말까한 큰 순례의 길입니다. 스칼라 상타에는 예수님께서 빌라도 앞에 재판받으실 때 올라가셨다고 하는 28계단이 있습니다. 나무로 된 계단입니다. 콘스탄티누스 대제의 어머니 헬레나가 믿음이 좋아서 이 계단을 뜯어다가 로마의 이 스칼라 상타 성당 안에 갖다놓았습니다. 성요한성당 바로 옆에 있는데 그 예배당은 사람이 들어가서 예배하게 되어 있지 않습니다. 그저 건물을 지어놓고는 그 한가운데에 이 계단을 놔놓았습니다. 이천 년된 계단입니다. 많은 사람이 이 계단을 소중하게 여깁니다. 당시에는 이 계단을 무릎으로 기어 오르내리면 죄사하심받는다고, 심지어는 연옥에 있는 죄인도 여기서 기도하면 구원을 받는다고 가르치고 있었습니다. 이제 루터는 이 계단을 무릎으로 기어오릅니다. 계단마다에 입을 맞추면서, 계단계단 주기도문을 외면서 올라갑니다. 다 올라가서 보니 아무것도 해결될 것이 없습니다. 이런다고 해결될 문제가 아니더라고요. 그때였습니다. 마치 큰 불빛을 보는 것처럼 어떤 섬광같은 말씀이 귀에 들려왔다고 합니다. "의인은 믿음으로 말미암아 살리라"—이 말씀이었습니다. 믿음으로 말미암아 의롭다 하심을 얻는 것이지 이까짓 무릎으로 기어오른다고 죄사하심받는 것이 아니라는 것이었습니다. 여기서 소중한 것을 깨닫게 됩니다. 오직 믿음으로, 오직 은혜로, 오직 긍휼로 의롭다 하심을 얻는 길이 우리가 의롭게 살 수 있고 구원받을 수 있는 길이라, 하는 것입니다. 다시 말합니다. 의롭다 하심(justification)을 얻는다, 하는 이 자체, 이 중요한 교리를 그는 발견하게 됩니다. 벌떡 일어나서 그는 신앙을 조정하게 되고 마침내 종교개혁을 단행하는 엄청난 역사를 이루게 됩니다. 내 의를 세워서 하나님께 나아가는 것이 아닙니다. 심지어는 지난날의 죄 때문에 내가 오늘 공로를 세운다고, 고행을 한다고 해서 나 자신의 과거의 죄나 타락된 내 인간이 하나님 앞에 바로될 수는 없는 것입니다. 중요한 것은 의롭다 하심을 얻는다고 하는 이 사실입니다. 헬라말 '디카이오'는 의롭다 하심을 얻는다, 영어로 'be justified' 라고 하는 것입니다. 대단히 중요한 것입니다. 종교개혁자의 관심은 여기에 있었습니다. 세상이 어떻게 되고 사회가 잘되고 못되고 안되고, 출세하고 못하고, 오래 살고 덜 살고… 그런 것이 중요한 게 아닙니다. 여러분의 관심은 어디에 있습니까? 그래 오래 살아서 뭘 하겠다는 것입니까? 잘살면 뭐하고 못살면 어떻습니까? 좀더 심각하게 생각합시다. 적어도 이 고민으로부터 모든 문제가 해결되기 때문입니다. 이것이 종교개혁자의 궁극적 관심입니다. 이것은 내 죄 문제입니다. 여러분 보시지 않습니까. 그리 애써서 민주화해놓고 보니 소용 있습니까. 그래 요새 어떤 사람들은 글을 통하여 민주주의의 종말이라고까지 말합니다. 왜? 죄문제가 이렇게 남아 있는 한은 아무 소용 없습니다. 죄와 부정이 있는데 제도 하나 바꾼다고 달라지는 것이 있습니까. 아무 소용 없는 것입니다. 점점 더 혼란의 구덩이로 빠질 뿐입니다. 문제는 의입니다. 보십시오. 그 많이 들먹이는 의! 정화니 개혁이니 해보아도 까딱도 하지 않습니다. 뭐, 세 갑절이나 더 한다면서요? 문제는 의입니다. 의의 문제가 남았습니다. 우리의 잘살고 못살고도 의의 문제입니다. 죄와 의의 문제인 것입니다. 나라를 견고하게 세우는 것은 의(義)지 사람 바꾸고 제도 바꾼다고 되는 것이 아닙니다. 이제쯤은 이 사실을 깨달아야지요. 문제는 내 마음속에 있는 죄입니다. 죄의 문제는 곧 '하나님 앞에 의뢰'의 문제입니다. 내가 하나님 앞에 어떻게 설 수 있느냐, 하나님의 법 앞에, 그 심판대 앞에 어떤 모습으로 서게 될 것이냐—의의 문제입니다. 자, 이제 이에 대한 해결은 오직 하나, 의롭다 하심을 얻는 그 길밖에 없습니다. 종교개혁자 루터나 칼뱅이나 간에 이 분들은 이 문제에 대한 해답을 어느 전승이나 어느 교황의 말을 통해서가 아니라 오로지 성경을 통해서, 성경 안에서 얻고자 하였고 또 얻었습니다. 이것이 종교개혁자의 신앙입니다. 성경을 통해서 얻었습니다. 성경을 하나님의 말씀으로 받아들이고 그 속에서 해답을 얻습니다. 성경 안에서 사도 바울을 만납니다. 사도 바울이 '믿음으로 말미암아 의롭다 하심을 얻는다(be justified by faith)' 하였습니다. 깊은 해답을 바울을 통해서 얻게 됩니다. 로마서, 갈라디아서의 주제가 믿음으로 의롭다 하심을 얻는다는 것입니다. 흔히 칭의(稱義), 득의(得義)로도 번역하고 있습니다. 내 의로 하나님께 나아가는 것이 아니고 하나님의 의를 받아들인다는 것입니다. 예수께서 우리를 위하여 십자가에 죽으셨습니다. 이것은 하나님의 의의 계시입니다. 이 의로운 계시를, 하나님의 의를 내가 수용함으로써 죄인이 의롭다 하심을 얻는다—이것이 종교개혁신앙의 뿌리입니다. 바울에게서 배우는 칭의(稱義)의 의, 이것이 루터와 모든 종교개혁자들의 개혁신앙의 근본이 됩니다. 그런데 사도 바울은 또 이것을 어디서 받아들였느냐하면 구약성경으로 돌아가서 아브라함의 믿음에서입니다. 오늘본문말씀에 "아브람이 여호와를 믿으니 여호와께서 이를 그의 의로 여기시고"하였습니다. 그 말씀, 사도 바울이 아주 중요하게 여겼습니다. 또 있습니다. 하박국 2장 4절에 보면 "의인은 그 믿음으로 말미암아 살리라"하였습니다. 이 두 말씀, 두 요절에 뿌리를 두고 의롭다 하심을 얻는 교리를 전개합니다. 이로써 율법으로부터 자유하고 죄와 저주로부터 자유하는 그리스도인을 설명하게 됩니다. 이 신앙을 그대로 받아서, 바울로부터 받아들여서 종교개혁자의 신앙이 됩니다.

이제 아브라함의 믿음을 상고해봅시다. 창세기 12장에 보면 하나님께서 아브라함에게 고향을 떠나라고 말씀하십니다. 히브리서에 보면 아브라함이 갈 바를 알지 못했다고 말씀합니다(히 11:8). 동으로 가라십니까, 서로 가라십니까, 가면 어떻게 된다시는 것입니까―전혀 묻지 않습니다. 고향을 떠나라, 익숙한 곳, 죄악의 도시, 과거, 옛날생활…떠나라―믿음으로 떠납니다. 지시할 땅으로 가라, 떠나면 지시하겠다, 또 내가 네게 아들을 주겠다, 그래서 자자손손이 축복이 이어지도록 해주마, 하고 말씀하십니다. 그때 아브라함의 나이 75세였습니다. 이 말씀을 믿고 아브람은 고향을 등지고 정처없이 떠납니다. 이것이 믿음입니다. 곧 아브라함의 믿음은 순종하는 믿음이었습니다. 순종키 위해서 그는 자기의 익숙한, 평안히 살아오던 고향을, 그옛날생활을 다 버렸습니다. 그리고 대모험을 감행합니다. 그것이 신앙이었습니다. 그런데 오늘본문말씀을 잘 보면 그의 믿음에는 좀더 깊은 의미가 있습니다. 아브라함이 일단은 고향을 떠났는데 그 하나님이 주신 땅에 흉년이 들었을 때 그만 애굽으로 갔습니다. 피난을 가버립니다. 이것은 믿음없는 소행입니다. 흉년이 들든, 살든 죽든 그 땅에 그대로 머물러야지 왜 하나님께서 지시한 땅을 떠나는 것입니까. 그는 그만큼 나약한 사람입니다. 애굽으로 일단 떠났는데, 보십시오. 하나님께서 보호하시지 않았더라면 여러분 잘 아시는대로 아내 잃어버리고 자신도 죽을 뻔했습니다. 하나님의 은혜로 그는 다시 돌아옵니다. 또 있습니다. 하나님께서 아들을 주신다, 하셨으면 기다려야지, 몇십 년이라도 기다려야지요. 그런데 또 실수를 합니다. 십 년쯤 기다려보고는 '아, 어쨌든 내 종자면 됐지 꼭 이 아내를 통해야만 될 것은 없잖아?' 하고 마음대로 좋이 해석해가지고 또 그 마음대로 딴몸에서 이스마엘을 낳아놓았거든요. 하나님께서 그 당장 책망하십니다. 그건 아니다, 이것입니다. 그런 편법은 통하지 않는다, 네 아내 사라가 낳을 것이다, 하십니다. 자, 그런데 창세기를 자세히 보면 이제 마지막으로 25년만에, 말씀하신 지 25년, 그가 백 세가 되었을 때 이제 하나님께서 내년에 아들을 낳으리라, 말씀하십니다. 아내 사라는 단산한 지 이미 오래되었습니다. 여자 90세면 생리학적으로는 임신불가능입니다. 생산적으로 볼 때는 그렇습니다. 로마서 4장 19절에 있는 말씀 보면 "그가 백 세나 되어 자기 몸의 죽은 것 같음과 사라의 태의 죽은 것 같음을 알고도"하였습니다. 죽은 자와 방불합니다. 생식능력에 관한 한 내외가 다 죽은 자와 같습니다. 이미 끝난 지 오래입니다. 인간의 상식으로는, 인간의 경험으로는 그렇습니다. 그러나 아브라함은 하나님의 말씀을 믿었습니다. 참으로 훌륭한 사람입니다. 그 하나님의 말씀을 또 믿습니다. 그래서 하나님께서 아브라함을 의롭다 여기시는 것입니다. 그런가하면 이미 너무나 많이 실패하였지 않습니까. 자기자신에 대해서 실패하였고, 믿음생활에 대해서 실패하였고, 너무나 많이 낙심하고 잘못된 흔적이 있습니다. 이 허물, '하나님, 이미 나는 너무너무 하나님 앞에 죄송스럽습니다. 믿음대로 살지 못한 사람 아닙니까?' 그런 가책이 있건만 하나님께서 "네게 아들을 주리라"하시면 또 "예"하고 받아들입니다. 이 사람에게 이런 훌륭한 데가 있습니다. 자기자신의 부족함이나 허물된 과거를 가지고 있으면서도 하나님께서 말씀하실 때마다 또 그대로 받아들입니다. 그뿐아니라 믿음이 있다면 두려움이 없어야 됩니다. 이 본문 앞의 14장을 보면 소돔과 고모라에 있는 조카 롯을 구하려고 그가 나가서 전쟁을 하는 일이 있습니다. 전쟁에 하나님의 은혜로 일단은 승리했습니다마는 그 후속사태에 대해서 자신이 없습니다. 이제 저들이 다시 동맹해가지고 쳐들어오면 꼼짝 못하고 몰살당할 수밖에 없는 그런 처지입니다. 하나님께서 함께하신다고 하지마는 보이지 않습니다. 그는 두려워하고 있습니다. 벌벌 떨고 있습니다. 이제 하나님께서 말씀하십니다. 내가 너와 함께한다, 두려워하지 말라—아브라함은 또 믿었습니다. 예, 말씀대로 두려워하지 않겠습니다, 합니다. 손에 가진 것도 없습니다. 눈에 보이는 것도 없습니다. 그러나 하나님의 약속을 또 믿습니다. 아주 훌륭한 분입니다. 그뿐이 아닙니다. 이렇게 믿고 그는 순종하는데, 보십시오. 클라이막스적인 이야기가 있지요. 백 세에 얻은 아들 이삭을 하나님께 바쳐라, 하실 때에 그는 바칩니다. 한 번쯤 의심이 있을 수 있습니다. 하나님, 이 아들을 통해서 하늘의 별처럼 바다의 모래처럼 많은 자손을 주신다고 하신 말씀을 오래전부터 들어왔습니다, 그런데 이 아들 장가도 가기 전에 바치라시니 약속이 틀리지 않습니까 —항변할만도 한데 그는 묵묵히 순종하여 그냥 바치려고듭니다. 그 때에 하나님 말씀하십니다. 이제야 네가 나를 사랑하는 줄 알았다— 그에게 큰 복을 주시고 그가 메시야의 조상이 되리라는 것을 그때 말씀하시게 됩니다. 그렇습니다. 아브라함의 믿음, 대단한 믿음입니다. 새겨보십시오. 그것이 믿음입니다. 이렇게 믿을 때 그 숱한 허물, 그 갖은 잘못, 많은 실수 다 덮어주시고 의롭다 하시는 것입니다. 하나님의 자녀로 인정해주시는 것입니다. 이 믿음입니다. 이 믿음으로 말미암아 의롭다 하심을 얻는 것입니다.

의라고 하는 것에 우선 도덕적 의가 있습니다. 내가 선하게 살아서, 진실하게 살아서 의를 이룹니다마는 이것은 거의 불가능한 일이지요? 두 번째는 회개의 의가 있습니다. 내가 스스로 회개하고 뉘우치고 이제부터 바르게 살겠다고 몸부림쳐도 사실은 지난날의 죄가 그냥 남아 있습니다. 내 회개라는 것, 사실 아무것도 아닌 것입니다. 그런고로 오직 의롭다 하심을 얻는 길, 이것밖에는 길이 없는 것입니다. 오직 은혜, 오직 긍휼, 오직 하나님의 사랑이 우리를 의롭다 하실 때에만 의가 가능합니다. 그러면 우리가 하나님 앞에 내놓을 수 있는 것은 하나님의 말씀에 대한 믿음이요, 하나님의 말씀에 대한 전적인 신뢰요, 하나님의 말씀에 대한 전적인 수용이요, 전적인 헌신인 것입니다. 순종입니다. 여기에 용기가 있는 것입니다. 인도에서 한평생을 선교사로 산 스탠리 존스(Stanley Jones), 유명한 분입니다. 그가 쓴 책에 「디바인 예스(Divine Yes)」라고 하는 책이 있습니다. 69세 때 중풍에 걸려서 보스턴병원에 5개월 동안 입원해 있는 동안에 이 책을 썼습니다. 디바인 예스, 하나님의 말씀에 대하여 "예"

하는 것입니다. 긍정적으로 대답하는 것입니다. 하나님의 말씀에는 언제나 "예"가 있을 뿐입니다. 그것이 믿음입니다. 그는 중풍으로 누워 있으면서도 간호원에게 부탁했습니다. "내가 잠에서 깰 때면 '나사렛 예수의 이름으로 말하노니 일어나라'라고 나에게 말해달라." 그는 언제든지 "일어나라"하시는 주님의 말씀을 듣고 싶었습니다. 들어야 된다는 것이었습니다. "나사렛 예수의 이름으로 말하노니 일어나라." 이 말씀이 귀에 확실하게 들려오기를 기다렸습니다. 사실로 그는 그렇게 듣고 일어났고 그후 20년 동안을 계속해서 선교사로 큰 역사를 이루었습니다. 이것이 믿음입니다.

여러분, 여러분의 관심사는 무엇입니까? 부하든 가난하든, 성공하든 실패하든, 사람에게 인정을 받든 못받든, 그런 것은 중요한 것이 아닙니다. 우리의 관심은 죄, 의, 그리고 하나님 앞에 의롭다 하심을 얻을 수 있는 깨끗한 믿음입니다. 오직 그 믿음으로 하나님의 자녀는 살 것입니다. 의롭다 하심을 얻을 것입니다. 다시 주님의 말씀에 귀를 기울입시다. "아브람이 여호와를 믿으니 여호와께서 이를 그의 의로 여기시고"—여기에 우리신앙의 뿌리가 있습니다. △

두 예배자의 예배자세

또 자기를 의롭다고 믿고 다른 사람을 멸시하는 자
들에게 이 비유로 말씀하시되 두 사람이 기도하러 성
전에 올라가니 하나는 바리새인이요 하나는 세리라
바리새인은 서서 따로 기도하여 가로되 하나님이여
나는 다른 사람들 곧 토색, 불의, 간음을 하는 자들
과 같지 아니하고 이 세리와도 같지 아니함을 감사하
나이다 나는 이레에 두 번씩 금식하고 또 소득의 십
일조를 드리나이다 하고 세리는 멀리 서서 감히 눈을
들어 하늘을 우러러 보지도 못하고 다만 가슴을 치며
가로되 하나님이여 불쌍히 여기옵소서 나는 죄인이
로소이다 하였느니라 내가 너희에게 이르노니 이 사
람이 저보다 의롭다 하심을 받고 집에 내려갔느니라
무릇 자기를 높이는 자는 낮아지고 자기를 낮추는 자
는 높아지리라 하시니라

(누가복음 18 : 9 - 14)

두 예배자의 예배자세

　　정신위생학 분야의 세계적인 학자요 전문가인 데이비드 핑크 박사는 '안정을 위한 4박자 균형'이라고 하는 논문을 써서 알려지고 또 많은 감명을 주고 있습니다. 아시는대로 우리에게 있어서 지금 제일 시급한 것은 정신적 안정입니다. 경제적 안정이 아니고 정치적 안정이 아닙니다. 정신적으로 안정되지 못한 사람들이 뭘 하겠다고 떠드니까 되는 것마다 불안하고 도대체가 안정이 없습니다. 그런고로 한 인격의 정신적 안정은 자기만을 위한 것이 아닙니다. 정신적 안정이 있을 때 육체도 건강하고 능력도 발휘하고 그 지혜도 지식도 좋은 효과를 나타낼 수 있는 것 아니겠습니까. 정신적 안정이 모든 것의 근본이 되고 있습니다. 그런데 이 분은 안정을 위해서는 네 가지 요소가 꼭 필요하다고 말합니다. 정신적 안정을 찾기 위해서는 이 네 가지 요소가 균형을 잡아야 한다, 라고 말합니다. 첫째가 일, work입니다. 둘째가 놀이, play이고, 셋째가 love, 사랑입니다. 넷째가 예배, worship입니다. 이렇게 말하고 있습니다. 네 단어의 이니셜을 따서 'WPLW'라고 칭합니다. 그는 목사가 아닙니다. 성직자가 아닌 것입니다. 다만 이 방면의 한낱 학자일 뿐이요 교수일 뿐입니다. 그러나 그는 예배라고 하는 것을 아주 소중하게 꼽고 있습니다. 네 가지 요소 중 예배를 가장 근본적인 것으로 말하고 있습니다. 자기자신을 하나님께 온전히 위탁하는 그런 예배적 행위, 예배적 정신자세가 아니고는 결코 인간은 안정을 얻을 수 없다는 것입니다. 그래서 예배야말로 정신안정의 절대 필요불가결한 요소라고 말하는 것입니다.

요컨대 모든것의 요점은 자세입니다. 일하는 자세가 좋아야 됩니다. 일하는 데는 첫째로 목적이 있어야 합니다. 뚜렷한 목적을 가지고 일해야 합니다. 두 번째는, 그 일을 즐겨야 합니다. 억지로 일을 하면 무슨 일을 하든 정신적 안정이 되지 않습니다. 스트레스만 점점 더해가는 것입니다. 목적이 선명치 않기 때문이요 의미를 모르기 때문에 일의 즐거움이 없는 것입니다. 미래학을 전공하는 분들은 말합니다. '21세기에 성공할 사람은 바로 일을 즐기는 사람이다.' 이렇게 단정적으로 말하고 있습니다. 어떤 일을 하든 그 일을 즐겨야 됩니다. 즐거운 마음이 우러나야 됩니다. 즐거운 마음을 불러일으켜야 됩니다. 이것이 정신적으로 안정할 수 있는 비결입니다. 신세타령 하고, 팔자타령 하고, 남 원망하고, 이래가면서 해서는 안됩니다. 무슨 일을 하든 작은 일이든 큰 일이든 일을 즐기는 것, 그것이 첫째입니다. 두 번째는 play입니다. 놀이라고 하는 것입니다. 2020년이 되면, 앞에 될 애기입니다마는, 인구의 7퍼센트밖에는 생산직에 종사하지 않는다고 합니다. 기계며 로보트, 컴퓨터 같은 것들이 도맡아 생산을 하게 되므로 사람에게는 남는 힘과 여가가 많아집니다. 요새도 어떤 분들은 걸핏하면 나 농촌에 가서 초야에 묻혀 살겠다고 말합니다마는 아, 초야는 아무나 묻히는 데인가요. 그것은 옛날애기입니다. 쓸데없는 소리입니다. 공연히 기어들어 남의 농사나 망치지 말 일입니다. 다 이제는 기계로 하고 과학적으로 하는 세상입니다. 그래서 노는 것이 중요해집니다. 이제는 잘 놀 줄 알아야 됩니다. 그간 우리는 벌어먹기 힘들어서 이것저것 하다보니 노는 것을 제대로 배우지 못했습니다. 어쩌다가 며칠 놀게되면 한다는 것이 고작 '고스톱' 입니다. 아니면 그냥 잠만 자려고듭니다. 사람이 늘어져가지고 못쓰게 됩니다. 고스톱 아니면 기껏 한다는 것이 어쩌다 산에 올라가는 것을 배워가지고 산마저 다 못쓰게 만드는 사람들이 있습니다, 그렇잖아도 좁은 땅인데. 산도 자연을 사랑할 줄 아는 사람이 올라야 하는 것입니다. 왜 이래졌습니까. 놀 줄을 모르기 때문입니다. 즐길 줄을 몰라요. 간혹 운동을 즐긴다고 합니다마는 즐기는 것이 아니라 승부욕을 내는 사람이 있습니다. 승부욕과 경쟁심이 강한 사람은 운동을 해도 손해라고 합니다. 사실이라니까 사실인 줄 알아야 하겠습니다. 일본에서 골프를 치다가 죽는 사람이 일년에 평균 160명이라고 합니다. 무슨 얘기입니까. 그냥 즐거운 마음으로 치는 것이 아니라 이기겠다는 승부욕 가지고 퍼팅하다가 뻑하고 심장마비로 죽는 것입니다. 좌우간 골프건 무엇이건 간에 문제가 있는 것입니다. 꼭 돈내기경기 하는 사람이 있습니다. 돈이 걸려 있지 않으면 신바람이 나지를 않습니다. 꼭 돈이 걸려야만 좋아하는 사람이 있는데 이런 사람 정신병자입니다. 정신위생적으로 대단히 나쁜 버릇입니다. 그대로 즐기는 것인데 이기려고 기를 쓰다니 그래, 이겨서 뭘 어쩌자는 것입니까. 금메달을 탄다 해도 그렇습니다. 그런 것 타면 또 뭘 합니까. 플레이하는 모습을 보면 그 사람됨을 알 수 있습니다. 한 10분만 같이 운동을 해보면 그 사람됨을 알 수 있습니다. 정신건강을 알아볼 수가 있는 것입니다. 모름지기 우리는 이 즐기는 것, 플레이하는 것, 놀이를 아주 여유있게 또 즐거운 마음으로 할 수 있어야 합니다.

그런가하면 또하나는 사랑입니다. 사랑에 문제가 있습니다. 사랑에는 반드시 헌신이 따르게 되어 있습니다. 수고와 헌신, commitment가 있어야 사랑입니다. 그런데 요새사람들은 수고는 없이 사랑만 찾습니다. 그것은 욕정이요 집착이지 사랑은 아닙니다. 사랑이란 수고하고 희생하면서 즐거운 것입니다. 가족을 위하여 음식 만들면서 즐겁고 또 가족을 위하여 일하면서 즐겁습니다. 이것이 있어야 되는데 요새사람들은 자기가 낳은 자식을 위해서 수고하는 것도 손해라고 생각합니다. 정신적으로 건강하지 못한 사람들입니다. 건강한 사람은 사랑과 수고와 희생을 통하여 기쁨을 얻는 것입니다. 참사랑을 즐기는 것입니다. 이것이 건강한 사람입니다. 그리고 예배입니다. 하나님 앞에 바르게 예배하는 자세가 있어야 합니다. 그리고야 진정한 평안이 있을 수 있습니다. 일과 놀이와 사랑과 예배, 이 4박자가 바른 균형을 이룰 때 정신적으로 건강해질 수 있다, 안정될 수 있다, 라고 말합니다. 안정이야말로 가장 생산적인 자세인 것입니다.

오늘본문에 보면 두 사람이 하나님 앞에 예배하러 올라가는 것을 볼 수 있습니다. 두 사람이 같이 성전에 올라갔고 같이 기도하고 같이 예배를 드립니다. 예배드리는 마음은 어디까지나 하나님과 나와의 관계입니다. 하나님과 내가 종말론적이고 절대적이고 직선적인 관계를 이루어야 합니다. 그런데 오늘성경에 나타난 이야기 보면 그렇지를 못했습니다. 하나님 앞에 있는 자기모습을 보아야 하겠는데, 거기에 초점을 맞추어야 하겠는데 그렇지 못한 사람이 있었습니다. 신분상으로 보면 이 두 사람은 극단적입니다. 극과 극입니다. 전혀 다른 두 사람을 대비하여 예수님께서 비유로 말씀하십니다. 그러나 알고보면 사실 이것은 비유가 아닙니다. 여러분, 한번 상상해보십시오. 만일에 이것이 예수님께서 꾸며내신 비유라고 한다면 예수님께서는 이 말씀 한 말씀 하시고 돌에 맞아 죽으셔도 할말 없을 때입니다. 예수님께서는 말하자면 정보에 밝으셨습니다. 아주 관찰력이 뛰어나서 실제로 있는 상황을 예로 들어 하나님말씀 전하시는 것을 볼 수 있습니다. 오늘본문의 바리새인과 세리, 이 두 사람이 올라가서 기도하는 모습을 실제로 보셨습니다. 많은 사람이 다 보았습니다. 그리고 이것을 예로 들어서 말씀하시는 것입니다. 똑같은 얘기를 하나 다시 한다면 선한 사마리아사람의 비유를 들 수 있습니다. 여기 불한당맞은 사람이 누워 있는데 제사장이나 레위사람은 보고도 그냥 지나갔는데 사마리아사람, 세상이 천하게 여기는 사마리아사람이 구제하였다—이것이 꾸며낸 이야기라면 예수님께서는 그 말씀 한 말씀 하시고 비난받고 돌에 맞아 죽으셔도 할말이 없는 때입니다. 당시 제사장이 어떤 지체의 사람입니까. 어떻게 그런 사람을 사마리아사람만도 못하게 만드신단말입니까. 이것이 지어내서 하는 말씀으로 될 수 있는 얘기입니까. 쉽게 한번 예를 들어볼까요? 여러분, 이러면 어떻게 하겠습니까? 누가 말하기를, 여기에 불쌍한 사람이 있는데 목사님이 못본 채 그냥 지나가고 장로님이 못본 채 그냥 지나가고 창녀가 도와주었다—됩니까? 만들어서 이렇게 말했다면 무사히 넘어갈 얘기입니까. 그래 비유라고해서 그 비유가 추상적인 것은 아닙니다. 실제상황으로 말씀하고 계신 것입니다. 그렇기 때문에 아무도 이 문제 이 소재를 놓고 변론을 벌이지 못했던 것입니다. 보십시오. 이제 바리새인, 이것은 거룩함의 극치였습니다. 유대사람의 윤리를 한마디로 말하라면 '거룩' 이거든요. 거룩한 자 중의 최고가 바리새인이요 가장 낮고 천히 여기는, 아주 죄인의 대명사가 세리였습니다. 여러 가지 의미에서 세리와 바리새인은 극과 극입니다. 그런 두 사람을 대비해서 예수님께서 지금 말씀하십니다. 바리새인은 하나님 앞에 예배하기는 하지마는 하나님께 예배해야 될 사람이 엉뚱한 생각을 하다가 하나님 앞에 예배하지 못하고 말았습니다. 그는 이웃을 보고 자기를 보았습니다. 사람들의 시선을 의식했습니다. 사람 앞에 자기자랑을 하려고들었습니다. 사람들을 의식한 나머지 하나님도 못 보고 자기진실도 보지 못하고 돌아가는 불쌍한 사람이 되었습니다. 오늘본문에 보면 이 사람은 자기집착적인 사람입니다. 그래서 '나'라고 하는 말을 강조합니다. 나는, 나는, 이라고 말합니다. 우리말성경에는 두 번 '나'라고 되어 있습니다마는 영어성경이나 원문에는 세 번 나타납니다. 우리는 대체로 주어를 빼놓고 동사만 말할 때가 많이 있기 때문입니다. 그래서 "나는"하고 강조합니다. 나 자신에게 집착하고, 하나님께 예배하는 것이 아니라 나를 생각하고 있었습니다. 그러는 동안 예배는 예배될 수가 없었습니다. 오늘 난센스같은 얘기가 여기에 있습니다. 보면 "서서 따로"라고 말씀하십니다. 서서 따로—무슨 말씀입니까. 바리새인인 나는 세리인 저런 사람과 자리를 같이할 수 없다는 것입니다. 옆에 있는 사람, 다른 사람에 대해서 신경을 썼습니다. 내가 저 사람과 같이 대접받는 것을 참을 수가 없다는 것입니다. 여러분은 혹 교회에 나와서 예배하실 때 옆에 누가 앉았는지에 신경을 쓰십니까? 신경을 쓰신다면 그것은 예배의 자세가 아닙니다. 우리는 다같이 하나님 앞에 예배, 함께 예배하고 있고 함께 죄인일 따름입니다. 그가 무슨 장관이든 말단 공무원이든 어디 가서 일하는 사람이든 상관없습니다. 있거나없거나, 지체가 높거나 낮거나 예배는 모두에게 동일합니다. 그런데 오늘 이 바리새인은 '저런 사람하고는 내가 같이 앉을 수 없다' 라고 생각을 했거든요. 얼마나 교만한 마음입니까. 언젠가 우리 장로님 한 분이 제게 싱거운 소리를 한마디 합디다. 어느날 교회에 나와서 예배를 드리는데 자리를 잡고보니 공교롭게도 예쁜 아가씨 옆이더랍니다. '오늘은 참 은혜가 여러 가지로 많구나' 생각을 했다고 합니다. 아, 향긋한 향수냄새가 코로 들어오는데 '아! 이거 참, 오늘은 운이 좋구나' 싶더랍니다. 또 찬송부를 때 보니 이 아가씨가 목소리를 높여서 부르는데 속으로 '아, 음성도 좋구나' 하였답니다. 얼굴은 못보지만 옆에 앉았으니까요. 그런데 보니 목사님께서 성경 어디를 찾읍시다, 하니까 이걸 못찾더라고 합니다. 그래가지고 신약, 구약을 우왕좌왕 뒤지더라고 합니다. 그래서 "제가 찾아드릴까요?"하고 봉사했다는 이야기입니다. 그래 제가 "그럼 예배는 잘 드렸소?"하고 한대 찔러드렸지요. 그런 딴생각 하지 말라, 그 말씀입니다. 옆에 누가 있거나 무슨 상관입니까. 그가 미인이건 추남이건 무슨 상관입니까. 우리는 다같은 하나님의 자녀로 동등한 입장에서 예배드리는 것입니다. 따로 서는 마음, 안될 일입니다. 너와 나는 다르다, 하는 구별의식, 이것은 참으로 크게 잘못된 것입니다. 게다가 오늘본문에 보니 멸시했습니다. 가난한 자를 멸시하는 것은 그를 지으신 창조주를 멸시하는 것이 된다고 성경은 가르칩니다. 어떤 일로도 남을 멸시하는 마음이 있어서는 안됩니다. 구별하는 의식이 있어서는 안됩니다. 언제나 꼭 같이, 그리스도 안에서 형제자매로 영접하고 꼭 같은 마음으로 있어야 됩니다. 너와 나는 다르다―요새도 보니 종종 이 의식이 문제를 드러냅니다. 가끔 제가 깜짝놀랄 애기를 들을 때가 있습니다. 어떤 분이 저를 찾아와서 얘기를 합니다. "목사님, 내 아들과 누구하고가 서로 연애를 한다고 그래요. 내가 알아보니까 그 집 애가 아주 가난하고 어려워요. 그런데…" "그런데요?" "아, 그런 주제에 어떻게 감히 우리집안을 넘봅니까?" 이렇게 나옵니다. 가슴이 섬뜩해요. 세상에 어찌 이렇게 말할 수가 있습니까. 그래 돈 몇푼 좀더 있다고해서 그렇게 다른 것처럼 느끼는 것입니까. 건방지기 짝이 없습니다. 여러분, 혹시라도, 꿈에라도 이런 생각을 해서는 안됩니다. 우리는 다 같습니다. 똑같을 뿐입니다. "감히 어떻게 우리집안을…" '우리집안'이라니 자기네가 뭔데? 무슨 대단한 집안인데? 다 잊어버리십시오. 오로지 하나님 앞에 동등하게 여길 것입니다. '나는 특별하다' '우리집안은 특별하다' ―물갔습니다. 잊어버려야 합니다.

오늘본문에 보니 바리새인, 턱없이 교만합니다. 나는 저 사람과 같지 아니함을 감사하나이다―와, 어찌 이럴 수가 있습니까. 교만에는 지적 교만이 있고 민족적 교만이 있고 사회적 교만이 있고 그리고 영적 교만이 있는데, 그 중에서 영적 교만이 제일 몹쓸교만입니다. '나는 잘믿는다' '나는 저보다 더 경건하다' '나는 저보다 더 깨끗하다' ―이 마음이 얼마나 무서운 죄가 되는지를 알아야 합니다. 특별히 이 사람은 종교의식을 액세서리같이 생각합니다. 나는 금식을 합니다, 나는 십일조를 바칩니다, 하고 소리지르고 있습니다. 저 사람과 같지 아니함을 감사하나이다―참 놀라운 일입니다. 왜 남하고 비교하고 왜 남을 정죄하고 있는 것입니까. "토색, 불의, 간음을 하는 자들과 같지 아니하고"합니다. 토색, 불의, 간음, 이것이 세리들이 범하는 기본적인 죄였습니다. 이것을 말하는 것입니다. 자 이제, 이런 죄를 나는 범치 않고 저 사람과 같지 않습니다―이래서 바리새인들은 의롭다 하심을 얻지 못합니다. 이런 재미있는 얘기가 있습니다. 어떤 돈많은 부자가 돈을 더 벌기 위해서 어떤 계약을 따내어야 되겠는데, 이 계약을 따기 위해서 하나님께 나아가 기도합니다. "이 계약이 좀 잘 되기를 바랍니다." 간절히간절히 기도하고 있는데 등뒤로 누가 기도하는 소리가 자꾸 들려옵니다. 안들으려고 해도 조용조용히, 자기보다 더 간절하게 기도하는 소리가 들려와서 부득불 듣게 되었습니다. 들어보니 그분은 뭐라고 기도하는고하니 "하나님, 내게 만 원을 주십시오. 오늘 내가 저 용역시장에 나가서 일을 좀 맡아가지고 일을 해서 만 원을 벌게 해주십시오. 만 원을 벌게 해주십시오." 이렇게 기도하는 것입니다. 이 부자는 그 사람 앞으로 홱 돌아앉아서 만 원짜리 한 장을 꺼내주면서 "이보게, 여기 만 원 있으니 가지고 가게. 그리고 제발 하나님이 다른 데 신경을 쓰시지 아니하도록, 헷갈리시지 않도록 해주기를 바라네." 이 덕에 만 원은 쉽게 응답받았습니다마는 여러분, 우리가 다른 사람에 대해서, 비교해서 내 경건이 더 위에 있다고, 내 문제가 더 중요하다고 하는, 이런 생각을 할 수 있는 것입니까.

이제 본문의 세리를 봅시다. 세리는 하나님 앞에 오직 긍휼을 구하고 있을 뿐입니다. 구하는 것이 돈도 명예도 지식도 아닙니다. "하나님이여 불쌍히 여기옵소서 나는 죄인이로소이다"합니다. 의를 구하고 있을 뿐입니다. 하나님의 자녀 되기를 바랄 뿐입니다. 의롭다 하심을 얻으려고 하는 마음뿐입니다. 특별히 중요한 것은 바리새인이 이렇게 자기자랑을 하고 있는 동안에도 그는 그 사람을 미워하지 않고 있다는 사실입니다. 그 사람의 이야기를 듣지 않고 있습니다. 아무도 원망하지 않습니다. "왜 나는 이런 직분을 가졌습니까?" "나는 왜 이런 직업을 가졌습니까?" "내 팔자는 왜 이렇습니까?"하는 원망이 없습니다. 직업을 바꾸어달라는 애기도 없습니다. 오로지 불쌍히 여겨주십시오, 나는 죄인입니다, 합니다. 하나님께서는 이 세리를 의롭다 하셨다는 것이 예수님의 가르침입니다. 예배는 신실하여야 합니다.

지미 카터가 대통령선거에 출마하여 유세를 하고 있을 때입니다. 얼마나 바빴겠습니까. 웬만하면 표를 얻기 위해서 큰 교회에 나가야 하겠지만 그는 그러지 않았습니다. 그 바쁜 일정에도 그는 조지아주의 고향에 있는 작은 교회, 자기가 나가던 교회에 나갔습니다. 그 교회에서 그는 23년 동안을 개근하며 주일학교 아이들을 가르쳐왔는데 이 때에도 20명의 아이들에게 평소와 같이 성경을 가르치고 하나님 앞에 경건히 예배드렸습니다. 그 바쁜 시간에도… 했더니 기자들이 70명이나 몰려왔습니다. 그는 기자들을 만나 이런 말을 했다고 합니다. "이렇게 찾아주시니 고맙기는 합니다만 다음 주일부터는 다들 당신들이 나가는 교회에 나가십시오." 아무리 바빠도 예배가 먼저입니다. 하나님 앞에 바르게 예배함이 없이는 내 삶은 의미가 있을 수 없습니다. 그 모든 사업이 아무것도 아닌 것입니다. 하나님과 나와의 바른 관계, 이것이 문제입니다. 바른 예배자세에서 바른 삶의 자세가 도출되는 것이고 생산되는 것이고 결정되는 것입니다. 의롭다 하심을 얻을 때 그는 하나님의 자녀 됨을 확인하고 새로운 세상에 나갈 수 있으며, 새로운 의미의 삶을 살 수 있고 새로운 창조적 역사를 살아갈 수 있는 것입니다. 바른 예배의 자세, 여기에 우리 삶의 기본이 있는 것입니다. △

나그네의 지혜

들으라 너희 중에 말하기를 오늘이나 내일이나 우
리가 아무 도시에 가서 거기서 일년을 유하며 장사하
여 이를 보리라 하는 자들아 내일 일을 너희가 알지
못하는도다 너희 생명이 무엇이뇨 너희는 잠간 보이
다가 없어지는 안개니라 너희가 도리어 말하기를 주
의 뜻이면 우리가 살기도 하고 이것 저것을 하리라
할 것이거늘 이제 너희가 허탄한 자랑을 자랑하니 이
러한 자랑은 다 악한 것이라 이러므로 사람이 선을
행할 줄 알고도 행치 아니하면 죄니라
(야고보서 4 : 13 - 17)

나그네의 지혜

　　현재 프랑스문단에서 최고의 작가로 평가받고 있는 미셸 투르니에라고 하는 분이 있습니다. 70세가 되는 1994년에 그는 「개념의 거울」이라고 하는 책을 저술했습니다. 이 책에서 그는 110가지의 개념을 나름대로 철학적으로 정리하고 있습니다. 이를테면 남자와 여자, 웃음과 눈물, 이런 것들을 대비해서 이야기한 철학적 에세이집입니다. 그 중 '나그네와 정착자'라고 하는 제목의 글에서 그는 성경에 있는 가인과 아벨을 대표적인 예로 들고 있습니다. 가인은 여러분 아시는대로 방랑자입니다. 들의 사람, 사냥꾼입니다. 다른 말로 말하면 유목민입니다. 그와는 대조적으로 아벨은 농사하는 사람입니다. 안정되고 정착된 생활을 좋아하는 사람입니다. 하나는 방랑자요 하나는 안정된 삶을 누리고자 하는 그런 사람입니다. 그런데 이 둘의 만남의 관계에서 이렇게 됩니다. 가인이 아벨을 죽입니다. 다시 말하면 방랑자가 안정을 찾아 사는 사람을 죽이는, 형이 동생을 죽이는 비극 속에 인간의 역사는 시작됩니다. 이것이 그가 지적하는 내용입니다. 현재에 집착하려고 하는 그런 인간, 또는 방랑하며 끝없이 떠도는 인간상, 이 두 관계, 이 두 인간형의 만남, 여기서 그는 역사를 설명하고 인간상을 설명하고 또 미래를 내다보고 있습니다. 한 말씀 더 드리겠습니다. 「21세기 사전」이라고 하는 책이 근자에 나와서 많은 사람에게 읽히고 또 많은 충격을 주고 있습니다. 자끄 아탈리라고 하는 분이 쓴 것인데 21세기를 전망하면서 모든 분야에 '이러한 변화가 올 것이다'라고 예측을 하고 그 예측을 다 모아놓고 보니 마치 사전과 같아서 '21세기 사전'이라고 책이름을 붙인 것입니다. 21세기사람들의 중요한 특징은 도시유목민이라는 것입니다. 유목민이라는 말에 큰 의미가 있습니다. 옛날처럼 방랑하고 있는 것은 아닙니다. 그러나 도시에 살면서 유목민입니다. 그 마음이, 생각이 유목민적이라는 것입니다. 많은 사람이 모여 살지마는 고독합니다. 정착도 없고 안정도 없습니다. 그래서 여러분 아시는대로 소위 '아파트족'을 보면 아무 이유도 없이 2년마다 이사를 합니다. 이사 안하고는 못삽니다, 좀이 쑤셔서. 바로 유목민의 마음입니다. 한 자리에 정착하지 못하는 것입니다. 별로 더 나은 집으로 이사하는 것도 아니면서 옆집으로라도 이사를 한번 해야 합니다. 이런 마음이 바로 유목민의 속성이라는 것입니다. 밥 한끼를 해결 못해서 오직 먹고살자고 그저 아침부터 밤까지 헤매고 다녀야 하는 그런 불쌍한 유목민이 있는가하면 나름대로 넉넉하게 물질이나 모든 여건을 갖추어가지고 스스로 만족하면서 사는 유목민이 있다—이렇게 말하고 있습니다. 여러분, 아마 미처 몰랐을 것입니다. 지금 우리도 인구의 4분의 1이 23만원 이하의 생계비로 산다고 합니다. 이 얼마나 놀라운 일입니까. 한번 상상을 해보십시오. 23만원 이하로 온식구가 살아가야 합니다. 그런고로 오직 먹는 것, 입는 것에 쫓기는 것입니다.

큰걱정을 하면서 한끼의 식사를 향하여 방랑을 하고 있습니다. 확실한 유목민입니다. 현대인이 정착성 없는 나그네라는 점에서는 마찬가지입니다. 어디에 있든 간에 나그네의 성격, 나그네의 가치관, 나그네의 세계관을 가지고 사는 것이 현대인의 모습이다, 라고 말하고 있습니다. 문제는 적어도 우리의 가치관입니다. 최종가치, 소위 지고(至高)의 가치를 무엇에다 두느냐입니다. 이에 대해서 그는 이렇게 말합니다. 19세기는 자유가 가치의 기준이었다, 자유를 위해서 몸부림을 치는 그런 시대였다, 20세기는 평등을 가치의 기준으로 삼았다, 그래 평등, 평등, 하다가 평등을 폭력으로 얻어보려고 애쓴 나머지 공산주의를 만들었고 평등은 이루지도 못한 채 더 어려운 지경에 빠졌다, 결국은 평등개념을 이제는 포기하고 오히려 흔히 우리가 말하는대로 빈부의 격차가 심한 자본주의체제로 밀어붙이고 있다, 세계는 이렇게 가고 있다, 합니다. 그러면 21세기는 어떻게 되느냐? 21세기의 지향하는 가치는 박애라는 것입니다. 이제는 더이상 무릎꿇고 싸워서는 안된다, 그럼 다 죽으니까, 서로 사랑을 강요하지 않으며 사랑하는 그런 것을 가치의 높이로 생각하고 이것을 이상으로 하고 살아가는 그런 세대가 될 것이다, 박애주의가 최고의 가치가 될 것이다, 라고 내다보고 있습니다.

오늘본문에 보는 바와 같이 인생은 나그네입니다. 하나의 나그네다, 할 때 나그네에 세 유형이 있습니다. 하나는 자기가 나그네인 것을 모르고 사는 나그네입니다. 그리고 여전히 정착해보려고 합니다. 안정해보려고 애를 씁니다. 그러나 사실은 다 헛되고맙니다. 그렇게 이룰 수가 없습니다. 결코 안정을 이루지 못합니다. 그러면서도 이 세상이 전부인 것처럼 알뜰하게 알뜰하게 그렇게 살아보려고 애를 씁니다. 그래서 어떤 때에 보면 참 답답합니다. 인생은 나그네인데 말입니다. 그렇게그렇게 많이 가져보아야 아무 소용 없는데 이것을 모르고 살아가고 있습니다. 우스운 얘기입니다마는 가끔 교인 가정을 방문해보면 참 집을 잘 짓고 가구들을 아주 잘 해놓았습니다. 이런 것을 볼 때 저는 좀 측은하게 생각됩니다. '이 사람은 참 죽기 싫겠다.' 이런 생각을 합니다. '이걸 다 놓아두고 죽다니 참 안됐다' 싶습니다. 하나 더 잘못된 것은 뭐냐하면 좋은 집일수록 거울이 많다는 것입니다. 사방에 거울입니다. 침실에까지 크고 좋은 거울을 죽 붙여놓았는데 이런 것 볼 때마다 저는 또 생각을 합니다. '아이고 참 잘못하는구나. 나이 쉰 넘으면 거울 보고 싶지 않은데 저 거울들은 뭘 비춰보려고 달아놓았나?' 이런 생각이 듭니다. 자, 나는 나그네입니다. 나는 떠나야 합니다. 여기는 오래 있을 곳이 못됩니다. 집은 뭘 그렇게 튼튼하게 한다고 돌로다 지어서 여러 사람 고생시킵니까. 언젠가는 다 헐어야 되는데 말입니다. 나그네라고 하는 것을 좀 깊이 알고 살아야 하는데, 나그네이면서도 나그네 아닌 것같이 생각하는 그 마음이 참 측은하게 느껴집니다. 그런가하면 두 번째 유형은 나그네인 줄을 알고 이것에만 또 너무 집착하다보니 정착의식이나 안정의식을 버리고 사는 사람이 있습니다. 되는대로 먹고마시고 되는대로 몸을 굴립니다. 내일 죽을 터이니 먹고 마시자, 이렇게 방탕하고 방임하는 그런 현세주의자들을 볼 수 있습니다. 이것 또한 문제입니다. 다 포기하고 되는대로 살아보겠다—이것은 무서운 것입니다. 그런가하면 세 번째 유형은 나그네는 나그네인데 정착지가 있는 나그네입니다. 여러분, 우리 신앙인은 나그네에서 순례자로 의미를, 개념을 바꾸어야 됩니다. 나그네가 아니라 우리는 순례자입니다. 우리의 목적지 그 어디를 향하여 지금 가고 있는 것입니다. 가는 과정에 여기 나그네라고 하는 코스가 있을 따름입니다. 그런고로 한 시간 한 시간이, 사는 것 하나하나가 다 소중한 것입니다. 어떤 현자가 있었습니다. 그가 사는 동리를 여행하던 사람이 소문을 듣고 '내 일생에 만나기 어려운 분이니까 이 훌륭한 분을 한번 찾아서 인사를 드리고 가야겠다' 하고 현자의 집을 가보았습니다. 보았더니 가구라곤 식탁 하나, 의자 하나, 책 몇권이 전부였습니다. 너무나 썰렁한 그 집을 보고 "선생님, 서재도 없고 침실도 없이 이리도 썰렁하게 살아가신단말입니까?"하고 물었더니 "당신은요?" 그러더랍니다. "저요? 저는 어차피 여행중이니 그저 가방 하나면 족합니다. 가볍게 여행을 하고 있는 중입니다. 저는 나그네이니까요." 그랬더니 현자는 빙그레 웃으면서 "저도요" 하더랍니다. '나도 나그네요. 당신만이 나그네가 아니오.'

여러분, 우리는 나그네는 나그네로되 최종목적지가 있는 나그네 즉 순례자라고 하는 것을 마음에 새기고 오늘을 살아가야 합니다. "허탄한 자랑"이라고 하는 말씀이 16절에 있습니다. 나그네의 자랑을 비판하고 있습니다. 허탄한 자랑은 악한 것이라고 말씀합니다. 사람들이 자랑을 하는데 가만히 보면 과거자랑 하는 분들이 많습니다. 왕년에는, 옛날에는, 어쩌고어쩌고 합니다. 그러니 어쩌라는 얘기입니까. 이런 과거자랑은 빨리 잊어버릴수록 좋은데 과거에 나는 잘살았고 출세했고 뭘 어찌했고 어찌했고… 그런 이야기들로 꽃을 피웁니다마는 사실 과거얘기 많이 하는 것은 그에게 현재와 미래가 없다는 얘기거든요. 제가 어렸을 때 우리할아버지가 늘 낚시질을 하고 오시는데 할머니가 바구니를 받아 들고 보시면 고작 피래미 몇마리밖에 못잡으셨거든요. 그래 할머니가 "애계계!" 그러시거든요. 그러면 할아버지는 꼭 한마디 하십니다. "사실은 기가막히게 큰 물고기를 놓쳤지." 그만 잡았다가 놓쳤다고 하십니다. "그 소리, 내가 수십 년 들어온 소리요. 고만하세요." 할머니는 이렇게 면박을 하시곤 했습니다. 놓친 물고기는 다 월척입니다. 옛날일은 다 굉장했던 것처럼 생각하지요. 여기 연세드신 분들은 아실 것입니다. 우리가 피란을 갔었거든요, 전쟁 때. 피란을 가서 보니 피란민들이 모여가지고 고달프고 어렵기도 하지만 하루종일 할일이 없습니다. 그래 좁은 방에 끼어들 앉아가지고 이런 얘기 저런 얘기로 지새는데, 보면 자기집 마당에 금송아지 매놓지 않고 온 사람이 하나도 없더라고요. 다 잘살았고, 다 내 고향이 최고이고… 허풍이 좀 있더라고요. 과거가 화려하게 기억될수록 사실은 오늘이 더욱 비참해지는 법입니다. 과거가 어려웠다, 그러면 오늘은 그보다 훨씬 낫다, 할 수 있습니다. 이 편이 차라리 나은 것입니다. 과거에 대한 자랑이 그 마음을 이렇게 붙잡고 있는 동안 나는 점점 더 힘들어집니다. 그것을 알아야 합니다. 또 한 가지는, 현재에 대한 자랑이 있습니다. 사람들 보면 현재에 내가 가진 것, 아는 것, 젊은 것, 지식, 이런 것을 자랑합니다. 제가 결혼주례를 많이 하지 않습니까. 두 사람 딱 세워놓고 결혼주례 할 때 저는 이 일을 아주 즐깁니다. 그 시간에는 나도 행복합니다. 아주 예쁜 색시, 말끔한 신랑—보면서 저는 한편으로 또 철학적으로 생각을 합니다. '지금이 너희들에게 절정이다. 오늘이 고비다. 오늘까지 최고지 앞은 훤하다.' 그렇게 생각을 합니다. 좋아서 못견딥니다마는 '그건 아니다, 이 철없는 사람들아'—그렇게 생각을 합니다. 젊음 그것 자랑할 것이 됩니까. 곧 지나가는 것 아닙니까. 오래전입니다마는 어디로 전화를 걸어야 될 때 전화번호가 생각나지 않아서 "아무개 전화가 몇번이냐?"하고 물으면 비서가 즉석에서 몇번입니다, 하고 대답합니다. "너는 어떻게 아냐?" "목사님이 한번 일러주시지 않았습니까?" "그걸 어떻게 기억하냐?" 했더니 딱 하는 말이 "목사님도… 한번 들은 걸 왜 잊어버립니까?" 아, 그래 '가만 있자, 이거 안되겠다' 싶어서 "너 까불지마. 너 그렇게 머리가 좋다고 생각하지만 결혼해가지고 아이 둘만 낳아봐라. 나보다 더 멍청해질 거다"하였습니다. 여자분들이 대개 기억력이 좋던데, 그러나 나이들어 아이 둘만 낳고보면 그 다음에는 몽롱해집니다. 그거 자랑할 것이 못됩니다. 내 기억력, 내 지식, 특별히 내 건강, 이 현재라고 하는 것은 도대체 자랑거리가 못되는 것입니다. 곧 없어지기 때문입니다. 곧 지나가기 때문입니다. 이걸 어떻게 하겠습니까. 스스로 인정을 해야 합니다. 그래서 자랑하지 마라, 하였습니다. 그런가하면 어떤 사람은 또 미래를 자랑합니다. 오늘성경에 나타나 있지요. "우리가 아무 도시에 가서 거기서 일년을 유하며 장사하여 이(利)를 보리라 하는 자들아 내일 일을 너희가 알지 못하는도다 너희 생명이 무엇이뇨 너희는 잠간 보이다가 없어지는 안개니라." 일 년 후? 쓸데없는 소리 하지 말라, 이것입니다. 누가 일 년 후를 보장합니까. 그렇게 허망한 사람들 많습니다. 황당한 것, 현실성 없는 미래를 내세우면서 그것을 자랑하는 것입니다. 죄송하지마는 저한테 약속하고 약속을 지키지 못해서 부끄러워하는 사람 많습니다. 뭐, 이렇게 돈을 벌면 어떻게 하고, 하나님께 어떻게 돈을 바치겠습니다—큰소리 탕 쳤는데 다 거짓말입니다. 미래, 정말 그럴 수 있을까요? 앞에 될 것을 두고 자랑하는 자는 이상주의자요 허망한 사람입니다. 요새 보면 많은 사람들이 예견이라는 것을 합니다. 학자들의 터무니없는, 미래에 대한 빗나간 예측인데도 불구하고 또 그 예측을 믿으려고듭니다. 아주 소문난 이야기가 있기에 말씀드립니다. 1943년, 그때에 컴퓨터가 처음 나왔습니다. 로버트 왓슨 이라고 하는 IBM회사 사장이 컴퓨터를 보고 하는 말이 "온세계에 이거 다섯 개도 안팔릴 거다, 이거 만들어보아야 소용없는 상자다"하였습니다. 그런데 오늘와서 보니 수천만 대도 넘는 그것을 많은 사람들이 쓰고 사용하고 있지 않습니까. IBM사장이 똑똑한 듯 예측했는데 그 예측은 안맞았습니다. 다같이 걱정한 얘기이지마는 1970년에 많은 미래학자들이 이대로 가면, 2010년에 가면 우리가 쓰는 석유는 바닥이 날 것이라고 말했습니다. 그러나 바닥나지 않을 뿐더러 지금은 얘기합니다. 21세기에 쓰기는 충분하다고. 그것도 두고보아야 알 일이지마는요. 우리는 종종 미래에 대해서 어쩌고어쩌고 예측을 합니다. 예견을 합니다. 뻔히 안맞는 것을 예측합니다. 요새 보니 뭐, 증권회사 하는 사람들이 고객을 끌자고 하는 말이 자기네는 훌륭한 전문가들이 있어서 틀림없이 족집게처럼 알아맞힌다나요. 그러면 자기가 하지 남 주겠습니까. 세상에 아무도 예측하지 못하는 것이 그 노름입니다. 미래에 대해서 자랑한다—허망한 것입니다. 나그네, 깊이 생각하여야 합니다. 나그네는 나그네임을 알아야 하고 나그네된 정체의식을 가져야 합니다. 그리고 현재에 집착하는 것 금물입니다. 모든것은 다 지나갑니다. **Life is process**.

또한 종착지가 있음을 알아야 합니다. 그런고로 우리는 순례자입니다. 오메가 포인트가 있습니다. 마지막 목표가 있습니다. 주님께서 말씀하십니다. "내가 곧 길이요 진리요 생명이니 나로 말미암지 않고는 아버지께로 올 자가 없느니라." "마음에 근심하지 말라 하나님을 믿으니 또 나를 믿으라 내가 가서 예비하고 와서 너희를 나 있는 곳에 데려가리라." 확실하게 우리의 미래를 보여주시고 확증해주셨습니다. 그날이 있다는 것을 잊지 맙시다. 가끔 어떤 젊은이들이 묻습니다. 질문이 아주 심각합니다. "목사님, 정말 천당 지옥이 있습니까? 그걸 좀 증명해주세요." 그 묻는 의도를 우리는 충분히 알만합니다. 저는 이렇게 말합니다. "자네는 없다 하겠나? 나는 있다 하네. 만일에 있다면 어떻게 되겠나?" "있다면 저는 지옥가야겠지요." "그럼 있다고 생각해두는 게 훨씬 좋겠네." 여러분 저 앞에 종착지인 가나안땅이 있다고 믿고 오늘을 사는 사람과 없다고 생각해서 순전한 방랑객으로 사는 사람, 종착지에 도착할 때는 어떻게 되겠습니까. 재미있는 얘기가 있습니다. 서양의 어떤 사람이 자기비문을 자기가 써서 남기고 죽었습니다. 이런 비문입니다. '이곳을 지나가는 사람들아, 당신들이 지금 존재하듯이 나도 그러했노라. 그러니 이제 내가 죽어 있듯이 당신들도 죽어야 할 것이다. 나를 따를 준비를 하라.' 그래 오가는 사람마다 그것을 읽어보는데 어느 여행객이 이 묘비문을 딱 읽고나서 밑에다가 추이를 써넣었습니다. '당신이 어떤 길로 갔는지 알지 못하는 한 나는 당신을 따를 의사가 없노라.' 어디로 가는지 모르는 사람 따라갈 것 없습니다. 인생허무, 인생무상, 그것은 진리가 아닙니다. 영생이 있음이 진리임을 알아야 합니다. "주의 뜻이면 우리가 살기도 하고 이것 저것을 하리라 할 것이거늘"—주의 뜻이면. 이것을 잊지 말아야 합니다. 나그네된 지혜는 할 수 있는 것과 할 수 없는 것, 알 수 있는 것과 알 수 없는 것, 가질 수 있는 것과 가질 수 없는 것을 식별할 줄 아는 것입니다. 더 중요한 것은 할 수 있는 것과 해야 할 것을 알아야 한다는 것입니다. 할 수 있다고 다 하는 것이 아니요 가질 수 있다고 다 가지는 것이 아닙니다. 먹을 수 있다고 다 먹는 것이 아닙니다. 할 수 있는 것과 해야 할 일을 알아야 합니다. 이마누엘 칸트의 유명한 말이 있습니다. **You can do it, because you should do it.** 너는 그것을 할 수 있다, 너는 그것을 해야 하기 때문이다, 이것입니다. 그것을 해야 한다—얼마나 중요한 말입니까. 우리는 나그네로서 오늘 해야 할 일을 해야 합니다. 해야 할 일이라고 할 때 할 수 있어지는 것입니다. 이것을 알아야 합니다. 선을 행할 줄 알고도 행치 않으면 죄인이라, 합니다. 행할 줄 압니다. 할 수도 있습니다. 그런데 행하지 않습니다. 이것은 죄가 되는 것입니다. 우리는 순례자의 길을 갑니다. 오늘 내가 무엇을 해야 합니까. 마땅히 해야 할 일을 하는 지혜로운 나그네가 되어야 할 것입니다. △

한 수난자의 감사

다니엘은 마음이 민첩하여 총리들과 방백들 위에 뛰어나므로 왕이 그를 세워 전국을 다스리게 하고자 한지라 이에 총리들과 방백들이 국사에 대하여 다니엘을 고소할 틈을 얻고자 하였으나 능히 아무 틈, 아무 허물을 얻지 못하였으니 이는 그가 충성되어 아무 그릇함도 없고 아무 허물도 없음이었더라 그 사람들이 가로되 이 다니엘은 그 하나님의 율법에 대하여 그 틈을 얻지 못하면 그를 고소할 수 없으리라 하고 이에 총리들과 방백들이 모여 왕에게 나아가서 그에게 말하되 다리오 왕이여 만세수를 하옵소서 나라의 모든 총리와 수령과 방백과 모사와 관원이 의논하고 왕에게 한 율법을 세우며 한 금령을 정하실 것을 구하려 하였는데 왕이여 그것은 곧 이제부터 삼십 일 동안에 누구든지 왕 외에 어느 신에게나 사람에게 무엇을 구하면 사자굴에 던져 넣기로 한 것이니이다…다니엘이 이 조서에 어인이 찍힌 것을 알고도 자기 집에 돌아가서는 그 방의 예루살렘으로 향하여 열린 창에서 전에 행하던 대로 하루 세 번씩 무릎을 꿇고 기도하며 하나님께 감사하였더라

(다니엘 6 : 3 - 10)

한 수난자의 감사

　　1999년 11월호 「가이드 포스트」지에 실린 이야기입니다. 미국 캘리포니아에서 Gift Shop(선물가게)을 운영하는 다나 베트슨이라고 하는 주부가 기고한 자기경험담입니다. 'A Brother's Gift(형제의 선물)' 라고 하는 제목의 글입니다. 그녀에게는 전남편에게서 낳은 제이슨이라고 하는 스물한 살된 아들이 있고, 재혼해서 얻은 럭키라고 하는 열두 살된 딸이 있습니다. 그리고 또 네 살된 딸이 있는데 이 꼬마가 심각한 병으로 지금 죽어가고 있습니다. 악성 바이러스가 간에 침투하여 간장이 제 기능을 발휘하지 못하게 되었습니다. 열두 시간 안에 간이식을 받지 못하면 죽을 수밖에 없는 절박한 시간이 왔습니다. 의사는 말했습니다. "시간이 없습니다. 유일한 소망은 살아 있는 간 기증자를 구하는 것입니다." 신장이 아니라 간입니다. 사람은 신장은 둘을 가졌습니다. 혹 마음을 쓰면 하나를 나누어줄 수도 있지마는 간장이란 누구에게나 하나밖에 없는 것입니다. 그것을 절반 잘라서 주는 것, 이같은 위험한 수술을 하여주겠다고 나서는 사람이 어디에 있겠습니까. 그것도 열두 시간 안에… 모두가 염려하고 걱정했습니다. 사정이 워낙 급박한지라 이 어머니는 발을 동동구르면서 초조해하고 있는데 전남편의 아들 제이슨이 간기증을 자원하고 나섰습니다. 자기의 간을 나누어주겠다고. 환자인 꼬마와 그는 이부(異父) 남매간입니다. 어머니는 같지만 아버지는 다릅니다. 그러니 체질적으로 맞을는지, 이번에는 그것이 걱정이었습니다마는 다행히 맞을 것같다고 합니다. 맞기를 바라는 불안한 가운데서 이제 수술을 받게 됩니다. 아들 제이슨과 네 살난 이 딸을 수술실에 들여

보내고 수술이 진행되는 동안 이 어머니는 열두 살된 딸의 두 손을 마주잡고 수술실 문 앞에서 무릎꿇고 하나님 앞에 기도합니다. 잘못하면 두 자식을 한꺼번에 잃어버리게 될지도 모릅니다. 초조와 불안과 걱정, 그러나 한편 생각하면 감사한 일이 있습니다. 아들 제이슨은 친동생도 아닌 이부 누이한테 생명같이 소중한 간을 나누어주겠다고 수술실에 들어간 것입니다. 그 자원하는 마음이 너무도 고맙습니다. '그렇구나. 이같이 강퍅한 세상에 이렇게도 사랑스러운 내 아들이 여기에 있구나.' 하도 고마워서 한편으로는 감사의 기도를 드리는 것입니다. 수술자체를 생각하면 걱정이지만 생각할수록 감사한 것입니다. 우리가정에 이렇게 거룩한 사랑이 있구나, 내 아들이 이렇듯 귀한 사랑을 드러내는구나—감사한 것입니다. 이렇듯 한편으로 걱정하고 한편으로 감사하는 그 초조한 가운데서 드디어 수술이 끝났습니다. 수술은 성공이어서 남매는 둘 다 무사했다고 합니다. 이것이 바로 'Brother's Gift' 입니다. 형제가 준 가장 귀한 선물이었다—어머니는 깊이깊이 하나님께 감사했습니다.

여러분, 언제나 감사와 염려는 엇갈리는 것입니다. 한쪽으로는 걱정이 됩니다. 다시 생각하면 감사합니다. 이쪽에서 보면 걱정투성이요 이쪽에서 보면 감사할 수 있는 것입니다. 그것이 세상사입니다. 아주 좋은 여건에서도 원망과 불평으로 사는 사람이 있고, 남보기에는 처참할 정도의 생을 사는데도 보면 생각이 달라서 감사하고 살아가는 사람이 있습니다. 영어에서 'think' 와 'thank' 는 어원이 같다고 합니다. 생각한다, 감사한다, 그 뿌리가 같다는 것입니다. 그렇습니다. 우선 무엇을 생각하느냐가 문제입니다. 무엇부터 생각하느냐, 무엇을 먼저 생각하느냐입니다. 또하나는 어느 각도에서 생각하느냐입니다. 환경이 달라져야 되는 것이 아닙니다. 세상이 달라져야 감사할 수 있는 것이 아닙니다. 감사하는 덕을 가진 사람이 있습니다. 다른 각도에서 보면 감사하게 되는 것입니다. 겸손한 사람은 감사할 수 있습니다. 믿음이 있는 사람은 감사할 수 있습니다. 사랑의 시각으로 세상을 보면 어떤 여건에서도 감사할 수 있는 것입니다. 발명왕 토마스 에디슨이 한번은 긴 여행을 하게 되었습니다. 발명을 위해서 온시간을 바치는 사람이라서 여행중에도 그 기차 안에 자그마한 실험실을 만들어놓고 거기서도 연구를 하고 있었습니다. 기차가 덜커덩 요동치는 바람에 그만 시약병이 하나 떨어지고 이게 화학작용을 일으켜서 연구실에 불이 났습니다. 그간에 연구해오던 자료, 몽땅 타버리는 시간입니다. 자신의 몸도 위험하게 되었을 때 차장이 달려와서 그를 차창 밖으로 내던졌습니다. 이래서 목숨은 건졌는데 그때 다쳐서 귀가 멀어버렸습니다. 먹보가 되었습니다. 그는 한평생 많은 연구를 했고 많은 발명을 이룩했습니다. '발명왕'이라는 명성도 가졌습니다. 어떻게 그렇듯 많은 연구를 할 수 있었느냐—많은 사람들이 물었을 때 그는 말합니다. "나는 귀가 먼 것을 감사합니다. 아무리 시끄러워도 나는 못들으니 그 덕에 연구에만 몰두할 수 있었습니다." 그래서 감사한다고 그는 대답했습니다. 보십시오. 어느 각도에서 보느냐가 문제입니다. 무엇을 생각하느냐에 따라서 감사가 되고 원망이 될 수 있는 것입니다. 환경이 바뀌고 여건이 바뀌고 세상이 달라지기를 한평생 기다려도 그 사람의 입에서는 '감사' 없습니다. 여러분, 복이 무엇입니까? 종은 울려서 소리가 나야 종이듯이 감사한 마음이 우러나야 복입니다. 잘산다고 복이 아닙니다. 가졌다고 복이 아닙니다. 출세했다고 복이 아닙니다. 감사하는 마음이 충만하면 그것이 곧 복입니다.

　오늘본문에 나타난 이야기를 잘 보면 다니엘이라는 사람의 감사기도가 있습니다. 그는 이스라엘백성이 바벨론 왕 느부갓네살의 예루살렘 침공으로 포로되어 갈 때 끌려간 사람이었습니다. 역사가들이 연구한 것을 보면 한 오만 명이, 젊은사람 오만 명이 포로되어 갔다고 합니다. 포로되어 갔으니 어디까지나 그는 포로입니다. 그런데도 총명이, 지혜가 있는 분이어서 바벨론의 왕이 그를 등용해서 정치를 하게 합니다. 세상이 바뀌어 바벨론이 망하고 메대와 바사로 나뉩니다마는 오늘본문대로 메대의 왕 다리오 또한 이 다니엘을 정치가로 기용하게 됩니다. 워낙 충성되고 총명해서입니다. 모처럼 다니엘은 큰 영광을 누리게 되었습니다. 다리오 왕은 120명의 방백을 거느리며 나라를 다스렸는데 그들 위에 세 명의 총리를 두었습니다. 다니엘이 그 총리의 하나였습니다. 그리고 성경은 “다니엘은 민첩하여 총리들과 방백들 위에 뛰어나므로 왕이 그를 세워 전국을 다스리게 하고자 한지라(3절)” 하고 말씀합니다. 이때에 많은 사람의 시기질투가 나옵니다. 바벨론사람들이 이 이방사람, 이 포로출신을 가만둘 리 없지요. 그래서 헐뜯으려 음모하고, 갖은 수를 다 썼지만 오늘본문에 보듯이 다니엘은 그들이 탓할 허물이 없는 사람이었습니다. 워낙 허물이 없고 충성된 사람이고보니 다른 일로써는 그를 고소할 수 없음을 알고 신앙문제를 들고나옵니다. 그래서 올무를 걸었습니다. 이제부터 삼십 일 동안 누구든 왕 외에 어느 신에게나 사람에게 무엇을 구하는 자가 있으면 그는 다리오 왕에 대한 역적이다, 이 사람을 잡아서 사자굴에 집어넣자, 하였습니다. 이런 금령을 만들었고 여기에 다리오 왕이 어인을 찍었습니다. 결재도장을 찍었다, 그 말입니다. 그런데 다니엘은 그런 금령에 어인이 찍힌 것을 알고도 집에 돌아가서는 여전하게 의연히 하나님 앞에 감사기도 하였습니다. 아주 깊은 의미가 있는 중요한 내용입니다. 보십시오. 그는 하나님의 뜻을 따라 살았습니다. 진실되이 살았습니다. 정직하게 살았습니다. 충성되이 살았습니다. 그런데 왜 사자굴입니까. 원망하자면 원망거리가 있는 사람입니다. '하나님, 하나님, 어디에 계십니까? 내가 이렇게 하나님을 위하여, 하나님의 영광을 위하여 진실되게 살았는데 왜 이렇게 죽어가야 하는 것입니까?' 원망할만하지요. 그러나 그는 이런 율법적 비판을 극복합니다. '상관없습니다. 지금까지 산 것으로 만족합니다.' 이렇게 받아들이는 것입니다. "어인이 찍힌 것을 알고도(10절)"—이제 내가 하나님 앞에 기도하면 그대로 사자굴에 끌려가 죽을 수밖에 없다는 그 운명을 다 알고도 하나님 앞에 감사기도를 드렸다는 말씀입니다. 폴 틸리히라고 하는 신학자의 저서에「Courage to Be」라고 하는 유명한 책이 있습니다.「존재의 용기」입니다. 이 책에서 그는 말합니다. 신앙이란 용기다, '그럼에도 불구하고' 하는 용기다, 라고. 인간의 이성적 비판 다 십자가에 못박아버리고, 그럼에도 불구하고 떨치고 일어나는 용기, 여기에 다니엘이 있었던 것입니다.

그런데 다니엘이 드리는 감사의 내용을 보면 특징이 몇가지 있습니다. 먼저 그는 전에 행하던대로 하였습니다(10절). 오늘 처음 있는 일이 아닙니다. 감사라는 것은 accident가 아닙니다. 우연사가 아닌 것입니다. 감사는 체질이 되어야 하고 성품이 되어야 합니다. 같은 행위가 오래 반복되면 습관이 되고 습관이 오래가면 성품이 되는 것입니다. 이런 면에서 보면 우리는 체질적으로 감사를 할 줄 모르는 편입니다. 고마웠다는 말 한마디를 할 줄 모르는 것이 큰 약점이요 흠입니다. 조그마한 일에도 그저 감사합니다, 고맙습니다, 하는 것이 어렸을 적부터 체질이 되고 습관이 되고 문화가 되어야 하며, 그러고야 앞으로 큰일을 당해도 또 감사할 수가 있는 것입니다. 어느 순간에 돌발적으로는 저런 위대한 감사가 나올 수 없는 것입니다. 여러분, 잘 생각하십시오. 조그마한 일에도 원망 없이 감사합니다, 고맙습니다, 할 줄 알아야 됩니다. 어느 미국가정에서 본 일입니다. 같이 아침식사를 하는데, 그 집 어린아이가 작아서 높은 의자에 앉히고 묶어놓았어요, 허리를. 이렇게 놓고 같이 식사를 하는데 아이가 식사하다가 숟가락을 떨어뜨렸습니다. 어머니가 그걸 주워서 닦은 다음에 아이 손에 다시 쥐어줍니다. 아이는 그걸 받아들자마자 먹으려고듭니다. 순간 쿵! 쿵! 식탁을 치는 소리가 납니다. 어머니였습니다. 아이가 눈이 똥그래져 있습니다. 무슨 일인가 했더니 어머니가 아이보고 재촉을 합니다. "Say something." — "할말이 있잖니." 아이가 미처 깨닫지 못하고 울먹입니다. 어머니는 더 큰 소리로 말합니다. "Say something." 아이는 정말 울음을 터트리고말 참입니다. 그걸 보고 어머니는 결국 "Say thank you(고맙습니다, 해야지)."하고 일러줍니다. 아이는 그제야 깨닫고 "Thank you, Mom"하고 말합니다. 비로소 어머니는 허락을 합니다. "You're welcome(먹어)." 여러분, 고맙다고 말하는 것, 하루아침에 되는 것이 아닙니다. 일찍부터 꾸준히 가르쳐야 합니다. 조그마한 일에도 감사합니다, 감사합니다, 할 줄 알아야 엄청난 일을 만나서도 "감사합니다" 할 수 있는 것입니다.

　또한 다니엘은 감사기도를 하루에 세 번씩, 다시말하면 일상화하였습니다(10절). 하루에 식사를 세 번 하기 때문에 영적으로도 하나님 앞에 세 번, 시간을 정하고 꼭 그 시간에는 기도를 드립니다. 감사드립니다. 또하나 있습니다. 공개적으로 하였습니다. 죽음이 눈 앞에 있는 것을 알고도 당당하게, 비굴하지 않게, 공개적으로 기도를 일상화하였습니다. 감사의 기도를 드립니다. 기도하고 감사하게 되는 것입니다. 기도하는 마음이 아니고는 감사할 수가 없습니다. 세상으로 생각하면 이야기가 달라집니다. 그는 기도합니다. 무엇을 감사했느냐—바벨론에 포로된 자기가 지금껏 이와같이 영화를 누려왔습니다. 그것이 감사합니다. 느부갓네살의 사랑을 받고 오늘은 벨사살을 거쳐서 지금 세 번째로 맞은 왕입니다. 다리오 왕의 사랑을 받고 있습니다. 그대로 감사합니다. 그는 신앙적으로 살았습니다. 비록 남의 땅에, 남의 문화 속에 살지마는 음식도 가려먹고 우상숭배 안하고 죄와 타협함이 없이 정의롭게 거룩하게, 선민의식을 버리지 않고 살아왔습니다. 그러나 이제는 죽게 됩니다. 그러나 만족합니다. 그렇습니다. 감사란 만족함에서 비롯합니다. 만족 없는 감사가 있다면 그것은 조건부 감사입니다. 마치 저 백화점에 있는 인형과도 같습니다. 물건을 사가지고 나가는 사람에게 그저 "감사합니다"합니다. 거기까지로 끝나는 것도 아닙니다. "또 오십시오"합니다. "또 오십시오"하기 위해서 "감사합니다"하는 것입니다. 조건부지요. 우리는 하나님 앞에 감사를 하든 헌금을 하든 봉사를 하든 이것은 절대로 거기에 대가성이 깃들어서는 못씁니다. 무조건적이어야 합니다. 이 마당에 이르러 다니엘은 이제 복받을 것도 없고 상받을 것도 없습니다. 이대로 죽을 것이니까요. 죽을 것을 각오하고, 죽게 되는 시점에서 감사하고 있는 것입니다. 만족합니다. 이대로 만족해요. 거룩한 백성으로 의롭게 선하게, 이렇게 살고 깨끗하게 죽어갑니다, 하나님, 감사합니다—이같은 위대한 감사요 절대적 감사였습니다. 그리고 생명을 하나님께 위탁하면서 '지금 저는 주님 앞으로 갑니다, 감사합니다' 하는 것입니다. 종말론적 감사입니다.

우스운 얘기가 있습니다. 어느 곳에 착한 이발사가 하나 있었습니다. 한 신부가 그 이발소에 왔습니다. 정성껏 이발을 잘 해드린 다음에 이발사는 말합니다. "그저 하나님께 봉사했다고 생각하겠습니다. 이발료는 내지 마시고 그냥 가시지요. 저도 하나님의 일 좀 하고 싶습니다." "아이고 고맙습니다." 신부가 고맙다 인사하고 돌아가서 생각하니 너무도 고마운 것입니다. 그래서 우편으로 기도문 책을, 교회에서 쓰는 기도문 책을 몇권 그 이발사 앞으로 보냈습니다. 이발사가 이것을 배달받았습니다. 그 뒤 하루는 또 순경이 하나 와서 이발을 하게 되었습니다. 순경이 이발을 다 하고나서 돈을 내려고 했더니 이발사는 사양합니다. "내지 마십시오. 저도 지역사회에 봉사한 셈치고 좋은 일 한번 하고 싶습니다." "그러세요?" 순경이 돌아가서 가만히 생각해본즉 그 이발사가 참 고마운 분이야. 참으로 고마워서 편지 한 장과 도너츠 몇개를 봉투에 넣어서 슬그머니 그 이발소 문앞에 갖다놓았습니다. 다음날에는 한 국회의원이 그 이발소에 왔습니다. 이발을 다 해준 이발사는 그 국회의원 보고 "저도 국가에 대한 봉사라고 생각하겠습니다. 이발료는 안내셔도 되겠습니다"하고 돌려보냈습니다. 그 다음날 보니 국회의원들이 떼거리로 몰려와 그 이발소 문앞에 줄을 서는 것이었습니다. 여러분, 어떤 고마운 일이 있습니까? 당연한 것처럼 받아들이지 마십시오. 세상에 은혜를 당연히 입을 사람이 어디에 있습니까. 나는 이런 고마운 은혜를 입을만한 자격이 없습니다. 그저 부족하고 허물많고 감사하고 소중한 일입니다. 작은 일이지만 소중한 것입니다. 그런데 '나는 당연하지. 나는 나라를 위해서 일하는 사람이니까 이런 혜택을 입는 것은 당연하다' 한다면 그것은 잘못된 인격입니다. 언제나 우리는 하나님 앞에서 깊이 생각할 것입니다. 무시로 나 자신을 돌아볼 것입니다. 의의 세계, 믿음의 세계를 생각하고, 받은 은혜를 생각하고 또 받게 될 은혜를 생각하고, 기도하는 자세로 생각할 것입니다. 세상을 보면 원망이 나오고 이웃을 보면 불평이 일고 짜증이 나지만 하나님을 향하고 나를 보면 오로지 감사할 뿐입니다. 그리고 이 감사가 성품화하고 생활화하고 일상화할 때, 우리는 많은 시험을 넉넉히 이길 뿐만 아니라 앞으로 엄청난 시험이 닥쳐와도 하나님 앞에서 다니엘과 같이 감사하고 승리하게 될 것입니다. △

서로 존경하라

사랑엔 거짓이 없나니 악을 미워하고 선에 속하라
형제를 사랑하여 서로 우애하고 존경하기를 서로 먼
저 하며 부지런하여 게으르지 말고 열심을 품고 주를
섬기라 소망 중에 즐거워하며 환난 중에 참으며 기도
에 항상 힘쓰며 성도들의 쓸 것을 공급하며 손 대접
하기를 힘쓰라 너희를 핍박하는 자를 축복하라 축복
하고 저주하지 말라 즐거워하는 자들로 함께 즐거워
하고 우는 자들로 함께 울라 서로 마음을 같이하며
높은 데 마음을 두지 말고 도리어 낮은 데 처하며 스
스로 지혜 있는 체 말라 아무에게도 악으로 악을 갚
지 말고 모든 사람 앞에서 선한 일을 도모하라

(로마서 12 : 9 - 17)

서로 존경하라

여러분이 잘 아시는 지미 카터 전 미국 대통령이 최근에 「The Virtues of Aging(나이먹는 것의 미덕)」이라고 하는 자그마한 책을 썼습니다. 대통령자리에서 물러나 멋진 삶을 즐기는 자신이 터득한 생의 지혜를, 자기경험담을 아주 자세하게 털어놓고 있습니다. '80년대, 재출마한 선거에서 패배한 뒤에 실업자신세가 되어 그는 조오지 아주 플래인스 땅콩농장으로 돌아가게 됩니다. 이렇게 패배자로 돌아간 그에게는 반갑지 않은 두 가지 큰 사건이 기다리고 있었습니다. 하나는 백만 불이 넘는 빚이었습니다. 150년 간을 조상으로부터 물려받으며 대대로 생업으로 가꾸어오던 터전, 이 농장을 다 팔고 집을 다 팔아도 모자랄 만큼 많은 빚이 그를 기다리고 있었습니다. 또 한 가지는 어쩔수없어 인정할 수밖에 없는 사건입니다. 나이많아졌다는 것입니다. 이미 늙었습니다. 다시 생업을 일으키기에는, 농장을 다시 일으키기에는 너무나 나이가 많았습니다. 이 두 가지가 그를 기다리고 있었습니다. 어느날 아침 친구 세 사람과 같이 식당에서 조반식사를 했는데 아시는대로 미국사람들은 이렇게 같이 식사를 하고도 요금은 따로따로 내거든요. 돈을 내면서 계산서를 보니 자기에게 주어진 음식값의 액수가 좀 적다 싶었습니다. 그래서 종업원을 불러가지고 당신이 실수한 게 아니냐고 계산서를 내보이고 물었습니다. 그 옆에 있던 나이많은 농부 한 사람이 빙그레 웃으면서 하는 말이 "대통령양반, 계산서가 잘못된 것이 아니라오. 이 집은 오전 8시 전에 오는 노인들에게는 커피를 공짜로 준답니다"하고 말하는 것이었습니다. 그래서 그는 웃는 낯으로 감사의 인사를 하였습니다. 여기서 그는 조그마한 일에서부터 다시 생각하기를 시작했습니다. 다 잃어버린 것같았는데 그런 것이 아닙니다. 동리사람들이 나를 존경하고 있습니다. 옛친구들이 나를 존경하고 있습니다. 온세계가 나를 존경하고 있습니다. 그것을 깨달으면서 흐뭇하게 그는 행복한 나날을 보내게 됩니다. 그 누구보다도 행복한 나날을 보내면서 노인에게 주어지는, 노인되어 터득한 지혜, 행복의 요인이 어떤 것들인지를 일깨워주고 있습니다. 여러분, 그저 오십이 넘었거든 이 책 한번 보십시오. 책은 작아도 우리에게 안겨주는 감동은 매우 큽니다. 한 농부로 돌아간 전 대통령—여러분, 부럽지 않습니까? 다 잃은 것같으나 모든 사람으로부터 존경을 받는 바로 그러한 인격, 그가 바로 성공한 사람인 것입니다. 그가 행복한 사람인 것입니다. 여러분, 돈을 잃었다면 부분을 잃은 것입니다. 건강을 잃었다면 현재를 잃은 것입니다. 존경을 잃었다면 미래를 잃어버린 것입니다. 우리는 어지간히 잘살아보겠다고 애를 썼습니다. 몸부림쳤습니다. 배우기도 하고, 훈련도 하고, 싸우기도 하고, 어지간히 못된짓 많이 했습니다. 그랬는데 이제 얻은 것은 무엇입니까. 어차피 다 내놓아야 합니다. 다 물려주어야 합니다. 어차피 떠나야 합니다. 그러나 한 가지만은 결코 잃어서는 안됩니다. '존경'입니다. 존경을 잃고 좋은 집에 살면 무엇합니까. 존경을 잃고 이 세상을 살자면 얼마나 힘들 것이겠습니까. 얼마나 가슴아픈 일이겠습니까. 존경을 잃고 자녀를 대하고 가정을 대한다는 것, 이 또한 얼마나 괴로운 일이겠습니까.

　니와 순페이라고 하는 중국사람이 쓴 「제왕학」이라고 하는 책이 있습니다. 지도자론을 말한 책입니다. 상식적인 얘기입니다마는 큰 충격을 줍니다. 지도자 가운데는 먼저 형편없는 지도자, 지도자같지 않은 지도자가 있다, 모든 사람으로부터 경멸을 받는 지도자가 있다, 두고두고 경멸을 받는 지도자가 있다, 그리고 두 번째는 두려움의 대상이 된 지도자, 지금도 생각하면 몸서리쳐지는 무서운 지도자, 역사에 없었어야 될 그런 지도자들이 있다, 세 번째는 존경받는 지도자, 그 사람을, 그 인격을 생각할 때마다 언제나 우리 가슴이 훈훈해오는 그런 분, 그런 지도자가 있더라, 하는 얘기입니다. 여러분, 존경이라고 하는 문제 앞에서 여러분 자신은 지금 얻었습니까, 잃었습니까? 존경이란 인간의 질적 무게를 말하는 것입니다. 소유다, 지식이다, 명예다, 권력이다, 하는 것은 양적인 것이라 한다면 존경은 질적인 평가기준입니다. 하나님의 형상으로서 지음받은 인간, 존귀한 존재입니다. 고귀한 존재입니다. 마땅히 존경을 받고, 존경해야 하는 그러한 존재입니다. 에리히 프롬이라고 하는 심리학자는 「사랑의 기술」이라고 하는 책에서 사랑의 속성을 다섯 가지로 말합니다. 관심, 이해, 그리고 존경, 책임지는 것, 베푸는 것―이것이 인간의 다섯 가지 기본적인 사랑의 속성이라고 말하고 있습니다.

　여러분, 삶의 동기가 어디에 있습니까. 우리는 어떤 관계 안에서 살고 있습니까. 첫째가 형벌에 쫓기는 동기 유형이 있습니다. 항상 두려워하며 삽니다. 무엇인가를 무서워하며 삽니다. 사람 만나는 것이 무섭습니다. 이제 여러분에게 묻습니다. 전화벨소리가 따르릉 울리면 '아 반갑다. 거 누군지 몰라도 날 찾아주다니 좌우간 반갑다' 하는 마음으로 수화기를 듭니까, 따르릉소리만 나면 가슴이 철렁합니까? '또 무슨 일이 터졌나, 또 누가 나를 괴롭히는가, 또 누가 나를 못살게 구는가' ―전화벨소리만 들으면 가슴이 철렁하는 사람, 이거 문제입니다. 피해망상에 살고, 우울증에 살고, 고독에 사는 이 사람,

이게 살아 있는 것입니까 죽은 것입니까. 인격적으로는 벌써 죽은 것이지 산 것이 아닙니다, 그것은. 사람을 반가워할 줄 모른다는 것이 얼마나 고통스러운 일입니까. 왜 그런 무서운 감옥에 갇혀 있어야 하는 것입니까. 제가 지난 주간에 아마존 깊은 숲속에 잠깐 들어갔었습니다. 숫제 동물들과 함께 사는 곳입니다. 높이가 37미터나 되는, 아득히 높은 나무 꼭대기에다가 까치집같은 방을 하나 꾸려놓았는데 이름하여 '타잔스 하우스'라 하였습니다. 원숭이들이 그냥 와그락대고 서로 싸워대는 가운데서 제가 그 집에서 살았습니다. 문만 열면 원숭이가 눈앞에 나타나 어깨에 올라앉고, 그저 붙들리고 그러는데 한 가지 이상한 것이 있었습니다. 바나나를 가지고 다니면서 한쪽씩 주면 좋다고 받아먹는데, 줄 때 좀 고맙게 받아먹었으면 좋으련만 탁 잡아채더라고요. 내가 좋은 마음으로 주려고 하는데 왜 곱게 받지 못하고 갈고리로 채듯이 확 뺏는 것입니까. 꼭 그렇습니다. 이것들이 왜 이러느냐고 내가 물었더니 그곳 사람이 이렇게 대답합니다. "그것이 동물입니다." 아무리 좋은 마음으로 주어도 좋게 받지를 못합니다. 오늘도 보면 사람도 사람답지 못한 사람은 이쪽에서 좋은 마음으로 뭘 주어도 좀 감사하는 마음으로 받지를 못하고 꼭 갈고리로 잡아당기듯이, 꼭 빼앗는 마음으로 받습니다. 그러면 주어놓고도 꼭 강도만나는 기분이 됩니다. 그 사이에 존경이 없기 때문입니다. 왜 그렇게 살아가야 하는 것입니까. 두려움, 쫓김, 불안과 공포의 이러한 관계, 전혀 존경이 없는, 신뢰가 없는 그 관계 속에 사는 것입니다. 또하나, 항상 보상적 관계에서 사는 사람도 있습니다. 내게 돌아오는 이익부터 생각합니다. 손익계산이 빠릅니다. 그래서 악수를 해도 '이 사람과 악수해서 내게 무슨 이득이 돌아올 것인가?' 계산하고 악수를 합니다. 뭐 반갑다고 하는 것같지만 그것은 상술입니다. 이렇게 삽니다. 이제 또 앞에 선거가 있으니 찾아오는 분들이 많을 것입니다. '어느 교회에 나가면 표를 좀더 얻을 수 있을까?' 이런 마음으로 교회 출입하는 이런 사람들이 있고 또 어떤 때는 저를 만나자고 전화도 옵니다. 아, 그것도 한 일 년전부터 만나자고 그래야지 선거 앞두고 만나자 하면 제가 만나줄 사람입니까. 그 만나자고 하는 것, 도대체가 어떻게 생각하고 하는 짓인지. 교회를 어떻게 생각하는 것인지. 교회를 나가도 존경하는 마음으로 나가야지 이 교회를 나가서 내게 무슨 이득이 돌아오겠는가, 이것부터 생각하는 이러한 삶이란 몹시 피곤한 것입니다. 참으로 이익부터 먼저 챙기는 그러한 인격, 그러한 관계성이라는 것은 무척이나 사람을 고달프게 만듭니다. 기회주의적이고, 실리적이고, 자기중심적입니다. 자기인격을, 소중한 존경을 좀먹어나가는 것입니다. 이런 사람은 존경을 받지 못합니다. 그런가하면 존경하는 사람은 모든 사람을 존경합니다. 존경할 때 또 내가 존경을 받게 됩니다. 존경할 때 내 마음에 평안이 있습니다. 신뢰가 있습니다. 자유함이 있습니다. 마음슬프게 생각하는 것은 오늘와서 '교육부재'라고 하는 말을 많이 듣게 되는 것입니다. 교육이 부재가 아닙니다. 교육제도가 잘못된 것도 아닙니다. 교육기구가 잘못된 것도 아닙니다. 중요한 것은 교육의 뿌리가 되는 존경이 간데없다는 것입니다. 존경 없이 교육은 이루어지지 않습니다. 저는 신문에서 이런 사실을 보고 몹시 마음아프게 생각합니다. 요새 중고등학생들, 엉망이라 합니다. 학교를 방문해보고 깜짝놀랐다고 합니다. 교실을 보면 30%가 엎드려 잠자고 있는데도 선생님이 "이놈들아, 깨어라" 하지 못한다고 합니다. 왜요?

매질을 하지 못하니까요. 아, 때릴 놈은 때려야지, 도무지 손대지 말라고 하는 것입니다. 수업시간에 30%가 엎드려 자는데, 그걸 놓고 가르친다고 하니… 선생님 존경하지 않는 부모, 선생님을 존경할 줄 모르는 학생, 이러고 어떻게 교육이 되겠습니까. 존경받지 못한다는 것을 알면서 가르치는 이 선생님들 모습을 생각해보십시오. 무슨 재미로 정성껏 가르치겠습니까. 적어도 교육은 돈벌려고 하는 것이 아닙니다. 재미가 있다면 존경받는 재미인데 이것이 없는 교육현장이니 그 무슨 일을 하겠습니까. 이렇게 교육이 실종되고 있는 것을 마음아프게 생각합니다. 뿌리는 바로 여기에 있습니다. 존경이 없는 것입니다. 도대체 존경할 줄을 모릅니다. 부모들부터가 선생을 존경하지 않는데 학생이 선생을 존경하겠습니까. 존경이 없는데 무슨 교육이 이루어진다는 것입니까. 인간은 존경을 하는 그 마음 만큼 성숙한다고 합니다. 몸이 성장하고 인격이 성숙합니다. 내적 성장을 성숙이라고 합니다. 그런데 내가 존경하는 자가 있을 때 존경하고 우러러보는 순간 어느 사이에 나도 그에 가까이 가게 됩니다. 존경할 때에 내 인격이 점점 성숙해올라갑니다마는 '존경하는 자가 없다' 하는 순간에 벌써 내 성숙은 멎습니다. 아무도 존경하지 않는다, 하는 사람은 벌써 인격이 파탄난 사람입니다.

여러분, 참된 행복이 어디에 있겠습니까. 저는 이렇게 생각합니다. 존경하는 마음, 우리 마음속에 존경하는 마음이 있다는 것, 그것이 행복입니다. 큰 축복이라고 생각합니다. 존경하는 마음이 없어지면 그것은 참으로 불행한 일입니다. 자신을 위해서 불행한 일입니다. 또 한 가지, 존경하는 사람이 있어야 됩니다. 남편도 존경하고, 아내도 존경하고, 심지어는 자식도 존경하고, 부모님을 존경하고,

주변에 있는 모든 사람들을 존경하며 산다는 그런 분이 눈에 보입니다. '아, 내 주위에 존경할 어른들이 많다' 하는 사람은 참 행복한 사람인데 '아무리 봐도 없다. 위를 보나 밑을 보나 다 죽일놈뿐이다' 하는 이런 사람은 참으로 불행한 사람입니다. 참으로 자신이 불행한 사람입니다. 자신이 얼마나 병들었는지를 모르고 있는 것입니다. 참으로 병든 사람입니다. 또, 존경하는 관계 속에 살아야 합니다. 남편을 존경하면서 사는 것과 억지로 사는 것은 다릅니다. 헤어지지 못해서 사는 것과 죽지못해 사는 것은 딱한 일입니다. 어떻습니까? 남편도 아내도 존경하고보면 그렇게 편할 수가 없습니다. 존경하면 잔소리가 없어집니다. 물을 것도 없지 않습니까. '그럴만하기에 그렇겠지.' 얼마나 편합니까. 그런데 그저 박박 긁습니다. 존경이 없기 때문입니다. 신뢰가 안가기 때문입니다. 얼마나 불행합니까. 누가 실수를 했습니까? 그것을 두고 '또 실수했구나, 또 터졌구나, 내 그럴 줄 알았어' 합니다. 이것 참 불행한 심사입니다. '그럴 수밖에 없었다'고 생각하는 사람이 있습니다. 남의 실수를 볼 때 '그래. 나였대도 그럴 수밖에 없었을 게야. 아니, 내가 그 처지였다면 나는 더 잘못했을 게야' 라고 생각하는 사람, 이 사람이 사람을 존경할 줄 아는 사람입니다. 비록 저 사람이 실수를 했지마는 나보다 더 훌륭한 데가 있는 사람이다, 내가 그 처지였더라면 나는 더 형편없었을 것이다—이렇게만 생각이 될 때 이 사람은 존경하는 마음이 있는 사람입니다. 행복한 사람입니다. 이 겸손, 이 자세가 그의 인격을 높여주는 것입니다. 존경할 자가 없다는 사람, 불행합니다. 존경하는 마음을 잃어버리고 사는 사람, 참으로 불행한 사람입니다. 어떤 부인이 어지간히 어려운 가운데서도 남편을 잘 돌보고 잘 섬기면서 살아가고 있습니다. 심방을 갔다가 제가 한번 물어보았습니다. "남편이 지금도 그렇게 술을 많이 하십니까?" "그렇죠, 뭐." "그래, 어떻게 그렇게 평안하게 오늘까지 살아왔습니까?" 그분 대답이 이러하였습니다. "성경에 있잖아요. 원수를 사랑하라고…" 이것 보십시오. 남편을 원수 사랑하는 마음으로 사랑하는 것입니다. 사랑은 사랑입니다마는 존경이 없는 사랑입니다. 그것은 불행입니다. 피차 못할짓입니다. 그런데 그 원인이 상대방에게 있는 것은 아닙니다. 원인이 나 자신에게 있다는 것을 알아야 합니다. 내 마음이 교만하기 때문입니다. 존경을 잃어버린 것입니다. 예수님께서 비유로 말씀하신 것 가운데 바리새인의 기도가 있습니다(눅 18:10-12). 바리새인은 '의로운' 사람입니다. 일주일에 두 번씩 금식하고, 십일조를 바치고, 종교적으로 깨끗하게, 정결하게 사는 사람입니다. 그러나 예수님께서 그를 죄인이라고 정죄하십니다. 왜입니까? 그는 사람을 멸시했습니다. 바리새인과 세리가 성전에 올라가 기도를 하는데 바리새인은 서서 따로 이렇게 기도합니다. "하나님이여 나는… 이 세리와도 같지 아니함을 감사하나이다." 예수님의 논리는 이렇습니다. 외형적으로는 분명히 바리새인이 의인입니다마는 그에게 존경이 없습니다. 그것은 살인도 아니요, 간음도 아니요, 도적질도 아닙니다. 사람을 멸시하는 죄가 있는 것입니다. 이 죄는 사하심받을 수가 없습니다. 사람을 존경하지 않는 것, 어느 사이에 존경할 수 없게 되어버린 것, 이것이 내 성품 속에 있는 무서운 죄라는 것을 알아야 합니다.

오늘성경말씀에 사랑하라―아가파테, 라고 말씀합니다. 그 사랑을 세 단계로 잘 분석하여 말씀하고 있습니다. '필라델피아'―이것은 친구사랑입니다. '필로스토르게'―'스토르게'는 혈연관계로

서의 사랑입니다. 이것을 우애라고 번역하였습니다. 그래서 형제사랑, 그 다음에 우애, 그리고 '티마 알렐루스' — '티마' 란 공경하는 것입니다. 어느 사람을 불쌍히 여기는 사랑이 아닙니다. 형제처럼 친하게 여기는 것도 아닙니다. 이제는 높이는 사랑입니다. 불쌍한 사람에게 떡을 주거나 돈 좀 주는 것—우리 충분히 할 수 있습니다. 그러나 이것가지고는 사랑이라고 볼 수가 없습니다. 참사랑은 높이는 사랑입니다. 하향의 사랑이 아니라 높일 줄 아는 사랑, 사람을 높이 사랑하는 그런 사랑의 질을 배워야 하는 것입니다. 전설에 이야기합니다. 예수님께서 어떤 날 열두 제자를 데리시고 높은 산에 올라가십니다. 더운 날이었습니다. 올라가시기 전에 제자들 보고 말씀하십니다. "손에 들 수 있을 정도로 큰 돌 하나씩을 들고 산을 올라가자." 이 무슨 뜻인지 제자들은 알 턱이 없습니다. 베드로는 그저 존경하는 분의 말씀이니까 그 중 제일 큰 돌을 들머지고 땀을 뻘뻘 흘리며 올라갑니다. 다른 제자들도 조그마한 돌들을 들고 올라가는데 가룟 유다는 들고 올라가다가 무거우니까 다른 돌로 바꾸고 또 바꾸고 하다가 마지막에 자갈돌같은 것 하나 주머니에 달랑 넣고 어차피 가지고 가라 하셨으니 가지고는 간 것입니다. 다 올라간 다음에 아무 말씀도 없으신 예수님께서 "다같이 기도하자. 식사기도 하자. 지금 들고 온 돌들이 다 떡이 되기를 바라노라." 그러셨습니다. 이래서 베드로는 큰 떡을 가지게 되었는데 가룟 유다는 딱하게 되고 말았습니다. 여러분, 존경하는 자의 말씀을 비판하지 마십시오. 그 인격에 대해서 묻지 마십시오. 존경으로 그만입니다. 여기에는 질문이 있을 수 없고 비판도 있을 수 없습니다. 그저 가라면 가고, 오라면 오고, 일이 있으면 그런가보다, 하고 존경에 변함이 없습니다. 존경은 절대적인 것입니다. 여기에 신뢰가 있고, 여기에 순종이 있고, 여기에 무한한 자유가 있고 평안이 있는 것입니다.

모름지기 그리스도 안에서 존경하여야 합니다. 오늘성경은 말씀합니다. 존경하라고. 서로 존경하라고. 누구는 존경받고, 누구는 존경하고, 하는 것이 아닙니다. 서로 존경하라, 그리고 먼저 존경하라, 합니다. 효자가 효자를 낳는 것입니다. 내가 효도하지 않았는데 자식이 내게 효도할 것입니까. 내가 존경하지 않았는데 내가 존경받을 것입니까. 한평생 존경하는 마음으로 사람을 높이면서 살아보십시오. 이제 모든 사람이 나를 존경하는 것을 느끼게 될 것입니다. 존경하라, 서로 존경하라, 그리고 먼저 존경하라, 합니다. 여기에 참평안의 길이 있기 때문입니다. △

나의 평안을 주노라

내가 아직 너희와 함께 있어서 이 말을 너희에게
하였거니와 보혜사 곧 아버지께서 내 이름으로 보내
실 성령 그가 너희에게 모든 것을 가르치시고 내가
너희에게 말한 모든 것을 생각나게 하시리라 평안을
너희에게 끼치노니 곧 나의 평안을 너희에게 주노라
내가 너희에게 주는 것은 세상이 수는 것같지 아니하
니라 너희는 마음에 근심도 말고 두려워하지도 말라
내가 갔다가 너희에게로 온다 하는 말을 너희가 들었
나니 나를 사랑하였더면 나의 아버지께로 감을 기뻐
하였으리라 아버지는 나보다 크심이니라 이제 일이
이루기 전에 너희에게 말한 것은 일이 이룰 때에 나
희로 믿게 하려 함이라 이후에는 내가 너희와 말을
많이 하지 아니하리니 이 세상 임금이 오겠음이라 그
러나 저는 내게 관계할 것이 없으니 오직 내가 아버
지를 사랑하는 것과 아버지의 명하신 대로 행하는 것
을 세상으로 알게 하려 함이로라 일어나라 여기를 떠
나자 하시니라

(요한복음 14 : 25 - 31)

나의 평안을 주노라

2000년을 두 달 앞둔 시점에서 발간된 「뉴스위크」지에 커버 스토리로 나온 이야기가 있습니다. '묵시록의 예언' 이라는 큰 제목을 커버에 내놓고 있습니다. 요새와서 여러분은 전에 못듣던 말 하나를 늘 듣게 될 것입니다. '밀레니엄' 이라고 하는 말입니다. '뉴 밀레니엄(New Millennium)' —이런 말을 듣게 됩니다. 밀레니엄이란 라틴어에서 비롯된 말로 '천년' 이라고 하는 뜻입니다. 그래서 새 천년을 '뉴 밀레니엄' 이라고 말합니다. 이 새 천년을 앞두고 성경이 말씀하는 종말에 대해서 일반인들이 알아들을 만큼 논리 정연하게 설명한 기사였습니다. 이 글을 쓴 안네 언더우드는 재미있는 말로 이야기를 시작합니다. '2000년 1월 1일 0시 1분에 종말이 찾아온다고 진지하게 믿는 사람은 거의 없다.' 그렇습니다. 2000년이 끝나는 시간에 세상이 다 끝나는 것으로, 그렇게 믿는 사람은 거의 없습니다. 그러나 적어도 미국시민을 상대로 할 때 미국시민의 40%가 '세상이 언젠가는…' 합니다. 그 점이 중요합니다. 언제인지는 모르지만 그 언젠가는 요한계시록에서 예언한대로 아마겟돈전쟁(계 16:14~)과 함께 세상이 끝날 것이다—그렇게 믿고 있다는 것입니다. 그 아마겟돈전쟁의 성격, 그것을 분석해보면 그것은 세상 끝에 이루어지는 것이요 예루살렘 중심으로 이루어지는 것이요 다음 세대, 신천신지가 이루어지기 직전에 이루어지는 역사의 종말을 말해주는 것입니다. 그래서 이 사건을 믿는 많은 사람들이 적어도 내년에는 예루살렘에서 종말을 맞이하고 그 언제인지는 모르지만 새 시대를 맞이하고 싶다 해서 예루살렘으로 모여드는데, 이스라엘사람들이 예측하는대로는 적어도 300만 명 이상이 예루살렘에 모일 것이라고 생각해서 지금 이스라엘정부는 이들을 맞이하려고 백방으로 준비를 한다고 합니다. 더욱 재미있는 것은 예수님께서 승천하실 때 감람산에서 승천하시는데 그때에 들려진 음성은 이것입니다. "본 대로 다시 오리라." 그래서 지금 감람산 그 현지에 기독교인 100명이 들어가서 집을 짓고 거기서 산다고 합니다. 거기서 주님을 맞이하고 싶다는 것입니다. 이 모든 일로 인해서 소위 '밀레니엄 포비아(phobia)' 라고 하는 말이 나오고 있습니다. '포비아'는 '공포증'을 뜻하는 말입니다. 새 천년에 대한 공포증입니다. 그 공포로 지금 온세상이 꽉 차 있습니다. 이제 안네 언더우드는 결론을 내립니다. 우리는 늘 듣던 이야기입니다마는 일반인들이 들을 때는 새로운 것입니다. 두 가지 결론이 있습니다. 하나는, 죄인들이 하나님을 두려워할 때가 됐다, 천지를 창조하시고 은혜로 인도하신 하나님께서 이제 다음단계는 심판으로 역사하신다, 하는 것입니다. 세우시는 하나님이 아니라 파괴하시는 하나님, 진멸하시는 하나님, 그런 공포의 하나님으로 나타나시게 될 것이다—그래서 밀레니엄 포비아입니다. 또하나는 이것입니다. 의인은 하나님의 품속에서 평안을 누릴 것을 생각하며 소망을 가지게 될 것이다, 하는 것입니다. 역설적입니다. 성경진리가 언제나 그렇습니다. 복음적 진리가 언제나 그렇습니다. 복음이 언제나 양면성을 가지고 있습니다. 이 복음에 심판적 요소가 있음을 알아야 합니다. 복음을 믿는 자에게 구원, 복음을 거역하는 자에게 심판입니다. 복음이 많이 혹은 정확하게 들려지면 들려지는 만큼 심판은 더욱 더 확실해지는 것입니다. 불가피하게 되는 것입니다. 이 역설적 진리를 우리가 잊어서는 안됩니다. 종교적이요 개인적이요 구원론적인 종말을 우리는 새 천년과 함께 내다보게 됩니다. 이 엄청난 사건을 앞에 놓고 우리는 예수님의 마음으로 돌아가서 우리가 어떤 자세로 새 천년을 맞이할 것인가, 준비하여야 할 것입니다.

예수님께서는 오늘본문에 나타난대로 며칠도 아닌 바로 몇시간 후에 십자가가 다가오는 것을 잘 알고 계십니다. 그것이 무엇을 의미하는지 다 알고 계십니다. 바짝바짝 다가오는 십자가를 바라보시면서 예수님께서는 평화를 말씀하십니다. 헬라어로는 '에이레네'라고 하고 히브리말로는 '샬롬'입니다. 십자가 직전에 예수님께서는 샬롬을 말씀하고 계십니다. 놀라운 일이 아닙니까. 평화라고 하면 역사적으로 철학적으로 많은 사람들이 두 가지 개념을 생각해왔습니다. 두 패러다임에서 벗어나지를 않습니다. 그 하나가 '팍스(Pax)'입니다. 로마사람들이 지향했던 팍스, 이것은 온인류가 지향하는 평화입니다. 물질적이요 상대적이요 때로는 순간적이고 권력지향적입니다. 힘에 의해서 이루어지는 것입니다. 경제력, 정치력에 의해서, 때로는 군사력에 의해서 이루어지는, 힘에 의한 평화입니다. 그 힘 앞에서 모두가 조용하기 때문입니다. 공동묘지같은 평화입니다. 이것이 팍스입니다. 강한 힘 앞에, 강한 권력 앞에 모두가 숨을 죽입니다. 이것이 참평화입니까. 어쨌든 인간들은 팍스를 지향해서 오늘까지 몸부림쳐왔습니다.

또하나는 에이레네입니다. 성경이 말씀하는 평화, 샬롬입니다. 이것은 지극히 영적이요 종교적이요, 특별히 개인적입니다. 마음 깊은 곳에서부터 이루어지는 평화를 말합니다. 이것이 성경이 말씀하는 평화입니다. 예수님께서 오늘 이렇게 말씀하십니다. '내가 너희에게 주는 평안은 세상이 주는 것과 다르다.' 그 다르다는 것을 잊지 말아야 합니다. 이 다르다는 것을 이해하면서부터 출발하여야 됩니다. 우리는 종종 예수님께서 주시는 평화와 세상이 주는 평화를 하나로 만들어보려 하고 하나되기를 소원하지마는 이는 큰 착각입니다. '내가 주는 평화는 세상이 주는 것과 다르다' 하십니다. 이것을 잊지 말아야 합니다. 세상은 불신으로 가득합니다. 그래서 평안이 없습니다. 믿을 수 없어서입니다. 믿지 못하는 것은 교만하기 때문입니다. 아무도 믿을 수가 없습니다. 우리, 다 지내보았지 않습니까. 정치, 권력, 경제, 재산, 손에 쥐고 있는 증권…믿을 것이 있습니까. 나 자신을 내가 못믿는데 누구를 믿습니까. 이 세상에 평안이 없는 이유는 결국 믿음이 없기 때문입니다. 우리는 지금 크게 걱정을 합니다. 온국민이 정치를 믿을 수가 없습니다. 정권을 믿을 수가 없습니다. 그 누구도 믿을 수가 없습니다. 이것이 크나큰 문제입니다. 믿지 못하면 평안하지 못합니다. 불안합니다. 우리 모두의 마음이 불안합니다. 그 무엇도 알 수가 없기 때문입니다. 미래에 대해서 알 수 없고 과거에 대해서도 알 수 없습니다. 뭐, 지난날에 잘못된 것을 한번 바로잡아보겠다고해서 청문회도 해보고 검사도 해보고 특별검사도 하고 특특검사도 했다는데, 안됩니다. 알 수 없는 것입니다. 오리무중입니다. 점점 더 모를 일만 가득합니다. 하나님 외에 아무것도 누구도 모릅니다. 알 수 없습니다. 불확실합니다. 그런고로 우리의 마음은 불안합니다. 그렇지 않습니까? 여러분, 병든 이성의 판단은 항상 병적입니다. 우리 이성 자체가, 판단의 그 기본능력 자체가 병들어 있기 때문에 이제는 아무것도 알 수 없게 되었습니다. 그런고로 불안합니다. 또한 불만이 많습니다. 소유할 수 없기 때문에… 여러분, 그렇게도 애써서 모아놓은 재산 그렇게 홀랑 날아갈 줄 몰랐지요. 가질 수 없습니다. 뭐, 권력이고 지혜고 지식이고 가졌다 해보아도 아무것도 남아나지 않습니다. 저는 가끔 이런 분들을 만날 때 참으로 안타깝고 괴롭습니다. 잠시 괴롭게 생각합니다. 그렇게 총명하고 그렇게 머리가 좋고 아주 '천재' 소리를 많이 들었는데 이크, 어느 시간에 약간, 약간 잘못되고나니까 멍청해지는데, 참 이럴 수가 없다 싶습니다. 그 많은 시간 공부하고 그 많은 시간 그렇게 많은 책도 쓰고 총명하던 분이 이렇게 멍청한 바보가 될 수밖에 없다니 이럴 수가 있습니까. 되는 것이 없습니다. 잡을 것이 없습니다. 소유한 것도 없습니다. 이래서 불만이 많습니다. 잡을 수 없는 것을 잡으려고 했습니다. 가질 수 없는 것을 가진다고 생각했습니다. 내것이 될 수 없는 것을 내것이라고 착각을 했습니다. 끝없는 욕심의 노예가 된 채로 그 많은 세월을 보냈습니다. 그런고로 우리마음에 평안이 없습니다.

케이체프 노이드라고 하는 심리학자가 재미있는 것을 우리에게 일러주고 있습니다. 사람들은 여섯 가지 감옥에, 보이지 않는 감옥에 갇혀 있는데 이 감옥으로부터 탈옥하기 전에는 그 누구도 평안할 수 없다, 하였습니다. 첫째감옥은 자기만이 예쁘다고 생각하는 자기도취의 감옥입니다. 이른바 공주병같은 것입니다. 나만 잘난 것같습니다. 나만 예쁜 것같습니다. 한번 이렇게 미치면 이것도 구제불능입니다. 자기도취의 감옥입니다. 둘째는, 다른 사람의 나쁜 점만 자꾸 생각하게 되는 비판의 감옥입니다. 이것도 못말리는 것입니다. 많은 장점은 보지 못하고 꼭 단점만 봅니다. 심지어는 자기가 위해서 보살피고 키우는 자녀들까지도 그 장점 많은데 하나도 보이지 않습니다. 꼭 나쁜 점만 보고 그것만 지적하고 그것만 생각하면서 괴로워하는 이것 또한 비판이라고 하는 감옥입니다. 셋째, 오늘, 내일, 항상 세상을 암담하게만 보는 절망의 감옥입니다. 이것도 고치지 못하는 병입니다. 하나님의 능력 아니고는 여기서 벗어날 길이 없습니다. 만사를 꼭 부정적으로 보고 절망적으로만 보는 사람, 끝도 없이 그렇게만 보는 이것 또한 감옥입니다. 그런가하면 넷째는, 옛날만을 황금시대로 생각하는 과거지향적 성향이 또한 감옥입니다. 그의 의식에는 항상 오늘은 나쁘고 어제는 좋았습니다. 알고보면 사실은 어제도 죽을지경이었습니다. 그런데도 불구하고 옛날은 다 좋았다고만 생각하는 이것도 못고치는 병입니다. 다섯째는, 다른 사람의 것만 무조건 좋게 보는 선망의 감옥입니다. 내가 가진 것은 좋지 않고 남이 가진 것은 다 좋은 것입니다. 남의 것은 다 좋게만 보이는 이것도 무서운 정신적 감옥입니다. 여섯째는, 다른 사람이 잘되는 것을 도저히 그냥 보아넘기지 못하는 증오와 질투 시기의 감옥입니다. 무서운 감옥입니다. 자, 이런 여섯 가지 감옥에 매여 있는 동안은 절대로 평안하지 못하다, 하는 것입니다. 그로부터 완전히 자유할 때 비로소 평안할 수 있습니다. 그런 것에 매이는 것, 이 세상이 주는 평안입니다. 평안할 수 없는 평안입니다. 그러나 그로부터 온전한 자유를 얻을 때 거기에 참평안이 있다, 하는 말입니다.

오늘 주시는 예수님의 말씀 가운데 우리의 가슴을 뜨겁게 하는 요절이 있습니다. 예수님 앞에 지금 십자가가 다가옵니다. 이 사실을 비유로 이렇게 말씀하십니다. "이 세상 임금이 오겠음이라(30절)." 이 세상 권력이 내게 오겠다, 하십니다. 이제 가야바가 있고 빌라도가 있고 로마군대가 있고 십자가의 죽음이 있습니다. 이 확실한 사건을 총칭해서 세상권력이 내게로 오고 있다, 하셨습니다. 예수님 말씀 보십시오. "그러나 저는 내게 관계할 것이 없으니"하십니다. 저는 내게 관계할 것이 없으니—너희가 아무리 나를 재판하고 나를 아무리 죽여도 나와 아무 상관 없다, 다만 오히려 이것을 통해서 내가 아버지의 명하신대로 행하는 것과 내가 아버지를 사랑한다는 것을 드러내게 하려 함이라, 하십니다. 그런 사건일 뿐이다, 하십니다. 아, 놀랍습니다. 아주 초연하십니다. "조금 있으면(너희가) 나를 보지 못하겠고 또 조금 있으면 나를 보리라(요 16:17)." 어찌 이다지도 태연하실 수 있습니까. 이렇게 평안하실 수 있습니까. 예수님의 평안입니다. 이제 주님 말씀하십니다. "나의 평안을 너희에게 주노라." 또 요한복음 16장 32절에 말씀하십니다. "너희가 다 각각 제 곳으로 흩어지고 나를 혼자 둘 때가 오나니 벌써 왔도다 그러나 내가 혼자 있는 것이 아니라 아버지께서 나와 함께 계시느니라." "아버지께서 나와 함께"—평안하십니다. 33절에 다시 말씀하십니다. "내가 세상을 이기었노라." 이미 이겨버리셨습니다. 그 마음 속에서, 그 생각 속에서, 철학 속에서, 믿음 속에서 다 해결하시고 다 이겨버리셨습니다. 승리해놓으시고 나머지 일을 초연하게 처리하여나가시는 것입니다. 이것이 예수님의 마음에 있었던 평안입니다. 놀라운 평안입니다. 이제 말씀하십니다. "나의 평안을 너희에게 주노라." 어떻게 이 평안을 받아들일 수 있겠습니까. 어떻게 그 주시는 평안을 내것으로 삼을 수 있겠습니까. 예수님의 평안의 뜻을 잘 알아야 합니다. 예수님께서 무엇을 생각하고 계시며 무엇을 말씀하고 계시는지를 잘 알아야 됩니다. 여러분, 이 성경말씀을 비롯해서 예수님의 사건을 자세히 읽고 명상하고 또 읽고 명상하면서 예수님의 마음속에 있었던 그 깊은 평안함, 그 엄청난 평안을, 그 위대한 평안을 이해하여야 됩니다. 놀랍습니다. 깨달아야 하겠습니다. 알아야 하겠습니다. 이 안다는 것이 바로 그 평안에 함께하는 것을 말하는 것입니다. 세상이 하도 어수선하니까 가끔 저를 보고 묻는 분들이 있습니다. "앞으로 어떻게 될까요?" "정치가 어떻게 될까요?" "경제가 어떻게 될까요?" 다행히 나더러 "증권이 오를까요 내릴까요?"라고는 묻지 않습니다. 모를 것같은가보지요. 꼭 물어봐요. "어떻게 될까요?" 저는 늘 대답하는 내용이 있습니다. "우리 할 탓이지요." 내가 어떻게 할 것인가는 생각지 않고 세상이 어떻게 될까요, 하다니요. 내 탓인데. 우리가 진실하고 우리가 의롭고 우리가 하나님께 회개하고 재를 무릅쓰고 주님 앞에 돌아올 때 거기서 바로되는 것입니다. 우리자신이 정직함을 찾아야 하는 것입니다. 그래야 바로되는 것입니다. 나는 이 모양 이대로 두고 세상만 달라지기를 바랍니까. 달라질 것 없습니다. 망할 짓만 하면서 망하지 않기를 바랍니까. 꼭 죽을 짓만 하면서 죽지 않기를 바란다는 것입니까. 그렇다면 그것은 미신입니다. 이것을 분명히 알아야 합니다. 우리 할 탓입니다. 주님 말씀하십니다. "나의 평안을 너희에게 주노라." 그 평안의 뜻을 우리가 잘 알아야 됩니다. 깊이 깨달아야 됩니다. 그리고 믿어야 됩니다. 믿음으로 받아들여야 됩니다. 주님의 말씀을 믿어야 됩니다. 예언의 말씀을 믿어야 됩니다. 주님의 약속을 믿고 그 약속에 합당한 오늘을 내가 살아야 됩니다. 어떤 아버지가 장마철을 앞두고 2층집 지붕에 기와가 몇장 깨진 것을 알고 이걸 고치려고 긴 사다리를 놓고 지붕으로 올라갔습니다. 초등학교 다니는 어린 아들이 이를 보고 있는데 아주 재미있어보이거든요. 그래 아버지 보고 "아버지, 나도 이 사다리를 타고 올라가게 해주세요"합니다. 아버지는 사다리를 딱 붙들고 "그래, 올라오너라. 다만 올라올 때 절대로 내려다보지는 마라. 나만 쳐다보아라, 나만." 이 철없는 아이는 정말 아버지만 쳐다보고 겁없이 한 계단 한 계단 막 올라갑니다. 그렇게 중간쯤 올라갔을 때 문득 아래를 내려다보았습니다. 그만 다리가 후들후들 떨리고 현기증이 나고, 정신이 없어졌습니다. 울먹거리면서 어떻게 할 바를 모르는 것입니다. 아버지는 큰 소리로 말합니다. "이놈아, 아래를 보지 말라 하지 않더냐. 나만 보아라. 내 눈동자를 보아라. 내 얼굴을 보아라." 아이는 아버지를 딱 쳐다보았습니다. 곁눈팔지 않고 그대로 올라갔습니다. 아주 잘 올라갔습니다. 아버지가 아이를 손잡아 거두었습니다. 여러분, 중요한 상징적 의미가 이 이야기에 있습니다. 세상이 곤두박질하든 변하든, 뉴 밀레니엄이 오든 올드 밀레니엄이 오든 상관할 것 없습니다. 그것은 나와 상관이 없습니다. 세상은 나와 상관이 없습니다. 오직 주님만 바라보기. 주님의 얼굴을 똑바로 쳐다보고 다시한번 걸음을 내딛을 것입니다.

또한 오늘말씀 잘 보면 이 말씀이 있습니다. "(너희가) 나를 사랑하였더면 나의 아버지께로 감을 기뻐하였으리라." 옳은 말씀입니다. 내가 사랑하면 사랑하는 자의 행동에 대해서 기뻐하는 것입니다. 사랑하는 자가 기뻐하는 것을 내가 기뻐할 수 있어야 합니다. 주님께서 기뻐하시는데 나는 왜 슬퍼하는 것입니까. 내가 주님을 사랑하면 이제 주님께서 하시는 일, 주님의 기쁨을 내가 같이 기뻐하게 되는 것입니다. 이 말씀을 문자그대로 번역하면 이렇게 됩니다. '너희가 나를 사랑한다면 내가 십자가 지는 것을 기뻐하리라.' 이 말씀입니다. 이것을 알아야 합니다. 또한 성령이 너희와 함께하리라, 하십니다. 성령이, 보혜사성령이 너희를 위로하고 내가 한 말을 생각나게 하고 내가 한 말을 믿게 하고 내가 한 말이 너희를 주장하게 할 것이다, 하십니다. 여러분, 이것을 잊지 말아야 합니다. 현대를 승리할 수 있는 길은 세 가지가 있습니다. 하나는 평안입니다. confidence입니다. 그래서 미래학자들은 말합니다. 다음세대에 성공할 사람은 행복한 사람이라고. 물리적인 힘 가지고는 안됩니다. 높은 정신적 창의력이 필요합니다. 그러기 위해서는 마음이 평안하여야 됩니다. 그래야 가진 능력을 다할 수 있기 때문입니다. 창의력을 발휘할 수 있기 때문입니다. 그런가하면 concentration, 집중력이 있어야 됩니다. 십자가를 바라보며 주님만 바라보며 집중적으로 임하는 것입니다. 요새 보니 학생들 가운데 컴퓨터 좋아해서 그것으로 뭘 한다고 하다가 시험 망치는 아이들이 있습디다. 왜 그렇습니까. 컴퓨터라는 것 맛들이고보면 너무 많은 정보를 접하게 됩니다, 너무 많은… 이게 재미있어가지고 여기 들어가보고 저기 들어가보고 하다가 시간 다 보내고 뻥하는 것입니다. 아무리 정보가 많아도 내가 가져야 될 것은 하나뿐입니다. 거기에 집중적으로 지향하여야 합니다. 그리고 신앙적 용기가 필요합니다. 과거로부터 벗어나는 용기, 주님의 뜻을 따르는 용기, 의를 위하여 희생하는 용기입니다. 오늘도 가만히 보면 정치적 상황을 보아도 용기들이 없습니다. 어떻게 해야 되는지 다 알고 있습니다. 뻔히 알면서도 용기가 없어서 행동을 취하지 못하는 것을 볼 때 가슴이 아픕니다. 용기가 어디로 간 것입니까, 도대체. 이걸 알아야 합니다. 오늘 주님의 말씀 보십시오. 주님께서는 하나님의 음성을 듣고 하나님의 뜻을 환하게 알고 영원한 세계를 지향하면서 그 마음속이 평안하십니다. 넉넉하십니다. 그러기에 원수를 사랑하실 수 있고 원수를 용서하실 수도 있습니다. 제자들의 배신을 참아내실 수도 있었습니다. 주님 말씀하십니다. "볼지어다 내가 세상 끝날까지 너희와 항상 함께 있으리라(마 28:20)." 이 말씀을 믿고 주 안에 거할 때 우리는 새로운 의미의 밝은 미래를 새로이 맞게 될 것입니다. △

이 사람의 믿음

빌립이 나다나엘을 찾아 이르되 모세가 율법에 기록하였고 여러 선지자가 기록한 그이를 우리가 만났으니 요셉의 아들 나사렛 예수니라 나다나엘이 가로되 나사렛에서 무슨 선한 것이 날 수 있느냐 빌립이 가로되 와 보라 하니라 예수께서 나다나엘이 자기에게 오는 것을 보시고 그를 가리켜 가라사대 보라 이는 참 이스라엘 사람이라 그 속에 간사한 것이 없도다 나다나엘이 가로되 어떻게 나를 아시나이까 예수께서 대답하여 가라사대 빌립이 너를 부르기 전에 네가 무화과나무 아래 있을 때에 보았노라 나다나엘이 대답하되 랍비여 당신은 하나님의 아들이시요 당신은 이스라엘의 임금이로소이다 예수께서 대답하여 가라사대 내가 너를 무화과나무 아래서 보았다 하므로 믿느냐 이보다 더 큰 일을 보리라 또 가라사대 진실로 진실로 너희에게 이르노니 하늘이 열리고 하나님의 사자들이 인자 위에 오르락내리락하는 것을 보리라 하시니라

(요한복음 1 : 45 - 51)

이 사람의 믿음

　　구약성경에 보면 창세기에 아브라함이라고 하는 사람이 나타납니다. 그의 생애를 간결하게 또 자세하게 설명해주고 있습니다. 창세기 12장에 보면 아브라함이 75세 때 하나님께서 아브라함을 부르십니다. 거기서부터 하나님의 선택받은 사람으로 그의 일생이 전개됩니다. 75세에 하나님께서 그를 부르시고 네 부모와 친척, 이 고향 갈대아 우르를 떠나라고 말씀하십니다. 떠나라! 이 명령을 받고 그는 갈 바를 알지 못하고 떠납니다. 떠나는 아브라함에게 두 가지 약속을 해주십니다. 그때까지 그에게는 자식이 없었습니다. 그런 그에게 하나님께서 말씀하십니다. 내가 네게 아들을 주겠다, 그 아들을 통해서 계계승승 번창하면서 큰 나라를 이룰 것이다, 라고 말씀하십니다. 또하나는 땅을 주시겠다, 땅의 기업을 주시겠다, 말씀하십니다. 이 두 가지, 아들을 주신다, 땅을 주신다, 하신 말씀은 신학적으로 매우 중요한 의미를 가집니다. 아들을 주신다는 것은 시간적인 축복이요 땅을 주신다는 것은 공간적인 축복입니다. 아주 상징적인 중요한 의미를 가진 이 두 가지 복을 아브라함에게 약속으로 주십니다. 이 약속은 미래적인 것입니다. 이 약속을 믿고 아브라함은 고향을 떠납니다. 정말 떠난 후에 하나님께서는 아브라함에게 땅을 주셨고 아브라함은 이제 땅을 얻었습니다. 그러나 지적도(地籍圖)도 없고 땅문서도 없습니다. 어쨌든 하나님께서는 아브라함에게 네가 지금 누운 이 땅, 네가 있는 이 땅을 너와 네 후손에게 준다, 말씀하셨습니다. 아브라함은 거기에 거처합니다. 그런데 하나님께서 주신 땅에 거하면 평안하고 풍년이 들어야 될 것이 아닙니까. 그러나 이상하게도 하나님께서 주시는 이 땅에 흉년이 들었습니다. 그는 이 땅을 끝까지 지키지를 못하고 애굽으로 피난을 갑니다. 식량을 구하러 가게 됩니다. 여기서 아브라함의 선택이 일단 실수가 됩니다. 이 실수를 두고 어떤 신학자들은 아브라함이 이렇게 함으로해서 그 후손이 뒷날 애굽에 가서 고생을 하는 일이 생겨야 했다고도 말합니다. 또 한 가지는, 자식을 주신다고 했는데 10년을 기다려도 자식이 태어나지를 않습니다. 늙어가는 나이 십년이라니 참 긴 시간입니다. 초조하여만 갑니다. 그래 그는 편법을 써서 이스마엘이라고 하는 서자를 얻게 됩니다(창 16장). 하나님께서는 이것을 책망하시면서 그것은 아니라, 하십니다. 이렇게 세월이 흐릅니다. 이제 창세기 17장에 이르러 보면 하나님께서 천사를 보내시어 아브라함에게 내년 이 때에 네가 아들을 낳으리라, 말씀하십니다. 아들을 낳으리라는 말씀을 처음 들은 지도 어느덧 25년이 됩니다. 내년이면 100세가 됩니다. 이 기막힌 시간에 이르러 하나님께서 내년에 아들을 낳으리라, 하십니다. 어떻습니까? 이렇게 말씀하실 때 "오 하나님, 할렐루야 아멘"하는 정도는 되어야 하는 것 아닙니까. 그러나 아브라함은 그럴 수 없었습니다. 사람상식으로야 자식을 보기에는 나이가 과했거든요. 아내가 진작에 단산한 것도 압니다. 그러하기에 창세기 17장 17절에 보면 아브라함이 엎드리어 웃었다고 말씀합니다. 아브라함이 엎드리어 웃었습니다. '이거 참 하나님 웃기시누만.' 이런 것이겠지요. 좋아서 웃은 것이 아닙니다. 믿을 수가 없어서, 기가차서 웃은 것입니다. 그리고 중얼거렸습니다. "백 세된 사람이 어찌 자식을 낳을까 사라는 구십 세니 어찌 생산하리요." 당연한 이야기지요. 나는 여기서 한 가지, 생각하고 싶은 것이 있습니다. 아들을 기다리면서도 아들

주신다는 이 말씀에, 더구나 "내년에"하고 시한부로까지 말씀하시는데 여기서 왜 "아멘"하지 못했느냐입니다. 아멘, 못하고 이렇게 웃고 있는 아브라함에 대하여 (외람된 말씀이지만) 나같았으면, 내가 하나님이었다면 "너 왜 그리도 믿음이 없느냐. 괘씸하니 약속 취소다" 하여버릴 것만 같습니다. 그러나 하나님께서는 그렇지 않으십니다. 아브라함의 그 나약함, 부족함을 다 이해하시고 '네가 웃었느니라. 그러나 아들은 낳을 것이다' 하십니다. 참 좋으신 하나님이요, 참 고마우신 하나님이십니다. 그 약속의 성취를 전적으로 믿고 받아들이지 못하는 아브라함의 그 허물을 하나님께서 다 덮어주셨습니다. 여기서 우리는 생각을 하여야 합니다. 항상 소원도 있고 기대가 있습니다. expectation, 대망이 있습니다. 그러나 이 약속이 현실적으로 나타나는 데 대해서 우리는 믿음이 없습니다. 구체화하고 역사적 사건으로 나타난다고 할 때 이것을 받아들이지 못하는 나약함이 우리에게 있습니다. 더구나 나를 통해서 역사하신다고 할 때, 허물 많고 부족한 나를 통하여 하나님의 뜻이 이루어진다고 할 때 그것을 그대로 수용하지 못하는 약점이 우리에게 있습니다. 문제는 우리에게 있습니다. 리버만(David J. Lieberman)이라고 하는 분이 요새 재미있는 책을 써서 세계적으로 베스트 셀러가 되고 있습니다. 전전 주일에 제가 브라질여행을 하면서 시간을 내어 이 책을 정독해보았습니다. 참 재미있는 책입니다. '나에게는 분명 문제가 있다' 하는 내용의 책입니다. 「Instant Analysis」라고 하는 책인데, 이 책 속에는 나에게 이러저러한 문제가 있다, 하고 일흔일곱 가지나 지적해놓았는데 가만히 생각하면 다 일리가 있습니다. 다 나와 관련이 있는 이야기입니다. 나를 향한 이야기입니다. 그 첫장에서 'Who me?' 하였습니다. 내가 누구냐—그리고 일흔일곱 가지를 들었는데 다 설명할 시간은 없으나 첫번째가 이렇습니다. 다른 사람이 실패할 때 은근히 나는 즐거워한다, 합니다. 그렇습니까, 안그렇습니까? 분명 이런 문제가 있는 것입니다. 또 마지막 일흔일곱 번째는 뭐냐하면 내가 틀렸다는 것을 번연히 알면서도 주장을 바꾸지 않는다—이것이 제목입니다. 잘못된 것을 알면서도 생각을 고치려고 하지 않는 이것입니다. 익숙한 것에 매여서 생각을 돌이키려 하지 않습니다. 이것은 망조입니다. 우리는 깊이 생각하여야 합니다. 우리는 늘 무엇을 소원합니다. 우리에게는 늘 소원이 있습니다. 그러면 소원을 현실화하여야 하는데 소원은 항상 소원 그대로 두려고 합니다. 결정적인 허물입니다. 나에게 문제 있는 것입니다. 이스라엘백성 보십시오. **Messianic Expectation**, 메시야 대망사상은 이스라엘신앙의 핵심입니다. 이스라엘믿음의 중심입니다. 예수님을 간절히 기다렸습니다. 메시야를 기다렸습니다. 그 장소와 시간, 생각하면서 기다렸습니다. 장소—베들레헴에 나실 것이라고 그들은 다 알고 있었습니다. 그래 어떤 사람들은 숫제 베들레헴에 가서 살았다 하지 않습니까. 그렇게나 간절히 기다렸으면서도 정작 메시야가 오셨다 하니까 안믿습니다.

이것이 인간의 결정적인 흠입니다. 그것도 예루살렘의 그 누가 그 이야기를 하는 것이 아니고 멀리서 동방박사가 찾아와 "유대인의 왕으로 나신 이가 어디 계시뇨"하고 물으니 저들은 성경 연구한 바 대로 베들레헴이라 대답하게 됩니다. 그렇게 대답해서 동방박사들은 베들레헴으로 가게 하는데 그 다음이야기가 너무도 궁금합니다. "온 예루살렘이 듣고 소동한지라"합니다(마 2:2-3). 메시야가 나셨다는데 소동했다고만 말씀하고 한 절이 빠졌습니다. 답답한 것은 그것입니다. 소동하고 수만 백성이 베들레헴으로 갔다—그렇게 기록되어야 하는 것 아니겠습니까. 왜 그 말씀이 없는 것입니까. 소동하기만 했지 베들레헴으로 간 사람이 하나도 없습니다. 엉뚱하게도 헤롯왕은 메시야가 나셨다는 말을 듣고 당장 그를 찾아 죽일 생각만 합니다. 예수께서 오시어 역사하실 때 보십시오. 모두가 예수를 메시야로 보고 있는데 당시의 종교지도자인 제사장, 서기관, 바리새인 같은 사람들은 끝내 예수를 영접하지 못하고 그들의 손으로 오히려 예수를 십자가에 못박아버립니다. 왜요? 현재에 안주하려고 해서입니다. 기득권을 양보하고 싶지 않아서입니다. 오늘 내가 가지고 있는 생각을 고치고 싶지 않은 것입니다. 메시야는 기다렸으면서도 오신 메시야는 영접하고 싶지 않은 것입니다. 이것이 모순입니다. 여기에 아이러니가 있는 것입니다. 신학적으로 설명하면 promise and fulfillment—약속이 있고 성취가 있습니다. 그런데 사람들은 약속은 약속 그대로 둔 채 소망하고 싶어합니다. 성취를 믿지 않습니다. 여기에 문제가 있는 것입니다. 약속은 성취되어야 하는 것입니다. 성취, 바로 거기에 신앙의 뿌리가 있습니다. 약속의 성취를 믿지 않는, 그리고 약속을 약속대로만, 마치 멀리 무지개 바라보듯 믿고 싶어하는 감상적이고 관념적인 신앙에 문제가 있는 것입니다.

오늘본문에 보는 나다나엘이라는 사람은 저러한 측면에서 보아 훌륭한 믿음을 가졌다고 하겠습니다. 이 사람의 믿음을 보십시오. 이 사람은 구약성경을 아는 사람이요 모세의 율법을 알고 성경을 통해서 메시야가 오시리라는 것까지도 알고 있는 사람입니다. 전이해(前理解)가 있고 상당한 지식이 있습니다. 그러나 오늘성경 자세히 보면 재미있는 대목이 하나 있습니다. 자기친구가 찾아와서 "내가 메시야를 만났다”했으면 “어디?” 묻고 “나사렛”이라 하면 “그래? 아, 감사하다. 우리마을에 메시야가 났다니…” 이렇게 받아들여야 마땅하거늘 이 사람의 반응은 그렇지를 않습니다. “나사렛에서 무슨 선한 것이 날 수 있느냐”하고 맙니다. 설사 선지자가 와도 우리동네에는 아니다, 이것입니다. 절대로 우리이웃일 수가 없다, 이렇게 일축해버립니다. 이 무슨 망발입니까. 이런 잘못된 지식이 그에게 있습니다. 그런데 일단은 부정하고 거부했습니다마는 그 친구가 말하기를 내가 만났다, 하고 “와보라”하니 따라나섭니다. 내가 공부한 것이 아니고 내가 발견한 것도 아니고 ‘내가 만나보았다’ 할 때 나다나엘은 지금까지 가졌던 성경적 지식, 자기편견, 자기의 전이해를 다 버리고, 논리적인 생각과 지식적 방법을 버리고 이 시간에 ‘만남’이라고 하는 방법으로 진리추구방법을 바꿉니다. 만남이란 종합적 인식입니다. 만나지 않는 데 문제가 많습니다. 일대일로 인격과 인격이 만날 때, 이것은 이론의 문제가 아닙니다. 모든 이론을 다 초월할 수 있습니다. 그래서 예수님 만나기 위해서 그가 예수님께로 옵니다. 재미있는 것은 이 온다고 하는 액션, 행동이 중요하다는 것입니다. 의심도 많고 생각도 많고 일단은 믿음이 가지 않습니다.

하지만 그는 예수님께로 나아옵니다. 행동입니다. 이 행동적 신앙, 적극적 신앙입니다. 또 있습니다. 나아오는 나다나엘을 예수님께서 보시고 “이는 참이스라엘사람이라”하십니다. 나다나엘이 예수님께 여쭙니다. “어떻게 나를 아시나이까?” 예수님 말씀하십니다. “네가 무화과나무 아래 있을 때에 보았노라.” 네가 나에게 오기 전에 내가 너를 먼저 보았다, 하시는 것입니다. 이 말씀 한마디에 나다나엘은 그만 꾸뻑하고 맙니다. “당신은 하나님의 아들이시요 당신은 이스라엘의 임금이로소이다." 이렇게 신앙을 고백하고 맙니다. 예수님의 그 한마디말씀이 왜 이렇게 중요한 것입니까. 경건한 이스라엘 사람은 당시에 하루 세 번씩 기도하였습니다. 아무리 바쁜 일을 하다가도 시간으로 말하면 9시, 12시, 3시, 이렇게 세 번만은 딱 멈추고 조용히 기도를 합니다. 나다나엘은 무화과나무 아래서 명상하며 성경을 상고하고 하나님 앞에 기도하는 그런 시간을 가졌던 것같습니다. 예수님께서 그 모습을 멀리서 벌써 보셨습니다. 저기에 경건한 사람이 있도다, 하셨습니다. 그리고 오늘 여기서 만나시는 것이거든요. 그러나 이제 보십시오. 이렇게 상정해보면 어떻게 되겠습니까. 예수님께서 말씀하시기를 '나다나엘아, 내가 너 술집에 앉아서 노닥거리는 것을 보았다' 하실 일이었으면 어떻게 되겠습니까. 그러면 이야기는 달라집니다. 나다나엘에게도 여러 가지 생활이 있습니다. 잠잘 때도 있고 밥먹을 때도 있고 죄지을 때도 있고… 예배드릴 때도 있고 기도할 때도 있고 잘못된 길로 갈 때도 있습니다. 그러나 그 생애 전부를 묻지 아니하시고 나다나엘로 말하면 경건의 절정, 피크인 그 시간, 가장 경건하고 가장 거룩한 그 시간을 예수님께서 보셨다는 것입니다. 나다나엘의 입장에서 보면 나의 진실을 알아주시고 나의 경건을 알아주시고 나의 이 부족한 믿음을 알아주시는 그 분에게 그만 감격하고 맙니다. 이것을 잊지 말아야 합니다. 나를 믿어주셨다는 것입니다. 나를 찾아주시고, 나를 이미 알고 계시다는 것입니다. 특별히 참이스라엘이라고 말씀하십니다. 나를 벌써 아시는 분에게 내가 신앙을 고백하게 됩니다. 여러분 아시는대로 이스라엘이라는 것은 야곱을 지칭합니다. 야곱은 복받을 수 없는 사람으로 복을 받은 사람입니다. 적극적이요, 축복을 가져갈만하고 한평생 축복을 위해서 노력한 그런 노력형입니다. 너는 진짜이스라엘이다, 라고 말씀하십니다. 적극적 신앙을 말씀하십니다. 여기서 이제 나다나엘은 고백합니다. '당신은 임금이십니다. 당신은 메시야십니다. 당신은 하나님의 아들이십니다.' 이제 그는 만족합니다. 이 한마디로 그는 완전히 그리스도의 사람이 되고 맙니다. 영국의 래클 경이라고 하는 분이 음악 하는 분인데 일 년에 한 번씩 헨델의 「메시야」곡을 연주했습니다. 한번은 「메시야」리허설을 하는 중에 이런 일이 있었습니다. 아시는대로 이 곡 중에 할렐루야합창곡이 아주 웅장하게 나오고 이어서 소프라노 아리아가 나옵니다. '내 주는 살아 계시고…' 하는 이 아리아를 소프라노 가수가 아주 잘 불렀습니다. 박자도 음정도 목소리도 훌륭했습니다. 모든 합창대원들이 잠시 이 아리아에 귀를 기울이고 감탄하는 중인데 돌연 래클 경이 지휘를 딱 멈추고 소프라노에게 묻습니다. "당신, 내 주는 살아계시다는 것을 믿소?" 소프라노는 깜짝놀라서 생각하더니 "예, 주님께서 살아계심을 믿습니다"하고 신앙을 새로이 고백한 다음에 다시 불렀습니다. 이렇게 다시 부를 때 모두들 얼마나 많은 감동을 받았는지 눈물로 그 아리아를 들을 수가 있었습니다.

　　성도 여러분, 크리스마스는 2천 년전 이야기를 두고 오늘 '기념식' 하는 것이 아닙니다. 내 주는 살아계십니다. 오늘 여기에 살아계셔서 나와 함께하십니다. 그분을 만나고 그분에게 신앙을 새롭게 고백하는 그것이 성탄의 기본입니다. 그 고백 속에서, 내 주는 살아계심을 내가 확증하는 가운데서 내가 새로워지는 것입니다. 소원은 있으되 성취는 믿지 않고, 믿는다 믿는다 하지마는 내 현실 속에, 내 구체적인 생활 속에 나와 함께하시는 약속의 성취를 믿는 그러한 믿음이 없고 항상 추상적이고 관념적인 데 문제가 있는 것입니다. 독일의 시인 릴케가 본래 믿음이 없는 사람이었습니다마는 중년에서부터 예수믿고 참 깊은 신앙의 사람이 되었습니다. 그의 시 중에 이런 구절이 있어서 소개합니다. '내 눈을 감겨주십시오, 그래도 나는 당신을 볼 수 있습니다. 내 귀를 막아주십시오, 그래도 나는 당신의 음성을 들을 수 있습니다. 발이 없을지라도 나는 당신께로 가고 있습니다.' 이것이 신앙인의 체험입니다. 재미있는 이야기가 있습니다. 어느날 나폴레옹황제가 부관 하나를 거느리고 어느 시골에 있는 조그마한 여관에서 하룻밤을 지내게 됩니다. 나폴레옹황제는 평민으로 변장을 하고 부관은 친구로 보이게 했습니다. 이렇게 둘이서 여관에서 하룻밤을 자게 되었습니다. 아침이 되어 식사를 잘 시켜서 한껏 좋은 식사를 했습니다. 식사끝에 웨이터가 14프랑이라고 하는 많은 돈 계산서를 가지고 왔습니다. 나폴레옹황제가 "음, 이 돈은 내가 내지"하면서 계산서를 받아들고 손을 주머니에 넣어보았는데 아뿔사 지갑을 가져오지 않았습니다. 돈주머니가 없습니다. 그래 당황하니까 옆에 있는 부관이 말합니다. "제가 내지요, 뭐." 그런데 그 사람도 주머니에 돈이 없습니다. 두 사람 다 돈이 없는 것입니다. 부관이 웨이터 보고 정중하게 말합니다. "대단히 죄송합니다마는 지금 두 사람 다 지갑을 가져오지 못했습니다. 정확하게 한 시간 후에 돈을 갖다드리겠습니다. 좀 이해해주십시오." 그랬더니 웨이터는 그런대로 사정을 이해해주는 것같은데 그 여관 주인이 나와가지고 야단야단하는 것입니다. 돈도 없는 사람들이 비싼 음식을 먹고 돌아다닌다고, 정신없는 놈들이라고 욕을 해대면서 당장 돈 내놓으라고 을러댑니다. 그래도 부관은 아주 정중하게 사과를 합니다. "한 시간 후에 꼭 갖다드리겠습니다." 웨이터가 가만히 본즉 두 사람에게 믿음이 갑니다. 그래 주인 보고 "보자하니 거짓말할 분들은 아닌 것같으니 이해하십시오"하다가 정 주인이 말을 안들으니까 이 웨이터가 자기 돈을 대신 냅니다. 14프랑을 주인한테 내고 "먼저 가십시오"하고 손님들을 보냈습니다. 한 시간 후에 부관이 다시 왔습니다. 돈을 내주고 주인 보고 하는 말이 "이 여관 얼마면 살 수 있겠소?"합니다. "이거 내가 얼마전에 3만 프랑 주고 샀는데요." "좋아요. 여기 3만 프랑 있소. 이 집 집문서를 내놓으시오." 그래 그 여관을 사가지고 그 자리에서 당장 웨이터에게 주었습니다. "이제부터 이 집은 당신것이오. 당신은 나를 믿어주었소. 그것으로 나는 이만큼 기뻤소." 부관은 이렇게 말했습니다.

여러분, 주께서 우리를 위하여 오십니다. 오셨습니다. 사랑하십니다. 믿어달라고 말씀하십니다. '임마누엘'을 믿어달라고 하십니다. 그런데 아무도 믿지를 않습니다. 믿는 자에게 하나님의 자녀가 되는 특권을 주십니다. 모든 편견, 고집 다 버리고 목적과 방법도 중심을 바꿔야 됩니다. 그리고 내 보좌를 그리스도께 양보하여야 됩니다. 그를 주(主)로, 그를 왕으로 모시고, 살아계신 그리스도를 믿을 때 하나님의 자녀 된 특권을 누리게 될 것입니다. △

복음적 역사의식

또한 너희가 이 시기를 알거니와 자다가 깰 때가
벌써 되었으니 이는 이제 우리의 구원이 처음 믿을
때보다 가까왔음이니라 밤이 깊고 낮이 가까왔으니
그러므로 우리가 어두움의 일을 벗고 빛의 갑옷을 입
자 낮에와 같이 단정히 행하고 방탕과 술 취하지 말
며 음란과 호색하지 말며 쟁투와 시기하지 말고 오직
주 예수 그리스도로 옷 입고 정욕을 위하여 육신의
일을 도모하지 말라

(로마서 13 : 11 - 14)

복음적 역사의식

그리스신화에 '레테(Léthe) 강 이야기'가 있습니다. 레테 강은 죽은 사람의 혼이 그 강물을 마시면 자기의 과거를 모두 잊어버린다고 하는 '망각의 강'입니다. 한 여인이 스틱스(Styx) 강에 이르러 이제 이 강을 건너 영원한 나라로 갈 참입니다. 스틱스 강은 저승가는 길 중도에 있다고 하는 강입니다. 뱃사공이 여인에게 말해줍니다. "이 강을 건너기 전에 레테의 물을 마시고 갈 것인지 마시지 아니하고 갈 것인지를 결정하여야 합니다." 여인은 물어봅니다. "그 물을 마시면 어떻게 되는 것입니까?" 뱃사공은 대답합니다. "그 물을 마시면 지난날의 괴로움을 말끔히 잊어버리게 됩니다." 여인은 눈을 반짝이고 반색을 합니다. "아! 그렇다면 어서 마셔야지요. 고통스러운 일, 괴로운 지난날은 말끔히 잊어버리고 싶어요." 그러자 뱃사공은 다시 한마디를 덧붙입니다. "그런데 생각해야 될 것이 한 가지 있습니다. 이 물을 마시면 동시에 기뻤던 일도 다 잊어버리게 된다는 것입니다." 순간 여인은 고민에 빠집니다. 아프고 괴로웠던 일 잊어버리고 싶지요. 그러나 동시에 기뻤던 일도 다 잊어버려야 한다는 데는 문제가 있는 것입니다. 여인은 한참 생각하고나더니 "마시지 않겠어요"하고 말합니다. 다 잊어버리고 몽롱한 가운데서 평안하기보다는 차라리 고민하면서, 고통을 느끼면서, 걱정하면서 행복한 편이 더 낫다는 것을 깨달았기 때문입니다.

여러분, 우리는 흔히 뭐든지 다 잊어버렸으면 좋겠다고들 쉽게 말합니다. 그러나 결코 잊어버린다고 해결이 나는 것은 아닙니다. 내 기억에서 없어진다고하여 사건이 없어지는 것은 아닙니다. 이제 우리는 한 해를 보내면서 무엇인가 고민할 것은 고민을 하여야 됩니다. 생각할 것은 생각을 하여야 밝은 미래가 있을 수 있는 것입니다. 아프고 괴롭고 쑤시지마는 그래도 생각하여야 할 것은 생각을 하여야 합니다. 어떤 일을 시작할 때나 혹은 일하는 도중에든가 혹은 있던 일을 마무리하려고 할 때 우리는 꼭 네 가지의 질문을 하게 되고 또 당연히 물어야 합니다. 첫째는 손익계산입니다. 무엇을 얻었으며 무엇을 잃었는가, 무엇을 얻을 것이며 무엇을 잃게 되겠는가, 하는 물음입니다. 깊이 생각하여야 됩니다. 백해무익한 것을 계속한다면 그 사람에게는 아무것도 기대할 것이 없습니다. 이를테면 담배피우는 사람이 그렇습니다. 자신에게도 나쁘고 남에게도 나쁘고, 아무리 들어보아도 백해무익하다고 하는데 그걸 못끊고 피우느라 이리저리 구박받고 쫓겨다니는 것을 봅니다. 참 딱하더라고요. 특히 공항에서는 이 사람들 요새 되게 구박받거든요. 비행기 안에서도 못피우게 하지요. 그래서 탐탐이 어떻게 좀 피워보려고 안달하는 것을 보면 안쓰럽기까지 합니다. 어쨌든 손익계산이 분명하여야 됩니다. 뻔히 손해나는 것을 알면서도 그 일을 지속하고 있는 사람은, 이런 사람은 구제불능입니다. 유익하다면 무엇이 유익한가, 오늘 유익할 것인가 내일 유익할 것인가, 먼 장래를 위해서 유익한 것이 무엇인가, 생각하면서 손익계산에 확실하여야 된다고 생각합니다. 둘째는 목적을 물어야 합니다. 무슨 일을 했든지간에 무엇을 위하여 한 것인지, 궁극적 목적이 무엇이었는지, 이제 다 지나고나서 결산하고 물어봅시다. 정말로 목적이 무엇이었는지를. 보면 간혹 교회 봉사하는 분들 가운데도 이런 분들이 있습니다. 봉사는 열심히 한 것처럼 되어 있는데 마지막에 보면 원망 불평입니다. 이제 나는 묻고 싶습니다. 도대체 누구를 위하여 한 일이었습니까? 당신의 일하는 목적이 무엇이었습니까? 여러분, 깊이 생각하여야 됩니다. 내가 정말로 무엇을 위하여, 누구를 위하여 그 일을 하여야 했던가, 목적을 재진단하여야 할 것입니다. 동시에 또 무엇이 잘못되었는지, 무엇이 잘되었는지를 알아야 합니다. 보아하면 대개 일이 잘되었을 때는 재수좋았다, 그래버립니다. 잘된 이유가 있는 것입니다. 잘된 이유를 확실히 알아야 그것을 지속할 수가 있겠는데, 잘된 이유에 대해서 깊은 연구가 없습니다. 그저 넘어가고맙니다. 그러니까 그 한 번에 끝나고 맙니다. 그런가하면 잘못되었다고 할 때는 이것은 깊이 반성하여야 됩니다. 아무리 괴롭고 아파도 잘못된 것은 잘못된 바를 알아야 됩니다. 무엇이 잘못된 것인지 알아야 합니다. 그런데 이 경우에는 또 '팔자다.' 그래버리거든요. 잘못을 인정하려고들지 않습니다. 잘못의 이유에 대해서 냉철한 판단이 없습니다. 그런고로 악순환은 계속되는 것입니다. 또 한 가지, 어디까지 왔는지를 생각하여야 합니다. 다시 말하면 시점을 이해하여야 됩니다. 과거는 현재로, 현재는 미래로 가고 있습니다. 시간은 계속 흘러가고 있습니다. 그러므로 내가 지금 어느 시점에 와 있는지를 알아야 한다는 것입니다. 잘 아시는대로, 그래서 일을 마무리해야 될 사람이 시작을 하겠다고 덤비면 그것을 주책이라고 하는 것입니다. 나이가 많이 들면 이제는 하던 일만 하거나 좀 줄여가면서 일을 해야 되는데 이제와서 뭘 한다, 뭘 한다, 하고 덤비면 그것은 지혜롭지 못한 사람의 생각입니다. 내가 이 시점에서 해야 할 일이 무엇인가, 지금 내게 주어진 이 '카이로스'는, 이 present time은, 이 시간은 나에게 뭘 말하고 있는가, 무엇을 요구하는가, 그것을 분명히 알아야 합니다. 그래 오늘성경말씀은 가르칩니다. "이 시기를 알거니와"—시기, '카이로스'입니다. '크로노스'가 아닙니다. 카이로스—주어진 시간, 이 시점의 의미를 바로 알라는 것입니다. 오늘이 어느 시점인지, 어떤 날인지, 이것을 모르면 안되는 것입니다. 우리 선교사님이 가서 수고하는 저 브라질 그 지역은 적도가 지나가는 곳입니다. 그래서 춘하추동이 따로 없고보니 사람들이 해 가는 것을 모른다고 합니다. 나이를 모르는 것입니다. 실제로 제 아내가 몇 살인지도 모른다고 합니다. 얼마쯤 먹었을 거요, 이러는 것입니다. 얼마쯤, about입니다. 그렇게 대답을 합니다. 나이를 물어보아야 대답이 없습니다. 얼마쯤 먹었을 거라고만 대답합니다. 어찌생각하면 그것도 편하겠습디다. 대충 알고 사니까요. 그러나 우리는 분명히 알아야 합니다. 이 시점, 내가 처한 시점에 대해서 확실하여야 됩니다.

오늘성경은 말씀합니다. "밤이 깊고 낮이 가까웠으니"—밤이 깊었다고 합니다. 지금 이 시점이 깊은 밤으로 치닫고 있다는 것입니다. 밤이 점점 깊어지고 있다, 그러면 내가 할 일이 무엇이냐입니다. 밤이 깊어진 것은 낮이 가까이 왔다는 것을 의미합니다. 밤은 아침을 예고하고 있는 것입니다. 낮은 밤을 예고하고 있는 것입니다. 그런고로 밤이 깊었다 하는 이 현실 속에서 밤만을 생각해서는 안됩니다. 밤에 젖어들어서 밤만 생각해서는 안되는 것입니다. 왜냐하면 이 밤은 지나가기 때문입니다. 아침을 향하여 점점 깊어지고 있기 때문입니다. 그 시점을 분명히 알아야 한다는 것입니다. 경제, 정치, 문화, 도덕… 그 모든 면에서 어두워졌습니다. 캄캄해집니다. 그러나 이 어두움이 무엇을 의미하느냐입니다. 경험하고야 깨닫는 사람은 어리석은 사람입니다. 경험하기 전에 알기 위해서 우리가 공부라는 것을 하지 않습니까. 공부라는 것이 무엇입니까? 다른 사람이 미리 경험한 것을 우리에게 전해주어서, 전수해주어서 내가 경험하기 전에 아는 것입니다. 시집가기 전에 시집살이를 알고, 결혼하기 전에 결혼을 알고, 죽기 전에 죽음을 아는 것, 그것이 지혜입니다. 왜 꼭 죽어야만 죽음을 알겠습니까. 죽을 때 가서야 죽음을 알겠습니까. 미리 알아야지요. 그런고로 밤이 깊었다, 할 때 우리의 의식까지 밤에 묶여서는 안된다는 것입니다. 캄캄한 밤에 살고 있어도 우리의 생각만은 벌써 저 앞에 가 있어야 합니다. 저 아침에 가 있어야 하는 것입니다. 그래서 아침이 오고 있음을 의식하여야 하는 것입니다. 밤이 깊었다—이 사실은 아침이 다가온다는 것을 의미합니다. 여러분은 이런 경험이 있는지 모르겠습니다. 온전히 한데서 하늘을 쳐다보고 밤을 지새워본 적이 있습니까? 남자들은 군대에 나가니까 이런 경험 있을 것입니다. 저는 군대나가서 보초설 때 꼬박 하늘을 쳐다보며 밤을 지새운 적이 많습니다. 이렇게 밤을 밖에서 지새워보면 아주 특별한 것을 경험할 수 있습니다. 초저녁에는 빛이 없어도 좀 훤합니다. 그러다가 점점 어두워집니다. 그래서 밤 세 시쯤 되면 아주 깜깜해지면서 전혀 별빛 하나도 보이지 않습니다. 그렇게 어두워졌다가 이윽고 저 동쪽에서 새벽별이 반짝 떠오르고 차츰 훤해지는 것을 볼 수 있습니다. 동녘하늘이 훤해지는 것, 얼마나 반갑고 신비로운지 모릅니다. 밤이 깊었다—이것은 아침이 가까워오고 있음을 의미합니다. 그래서 깊은 밤에서, 아직 밤인 때에, 점점 깊어만 가고 있는 이 밤에 우리는 저 아침을 생각하여야 하는 것입니다. 벌써 우리의 생각과 느낌도 거기에 가 있어야 하는 것입니다. 오늘의 삶에서 오늘만 생각하는 사람은 어리석은 사람입니다. 현실에 살면서 현실만 생각해서는 안되는 것입니다. 젊었다고 젊음만을 생각해서는 안됩니다. 모름지기 다음 스테이지, 다음 단계를 계속 생각하고 의식하여야 한다는 말씀입니다. 의식은 벌써 저 아침에 가 있어야 한다는 말씀입니다.

찰스 베어드라고 하는 유명한 역사학자가 있습니다. 세계적인 역사가인데, 어떤 분이 그에게 질문을 했습니다. "당신은 평생 역사를 연구하면서 역사연구를 통하여 무엇을 깨달았다고 생각하십니까?" 그는 간단하게 네 가지로 답해주었습니다. "첫째, 하나님께서 어떤 개인이나 국가를 심판하실 때, 혹은 멸망시키려고 하실 때는 권세욕으로 날뛰게 하시는 것을 보았습니다." 사실입니다. 개인이나 국가나 간에 교만하면 망하는 법입니다. 교만해지기 시작했으면 "아하, 끝났구나"—그렇게 볼 수 있다는 말입니다. 역사 속에서 깨달은 것입니다. 교만하면 망하는 법입니다. 잊지 말아야 합니다. 교만은 멸망의 선봉이기 때문입니다(잠 18:12). 둘째로, 하나님의 맷돌이라고 하는 것, 심판의 역사라고 하는 것은 아주 천천히 돌고 있기 때문에 때로는 돌지 않는 것도 같고 심판이 없는 것도 같은데, 그것이 아니라는 것입니다. 악과 선, 불의와 의를 아주 고르게, 세밀하게 골라주시고 심판하신다, 예외없이 그렇게 하신다, 절대 숨길 수가 없다, 하나님의 공의가 세밀하게 세밀하게 역사 속에 나타나고 있는 것을 볼 수 있다, 하였습니다. 셋째, 벌이 꽃 속에 들어가서 꿀을 빨아내는데 마치 강도질하는 것과도 같습니다. 이 꽃 저 꽃 다니면서 들어가 꿀을 빨아내는데, 허가도 받지 않고 남의 집에 들어가서 도적질하는 것과 같습니다. 그러나 이것은 묘한 진리가 됩니다. 결국 이렇게 벌이 이 꽃 저 꽃 옮겨다니면서 꽃의 술을 옮겨놓는 것입니다. 도적질하는 것같으나 벌은 꽃을 위해서 심부름하고 있는 것이 됩니다. 이 세상에는 악도 있고 도적질도 있고 강도도 있다, 포탈하는 일도 있고 침략도 많이 있는 것같지만 결국은 이 모든 일을 통해서 더 귀한 일, 더 큰 일들이 아름답게 이루어지고 있는 것을 봅니다. 전쟁과 재난, 엄청난 사건이지마는 이를 통해서 하나님께서는 참으로 위대한 일들을 이루셨습니다. 그것을 역사에서 보았노라, 라고 그는 말합니다. 또하나, 날이 점점 어두워지면 별빛도 보이지 않고 아주 어두워지고 말 것같지마는 그렇지 않다, 저 앞에 소망의 별이 나타나는 것을 보았노라, 다 망하는 것같은데 망하지 않는다, 소망의 별이 나타나는 것을 역사에서 보았노라―베어드는 이렇게 증거하고 있습니다.

그리스도인은 역사의 흐름에서 하나님의 음성을 듣고 하나님의 심판을 봅니다. 동시에 구원의 날이 가까워왔음을 봅니다. 전에보다 더 가까웠다, 구원의 날이―궁극적으로는 구원을 보는 것입니다. 구원을 의식하는 것입니다. 이 의식을 복음적 역사의식이라고 합니다. 심판 뒤에만 있는 것이 아닙니다. 심판과 함께 구원의 아침이 가까워오고 있습니다. 하나님의 질서, 하나님의 경륜, 하나님의 섭리, 오묘한 일들이 이루어지고 있는 것입니다. 마태복음 보면 24장, 25장에 예수님께서 말세에 대하여 계속 말씀하십니다. 끔찍한 이야기는 거기에 다 기록되어 있습니다. 지진과 전쟁과 재난, 형제간에 미워하고 아비가 자식을 죽이고 자식이 아비를 죽이고 하는 엄청난 혼란과 무질서와 고통, 이런 것들을 예수님께서 예고하고 계십니다. 그러나 예수님께서는 여기서 두 가지의 진리를 말씀하십니다. 이런 어려운 세대가 오겠다, 점점 더 어두워지겠다, 그러나 이를 통하여

복음이 전파되고 그제야 끝이 오리라, 하십니다(마 24:14). 그제야 끝이 오리라—이것이 예수님께서 말씀하시는 역사의식입니다. 여러분, 이것을 잊지 말아야 합니다. 때로 우리는 우리마음대로 되지 않는다고, 우리에게 안정이 없다고, 우리에게 평안이 없다고, 왜 이렇게 늘 세상은 흔들리고 있느냐고 생각하지마는 아닙니다. 하나님께서는 이 흔들리는 역사 속에서 당신의 구원의 역사를 이루십니다. 나는 가끔 이런 질문을 받습니다. "북한에 교인이 얼마나 있습니까?" "교회가 몇개나 있습니까?" "그 어려운 핍박 속에 교인이 있을까요?" 저는 그럴 때마다 대답합니다. "당신은 하나님의 살아계심을 믿습니까?" 하나님의 역사를 믿느냐고 묻습니다. 제가 때마다 다시 이야기하는 사실이 있습니다. 1950년 중국공산당이 교회를 다 문닫아버렸습니다. 중국에 있는 모든 교회를 다 문닫아버리고 창고로 사용했습니다. 그런데 1982년에, 이제쯤은 교회가 다 없어졌을 거라 생각하고 자신만만하게 하도 세계에서 말들을 하니까 교회문을 열어보았더니 놀랍게도 6천만 명의 교인이 있습니다. 지금은 1억 2천만이라고 합니다. 저도 지금 중국 방문해보면 놀랍습니다. 이 세상에 중국 만큼 복음의 문이 활짝 열린 곳도 없습니다. 예배당건물은 마음대로 지을 수가 없습니다. 그런데도 좌우간 땡볕 아래 마당에서 예배를 드리는데 3백 명 이상이 모여 있고 목사님도 아닌 어떤 분이 올라가서 설교를 하는데, 중국말로 하니까 나는 그가 무슨 말 하는지는 모르지만 좌우간 두 시간을 합디다, 두 시간. 그래도 한 사람의 동요도 없습니다, 그들의 마음이 얼마나 간절한지. 이것이 중국입니다. 공산주의 40년 동안에 무엇이 이루어진 것같습니까? 하나님께서 당신의 역사를 이루신 것입니다. 평안할 때, 마음대로 복음 전할 때,

교회가 마음대로 모일 때, 그런 때에는 3백만밖에 교인이 없었습니다. 핍박과 환난과 고통, 많은 고난 속에서 하나님께서는 당신의 역사를 이루신 것입니다. 이 사실을 보는 것이 복음적 역사의식입니다.

그리고, 오늘성경은 우리에게 이같은 귀한 말씀을 주고 있습니다. "낮에와 같이 단정히 행하고"—자, 저러한 밝은 아침이 오고 있기 때문에 낮에와 같이 단정히 행하라, 합니다. 밤입니다, 지금은. 지금은 밤이지만 이제 낮이 올 것이니, 아침이 다가오니 낮에와 같이 단정히 행하라, 어두운 가운데 젖어 있지 말라, 하는 것입니다. 여자분들 화장에 밤화장이 있고 낮화장이 있다고 합디다. 밤화장이라는 것은 좀더 야하게 하는 것인가봅니다. 뭐, 눈도 시커멓게 아이새도우 하고 작은 눈도 크게 보이게 하고 깊지 않은 눈도 깊게 만들고… 이렇게저렇게 재주를 부리는가봅니다. 누가 말리겠습니까마는 그러나 이것은 알아야 합니다. 밤화장은 밤에만 통하는 화장입니다. 어슴푸레한 촛불을 켜놓고 마주앉았을 때나 그 '거짓말'이 통하는 것입니다. 이 밤화장을 가지고 대낮에 햇빛 속으로 나가보십시오. 정신나간 여자라고 손가락질받는 것입니다. 아니그렇겠습니까? 이것을 우리는 알아야 합니다. 낮에 할 일이 있고 밤에 할 일이 있습니다. 밤의 일을 그대로 가지고, 밤의 그 모습으로 낮을 맞을 수는 없습니다. 아침을 맞을 수는 없는 것입니다. 그런고로 지금은 밤이지만 아침이 가까이 오고 있기 때문에, 아침이 오고 있으니까 우리는 낮에와 같이, 밤에 낮에와 같이 단정히 행하라, 하는 것입니다. 얼마나 귀한 말씀입니까. 지금 빛이 보이지는 않습니다. 그러나 빛을 보는 듯이, 밝은 햇빛 앞에 선 듯이 그렇게 행하라, 하는 말씀입니다.

미국이 낳은 유명한, 세계적인 목사님 조나단 에드워드는 다섯 가지 결심을 하고 한평생 지켜 살았다고 합니다. 첫째는, 목숨이 붙어 있는 한 전력을 다해서 주님의 뜻을 이룰 것이다, 둘째는, 다른 사람을 깎아내리거나 욕되게 하는 일은 절대로 하지 않는다, 셋째는, 앙갚음을 하거나 혹 분하다고해서 복수하려는 마음에서 하는 일은 절대로 하지 않는다, 넷째는, 걱정거리로나 부끄러움으로 남을 일은 하지 않는다, 하였습니다. 부끄러움으로 남을 일은 하지 않는다―잊지 마십시오. 젊었을 때 되는대로 살아놓고 나이많아서 부끄러워하는 사람이 얼마나 많습니까. 고개를 들지 못하게 된 사람들이 얼마나 많습니까. 저는 그래서 결혼주례를 할 때마다 젊은사람들한테 이런 이야기도 합니다. "오늘은 신랑 신부다, 내일은 아버지 어머니다, 조금 있으면 할아버지 할머니다, 할아버지 할머니가 되었을 때 되돌아보면서 부끄러워하지 않게 살아다오." 어느 순간 그 잠깐을 참지 못하고 잘못함으로해서 먼훗날에 후회하고 뉘우치고, 그러지 말았어야 하는데, 한다면 참 괴로운 일 아닙니까. 부끄러움으로 남을 일은 하지 않는다, 했습니다. 그리고 다섯째는, 모든 시간을 창조적이고 건설적인 시간으로 보낸다, 한 것입니다. 절대로 부정적이거나 소극적인 일은 하지 않는다―이렇게 그는 살았다고 합니다. 여러분, 역사는 윤회가 아닙니다. 되돌아오지 않습니다. 우리의 생이 그러하듯이 계속 앞으로만 갑니다. 그러나 우리는 이 어두움 속에서 빛을 의식할 수 있어야 합니다. 저 미래를 바라보아야 합니다. 영원한 세계를 바라보아야 합니다. 성경은 우리에게 가르칩니다. "어두움의 일을 벗고"―마치 옷을 벗듯이 어두움의 일, 어두움에 관계된 것 다 털어버립시다. 그리고 "빛의 갑옷을 입자"―환한 밝은 빛, 그리스도로 옷입으라, 이렇게 가르칩니다. 그리할 때 아침이 와도 부끄러움이 없을 것입니다. 밝은 빛이 내게 다가와도 부끄러움이 없을 것입니다. 구원이 그 어느 때보다도 가까웠습니다. 구원을 바라보며 새로운 역사의식을 가지고 다시 출발할 수 있기를 바랍니다. △

새로운 피조물

우리가 만일 미쳤어도 하나님을 위한 것이요 만일
정신이 온전하여도 너희를 위한 것이니 그리스도의
사랑이 우리를 강권하시는도다 우리가 생각건대 한
사람이 모든 사람을 대신하여 죽었은즉 모든 사람이
죽은 것이라 저가 모든 사람을 대신하여 죽으심은 산
자들로 하여금 다시는 저희 자신을 위하여 살지 않고
오직 저희를 대신하여 죽었다가 다시 사신 자를 위하
여 살게 하려 함이니라 그러므로 우리가 이제부터는
아무 사람도 육체대로 알지 아니하노라 비록 우리가
그리스도도 육체대로 알았으나 이제부터는 이같이
알지 아니하노라 그런즉 누구든지 그리스도 안에 있
으면 새로운 피조물이라 이전 것은 지나갔으니 보라
새것이 되었도다 모든 것이 하나님께로 났나니 저가
그리스도로 말미암아 우리를 자기와 화목하게 하시
고 또 우리에게 화목하게 하는 직책을 주셨으니 이는
하나님께서 그리스도 안에 계시사 세상을 자기와 화
목하게 하시며 저희의 죄를 저희에게 돌리지 아니하
시고 화목하게 하는 말씀을 우리에게 부탁하셨느니
라

(고린도후서 5 : 13 - 19)

새로운 피조물

　　새해 첫주일 교회에 나오신 여러분, 이같은 큰 축복을 누리게 된 여러분께 진심으로 축하의 말씀을 드립니다. 이는 누구에게나 주어지는 특권이 아니라고 생각합니다. 특별하게 주후 2000년에 사는 그 복을 우리가 지금 누리고 있는 것입니다. 「예수의 역사 2000년」이라고 하는 책이 며칠전에 출간되었습니다. 예일대학교 교수 야로슬라프 펠리칸이라고 하는 분이 쓴 것입니다. 예수께 대한 다양한 해석의 역사를 문화사적 측면에서 고찰한 책입니다. 그는 이 책을 통해서 세계역사라고 하는 것은 곧 예수님의 역사다, 다시말해서 예수 그리스도에 대한 해석의 역사다, 라고 단언하고 있습니다. 예수를 어떻게 해석하느냐, 예수를 어떻게 대하느냐, 혹은 받아들이느냐 거절하느냐, 대항했느냐 아니면 그에게 충성을 다했느냐, 또 예수를 받아들인 자라면 어느 정도 받아들였느냐, 에 의해서 그 나라의 문화, 그 나라의 역사, 그 나라의 번영, 그 나라의 정치가 달려 있고 또 우리가 지향하는 안정과 행복도 거기에 걸려 있다는 것입니다. 예수를 어떻게 해석하느냐에 따라서 역사의 방향은 결정되는 것이다, 라고 갈파했습니다. 우리가 이미 새해를 맞았습니다마는 다시한번 더 짚고나가야 할 것이 있습니다. 오늘 우리가 '2000년' 이라고 말하는데 그 근거와 기준은 예수 그리스도께 있습니다. 서기 2000년 곧 주후 2000년인 것입니다. 요새 밀레니엄 베이비라고 하면서 새해 첫시간에 태어난 아기를 두고 뭐 굉장한 사건인 양 얘기들 하고 있습니다마는 그러는 것을 보고 저는 '난센스다' 라고 생각하였습니다. 왜냐하면 예수믿어서들 그러는 것이 아니거든요. 흔히 '팔자' 라고 말하는 것도 음력 기준에서이지 양력 기준에서가 아닙니다. 당장 달려가 점을 쳐보아도 알 수 있는 일입니다. 점쟁이가 사주(四柱)라는 것을 음력으로 묻고 봅니다. 양력은 상관이 없는 것입니다. 쉽게 생각하고 말 일이 아닙니다. 기원(紀元), 기준은 예수 그리스도십니다. 'before Christ' 곧 B.C.라고 하면 '예수 전'을 뜻합니다. 그러나 이제 주후(主後)를 말할 때는 (우리가 '주후'라고 하지마는 사실은 주 후(後)가 아닙니다) 'after Christ'가 아니고 A.D.입니다. A.D. 곧 'Anno Domini'입니다. 'Anno'라고 하는 말은 '해〔年〕'라고 하는 말입니다. Domini라고 하는 것은 '우리의 주'라고 하는 뜻입니다. 그러므로 A.D.는 영어로 'in the year of our Lord'입니다. 이것이 A.D.입니다. 예수를 기준으로해서 주의 전, 주의 후가 아니고 주전은 주의 전이지만 주후는 주가 다스리는 해, 우리 주님께서 주관하시는 해입니다. 곧 A.D.입니다. 올해는 곧 '주님의 해(A.D.) 2000년'인 것입니다. 이렇게 똑바로 알고 해를 손꼽는다면 그야말로 아멘, 할렐루야입니다. 예수의 나라, 예수께서 다스리시는 세계 2000년에서 이제 3000년으로 넘어갑니다. 예수께서 다스리시는 세계가 이렇게 연장되고 더 확장됩니다. 이런 의미를 제대로 알고들 축배를 드는 것인지 모르겠습니다. 아무래도 그 중요한 의미와는 관계없는 축제를 벌이고 소란을 떠는 것이 아닌가, 생각을 합니다.

오늘본문에 보면 "이전 것은 지나갔으니 보라 새것이 되었도다"라고 선포하고 있습니다. 이제 새것에 대한 개념을 한번 정리하고나 가야 하겠습니다. 새것이라고 할 때는 우선 시간적 개념으로의 새것이 있습니다. 어쨌든 작년은 지나간 것이고 금년이 새해입니다. 어제의 것은 낡은 것이고 오늘의 것은 새것입니다. 그런데 시간의 흐름에 따라서 이루어지는 새것, 알고보면 이것은 새것이라고 하지마는 우리자신에게는 새것이 아닙니다. 자, 이제 우리가 이만큼 살았습니다. 이것은 무엇을 의미하는고하니 이제 남은 시간이 얼마 안남았다는 것을 의미합니다. 이만큼 살았다는 것은 남은 시간이 그만큼 짧아졌다는 것을 뜻합니다. 그렇습니다. 우리는 새해를 맞는 '축배'를 들 때마다 이제 내가 세상 살 날이 이만큼 짧아졌구나, 생각하여야 합니다. 알고 축하하여야 될 것입니다. 생이 연장되었다는 뜻이 아닙니다. 생이 얼마 안남았다는 뜻입니다. 어쨌든 이는 시간적 개념에서 생각할 수 있는 새로움입니다. 또한 형식적 새로움이 있습니다. 어떻게 보이느냐, 하는 것입니다. 결국은 주관적인 내 경험에 준하는 것입니다. 내게는 새로운 것입니다. 그러나 본래 있던 것에 지나지 않습니다. 나로서는 새것이지마는 사실은 전혀 새것이 아닙니다. 오래전, 어쩌면 수천 년 동안 거기 있었습니다. 내가 그것을 오늘 처음 보고 처음 경험하면서 새것이다, 라고 생각하게 됩니다. 그 새것은 나 자신에게 속한 것입니다. 그리고 또 신분적 의미에서의 새것이 있습니다. 그것은 어떤 의미에서 소속적 개념에서 말하는 것이기도 합니다. 이를테면 여기 처녀가 하나 있는데 이미 노처녀입니다. 그렇지마는 그가 어느 순간에 결혼을 하게 되면 우리는 그를 불러 '새색시'라고 말합니다. '새사람' '새댁'이라고 말합니다. 지금까지 친정에서 친정식구들하고 같이 살다가 이제 엉뚱한 남자에게 가서 그를 위하게 되고 그의 부모를 보고 "아버님" "어머님"하면서 살게 되었으니 신분이 바뀐 것이지요. 그래서 새 신분입니다. 이런 의미에서의 새것입니다. 시간적 개념하고는 상관이 없는 새것입니다. 또한 좀더 깊이는 존재와 속성적 의미에서의 새것이 있습니다.

다시말해서 시간과는 관계없이 그의 생각과 그의 속성이 과거에 속한 것일 때는 낡은 것이요 미래지향적인, 미래에 속한 것일 때는 새 것이라 부릅니다. 또하나, 계속 죽음에 속한 것을 낡은 것이라 하고 계속적으로 생명에 속한 것을 새것이라고 합니다. 가령 여러분이 좋아하는 것, 보석이라든가 옷이라든가 집이라든가, 혹은 여러분이 차고 있는 시계라든가, 아무리 반짝이고 좋은 것이라 해도 일단 내 손에 가지는 그 순간부터 그것은 이제 낡은 것입니다. 아무리 좋은 차라도 한번 탔다 내리면 중고입니다. 오늘 사서 내일 팔아도 'used car' 입니다. 중고차시장에서 팔리는 것이 됩니다. 이와같이 모든것은 옛날에 속합니다. 낡아집니다. 그런고로 옛것입니다. 그러나 생명에 속한 것을 보십시오. 여기 좋은 시계가 있고 콩 한줌이 있다고 합시다. 콩과 시계, 놓고보면 시계가 비싼 것이지요. 수백만 원짜리 시계하고 콩 한줌은 그 값이 상대가 안됩니다. 교환가치로서는 시계가 아주 비싼 것이지마는 그러나 그것은 오늘부터 이제 낡은 것입니다. 그러나 콩은 땅에다 묻어놓으면 싹이 나고 다시 생명이 돋아나옵니다. 그래서 새것이 됩니다. 살아 있는 것은 새것이요 죽은 것은 낡은 것입니다. 시간과는 관계가 없습니다. 정신적으로나 육체적으로나 신앙적으로나 살아 있는 것은, 생명적인 것은 언제나 새것입니다. 왜냐하면 이것은 소생하고 다시 생명을 출산하고 다시 성장하고 결실하기 때문입니다. 생명은 계속적으로 더 새로워지는 역사를 만들어가기 때문입니다. 그러나 생명이 없는 것은 썩어지고 낡아지고 죽어집니다. 그렇기 때문에 그것은 옛것이다, 합니다.

오늘본문 보면 그리스도 안에 있으면 새것이고 그리스도 밖에 있는 것은 낡은 것이라 합니다. 이렇게 새것과 낡은 것을 분별하고 있습니다. 결정적인 분별입니다. 존재론적 의미가 여기에 있습니다. 자연적 변화나 시간적 개념을 말씀하고 있지 않습니다. 오로지 생명, 오로지 창조적 역사는 계속적으로 새것이다, 하는 의미를 가지고 있습니다. 특별히 아주 중요하게 말씀하고 있는 것은 이것입니다. 아주 보편적이고 넓은, 개방적 의미로 말씀합니다. "누구든지 그리스도 안에 있으면"하였습니다. '누구든지' — 이 말씀을 귀담아들으시기 바랍니다. 부자냐 가난하냐, 유식하냐 무식하냐, 젊었느냐 늙었느냐, 이런 일을 하고 있느냐 저런 일을 하고 있느냐, 상관하지 않습니다. 어제냐 오늘이냐도 묻지 않습니다. '누구든지' 입니다. 누구든지 그리스도 안에 있으면 새것이고 그리스도 밖에 있는 것은 낡은 것이다, 라고 결정적으로 선언합니다. 대단히 중요한 의미가 있습니다. 또한 새것됨의 조건은 오직 하나 'in Christ' 입니다. 엔 크리스토, 오직 그리스도, 이렇게 말씀합니다. 오직 그리스도, 그리스도 안에 — 이것은 그리스도와 함께 죽고 그리스도와 함께 사는, 구속받은 생명을 의미하는 것입니다. 오늘본문에도 예수님께서 십자가에 돌아가심으로 모든 사람이 죽은 것이다, 그가 부활하심으로 그 안에 있는 사람은 모두 산 것이다, 이런 귀한, 신비로운 말씀을 합니다. 유명한 사도 바울의 말씀이 있지 않습니까. "I have been crucified with Christ." — "나는 그리스도와 함께 십자가에 못박혔다." 나는 이미 십자가에 죽었습니다. 그리스도와 함께 죽고 그리스도 부활하시는 순간에 내가 부활했습니다. 바로 그리스도 안에 있는 생명을 말씀하는 것입니다. 오늘이 나의 마지막날이라고 생각하고 사는 사람, 항상 오늘이 나의 마지막날이다, 오늘이 내 마지막날일 수 있다, 라고 생각하고 사는 사람이 지혜로운 사람입니다. 그리스도인은 여기서 한 단 더 나아갑니다. 나는 이미 어제 죽었다, 나는 이미 그리스도와 함께 죽었다, 선언하고 그리스도로 오늘을 사는 것입니다. 이런 신비로운 생명의 속성을 새것, 새사람이라고 말하게 됩니다. 완전히 그리스도 안에 깨끗하게 장사되고 그리스도 안에서 다시 살아 그리스도의 생명으로 살아가는 그런 존재, 신비로운 속성입니다. 동시에 이전것은 지나갔다, 라고 말씀합니다. 옛것으로부터 완전히 자유함을 말씀하는 것입니다. 옛속성, 옛죽음, 옛습관, 낡은 모든것으로부터 온전히 자유합니다. "지나갔으니 보라 새것이 되었도다." 바로 그런 것입니다. 생각과 의식, 감성, 모든 면에서 낡은 것으로부터 완전히 자유할 때 그 사람이 바로 그리스도인이요 새사람인 것입니다. 'in Christ' —다시 예수님의 말씀을 빌어서 좀더 깊이 생각할 필요가 있는 말씀입니다. 요한복음 15장에 보면 예수님 말씀하시기를 "나는 포도나무요 너희는 가지니(5절)" 하십니다. 너희는 내 안에 있고 나는 너희 안에 있다, 그래서 내 진액을 받아 너희가 존재한다, 말씀 안에서 존재한다, 내 생명력 안에 너희가 살아 있다, 하시는 것입니다. 이것이 바로 그리스도 안에 있는 것입니다. 마치 나무가지가 나무 원줄기에 붙어 있음으로써 그 나무로 존재하는 것과 같이, 그 진액을 받아서 존재하고 열매를 맺는 것과 같습니다. 이런 신비로운 생명적 관계를 가리켜서 새사람, 그리스도인, 혹은 '그리스도 안에서' 라고 말씀하는 것입니다. 요한복음 15장에 예수님 친히 이런 말씀도 하십니다. "내 말이 너희 안에 거하면(7절)" —이것은 바로 우리가 성령 안에 있음을 말씀하시는 것입니다. 성령, 그리스도의 마음, 그리스도의 영이 나를 감동해서 나로 깨닫게 하고, 그리스도 안에 살게 하고, 그리스도의 사람으로 성숙하게 하는 것입니다. 그런 신비로운 성숙, 생명체를 새사람, 새것이라고 합니다. 그런데 오늘 다시 이 본문에는 아주 논리적으로 차근차근 새사람의 의미가 무엇인가를 말씀해줍니다. 첫째, 재창조된 피조물이면 목적이 새로워집니다. 오늘 15절말씀을 눈여겨보십시오. "저가 모든 사람을 대신하여 죽으심은 산 자들로 하여금 다시는 저희자신을 위하여 살지 않고 오직 저희를 대신하여 죽었다가 다시 사신 자를 위하여 살게 하려 함이니라"합니다. "위하여"라는 말씀을 보십시오. 다시는 자신을 위하여 살지 않고 나를 위하여 죽으시고 나를 위하여 부활하신 바로 그 그리스도를 위하여 살게 하려 함이라—목적이 바뀌었습니다. 혹 방법은 아직도 옛사람일 수 있습니다. 혹 미흡할 수도 있습니다. 그러나 목적이 바뀌었습니다. 그 때 새사람입니다. 목적이 그리스도께 있습니다. 그리스도를 위합니다. 그런데 중요한 것이 있습니다. 이 목적은 내가 세운 것이 아니라는 사실입니다. 그가 나를 위하여 죽으심으로해서 이 목적이 생긴 것입니다. 바울은 위대한 선언을 합니다. 내가 이 요절을 무척이나 좋아합니다. 빌립보서 3장 12절에서 말씀합니다. "내가 그리스도 예수께 잡힌바 된 그것을 잡으려고 좇아가노라." 내가 세운 이상이 아닙니다. 내가 선택한 철학도 아닙니다. 내가 가진 꿈이 아닙니다. 내가 세운 목적이 아닙니다. 그가 나를 포로해서, 완전히 강권적으로 체포하여서 내 길을 돌리심으로 그리스도를 따르는 사람으로 만드셨습니다. 그런고로 내 목적은 내것이 아닙니다. 그가 만들어주신 것입니다. 그가 강권적으로 세우신 목적입니다. 그 목적을 내가 내것으로 삼고 기쁜 마음으로 좇아가노라, 하였습니다. 억지로가 아니고 기쁜 마음으로입니다. 이것이 새사람입니다. 이것이 새로운 피조물입니다. 목적이 확연하게 바뀐 것입니다. 이것을 알아야 합니다. 목적이 그리스도께로 향할 때, 나를 위하여 죽으신 바로 그분을 위할 때 내가 그리스도인입니다. 두 번째는 삶의 동력입니다. 동력인(動力因), 동력이 문제입니다. 무슨 힘으로 사느냐입니다. 새 피조물은 그 삶의 힘이, 그 원동력이 본질적으로 다릅니다. 어떤 사람들 가만히 보면 삶의 힘이 욕심, 증오심, 시기, 질투, 경쟁심입니다. 어떤 사람은 복수하는 마음이 그 동력이 되고 있습니다. 죽고 싶어도 억울해서 못죽겠다, 하는 사람이 있습니다. 억울해서라도 살아야겠다, 합니다. 발악을 하면서 살아보겠다고 몸부림을 치는 그 힘이 어디에 있느냐—미워하는 마음에 있습니다. 질투하는 마음에 있습니다. 어떤 사람은 경쟁심이 강해서 경쟁자가 없으면 아무것도 하지 못합니다. 이것도 사실은 타락한 성품입니다. 꼭 누구하고 같이라야만 힘이 나는 것입니다. 이기려고 바득바득 기를 쓸 때만 뭐가 됩니다. 이 힘 빼놓으면 허깨비입니다. 그 사람하고 싸우고 이기려고 하다가 그 사람 죽어버리면 나도 죽어버립니다. 도대체 당신의 삶의 동력은 어디에 있습니까? 새로운 피조물은 오늘본문말씀대로 '나를 강권하시는' 그리스도의 사랑에 미쳐서 사는 것입니다. 미움으로 사는 것이 아닙니다. 억지로 사는 것도 아닙니다. 사랑에 취해서 삽니다. 사랑에 끌려서 삽니다. 이 사랑은 바로 생명력입니다. 「조선일보」에 '광수생각'이라는 만화칼럼이 실립니다. 거기에 나오는 이야기입니다. 어떤 사람에게 한 친구가 말합니다. "자네 요새 여자 교제한다며?" "그래." "그런데 그 여자가 부탁해서 술을 끊었다며?" "응, 끊었어. 자꾸 끊으라고 해서 끊었어." 다음에 또 다른 친구가 말합니다. "자네, 그 좋아하던 도박도 끊었다며?" "응, 지금 교제하는 여자가 도박하지 않는 게 좋다고 해서 끊었어." 또 한 사람이 "아, 자네 요새 담배도 끊었다며? 줄담배를 피우더니." "응. 내 사랑하는 사람이 담배피우지 말라고 해서 끊었어." "자네 그럼 그 여자하고 왜 결혼하지 않나?" "내가 이렇게 다 끊고 착한 사람이 되고보니까 내가 괜찮은 놈이야. 아무리 생각해도 그 여자보다 더 좋은 여자를 만날 것같아서 그 여자하고 결혼하지 않네." 결국 이런 대답이 나옵니다. 저는 생각합니다. 그 사람, 지금 사랑하는 여자하고 헤어지면 담배 또 피울 사람입니다. 술독에 빠질 사람입니다. 이 여자가 그를 사랑하고 그가 사랑을 느끼는 동안에 그 사랑의 힘으로 그 좋아하던 도박도 담배도 술도 끊고 나가는 줄 모르고 주제넘게 정신없는 소리 하고 있는 것입니다. 사랑의 줄이 끊어질 때 나는 옛사람으로 돌아가는 것입니다. 이것을 잊지 말아야 합니다. 예수 그리스도의 사랑이 나를 강권해서 여기에 취하여 나아갈 때 새사람입니다. 새세상을 삽니다. 이 사랑의 줄이 끊어질 때 나는 다시 저 깊은 수렁으로, 옛사람으로 빠져들 수밖에 없습니다. 16절에 보면 새 피조물은 새로운 가치관을 가지고 삽니다. "육체대로 알지 아니하노라." 즉 신령한 세계에 삽니다. 물질의 세계가 아니라 정신의 세계를, 지식의 세계가 아니라 지혜의 세계를, 세상적인 것에가 아니라 영원을 지향합니다.

여러분, 미래의 시대는 문화의 시대라고들 합니다. 그럴까요? 다음세대는 영적인 세대입니다. 영이 지배하고 영이, 영적인 것이 최고의 가치로 나타나는 그런 시대입니다. 깊이 생각하여야 합니다. 새로운 신령한 가치관에 살고 또 사명에 삽니다. 화목케 하는 직책을 주셨다, 합니다. 내가 화목할 뿐만 아니라 화목케 하는 자, 피스메이커입니다. 누구라도 미워하고 있으면 안됩니다. 누구라도 다소라도 기분까지라도 누구를 언짢게 생각하고 있는 한 당신은 옛사람입니다. 오늘 우리 새로운 피조물은 오직 화평, 모든 사람과 화해할 뿐만 아니라 또 화해되지 못하는 세상에 내가 들어가서 피스메이커의 역할을 하는, 화목을 만드는 그런 직책을 가지고 이 세상을 살아갑니다. 오늘본문말씀의 깊은 뜻을 다시한번 새겨들어야 합니다. 새로운 피조물이 되라고 말씀하고 있는 것이 아닙니다. 성경을 자세히 읽으시기 바랍니다. "보라 새것이 되었도다"합니다. 그리스도 안에 있으면 새로운 피조물이다, 라고 선포하고 있습니다. 지금 주님께서 말씀하십니다. 너희가 그리스도 안에 있으면 새로운 피조물이다, 보라, 새것이 되었도다—이 선포를, 선포되는 이 복음을 내가 받아들일 때, 믿을 때 그리스도 안에 새로운 피조물로 이제 살아가게 되는 것입니다. △

너는 나를 좇으라

예수께서 무리가 자기를 에워쌈을 보시고 저편으로 건너가기를 명하시니라 한 서기관이 나아와 예수께 말씀하되 선생님이여 어디로 가시든지 저는 좇으리이다 예수께서 이르시되 여우도 굴이 있고 공중의 새도 거처가 있으되 오직 인자는 머리둘 곳이 없다 하시더라 제자 중에 또 하나가 가로되 주여 나로 먼저 가서 내 부친을 장사하게 허락하옵소서 예수께서 가라사대 죽은 자들로 저희 죽은 자를 장사하게 하고 너는 나를 좇으라 하시니라

(마태복음 8 : 18 - 22)

너는 나를 좇으라

　　비엔나의과대학에 다음과 같은 재미있는 이야기가 전해내려오고 있다 합니다. 유명한 외과의사이자 교수인 분이 의과대학을 지망해서 학교에 입학한 학생들을 앞에 놓고 첫번째강의를 하게 되었습니다. 학생들은 적이 긴장한 가운데 교수님의 말씀에 귀를 기울였습니다. "여러분은 이제부터 책임있는 훌륭한 외과의사가 되기 위하여 이 자리에 모였습니다. 훌륭한 외과의사가 되려면 적어도 중요한 두 가지 자질이 갖추어져야 합니다." 모두가 심각한 얼굴로 교수의 강의를 경청했습니다. "첫째는, 역겨운 냄새와 더러운 분비물과 썩은 고름 같은 것에 익숙해져야 합니다." 끔찍하지마는 외과의사라면 당연히 그러해야 할 것이라고 학생들은 인정을 했습니다. "두 번째는, 예민한 관찰력이 있어야 합니다." 이렇게 말하고나서 교수는 더러운, 냄새나는, 고름이 담긴 그릇에 손가락을 푹 담갔다가 꺼내어 입으로 핥고나서 말했습니다. "나와 같이 할 수 있는 사람 앞으로 나오세요." 역겹고 고통스러운 일이지마는 여기다가 운명을 걸었기에 그러해야 될 것이라고 생각해서 학생들은 하나씩하나씩 앞으로 나와서 그 더러운 것에 손가락을 넣었다가 핥게 됩니다. 끝에 교수님이 평을 했습니다. "여러분은 첫째자질에 대해서는 아주 우수하게 평가받을 수 있습니다. 그러나 둘째자질에 대해서는 형편이 없습니다." 학생들은 놀랐습니다. "나는 이 더러운 것에 넣었던 손가락이 아니라 다른 손가락을 빤 것입니다. 여러분은 그것을 못보았습니다."

　　여러분, 제자라는 것이 무엇입니까. 제자란 전적으로 선생님한테 헌신하는 것이지만 중요한 것은 깊은 관찰력이 함께 가야 한다는 것입니다. 물리적으로 행할 수는 있습니다. 형식적으로 행할 수도 있습니다. 같이 한평생 따라다닐 수도 있습니다. 같이 죽을 수도 있습니다. 그러나 그것만으로는 제자라 할 수 없습니다. 왜냐하면 스승의 뜻, 스승의 마음, 스승의 그 깊은 의지를 잘 읽어야 하기 때문입니다. 그의 하는 일을 깊이 관찰하여야 됩니다. 그리고, 저분이 무엇 때문에 저렇게 하는지, 저렇게 하는 것이 무엇을 의미하는지를 알고 그 뜻, 그 깊은 의미에 동참해야 하는 것입니다. 이렇게 함께할 때 비로소 제자가 아니겠습니까. 줄레줄레 따라다닌다고 제자입니까. 그의 뜻을 알고 깨달아야 합니다. 예수믿는 사람들의 첫째별명이 '제자'입니다. 복음서에 보는대로 많은 사람이 예수를 따라다녔습니다. 그러나 아시는 바와 같이 예수님을 깊이 이해한 사람이 없고 심지어는 열두 제자마저도 그 당시에는 이 복음서에서 보는대로 그렇게 깊이 이해하지 못하고 따랐다는 데 문제가 있습니다. 예수믿는 사람들의 두 번째 별명이 '성도'입니다. '거룩한 무리'입니다. 이것은 선택받은 자의 무리를 의미하는데 대단히 깊은 신학적 의미가 여기 있습니다마는 일단 예수를 믿고, 이 속된 세상에서 떠나서 그리스도를 왕으로, 그리스도를 주로 모시면서 구별된, 선택된 이 공동체의 일원이 될 때 우리는 성도라고 하는 이름을 얻습니다. 지극히 교회론적 의미가 있는 별명입니다. 그 다음에 또하나의 이름이 있습니다. 바로 '크리스천'이라고 하는 말입니다. 크리스티아누스 - 그리스도께 속한 사람, 중요한 말입니다. 그리스도 외에는 아무것도 모르는 사람입니다. 그리스도만 따르고, 그리스도만 사랑하고, 그리스도를 위하여 죽기로 맹세한 사람들입니다. 순교를 두려워하지 않는 바로 그런 사람들입니다. 이래서 초대교회에서는 '새 술에 취한 자다' 하였습니다. 새 술에 취했다—초이성적(超理性的)입니다. 인간으로서는 이해하기가 어려울 정도로 전적으로 주님께 위탁한 생을 사는 그런 사람들을 크리스천이라고 하였습니다. 그리스도의 영에 이끌린 사람들입니다. 로마서 8장 9절에 사도 바울이 유명한 말씀을 합니다. "누구든지 그리스도의 영이 없으면 그리스도의 사람이 아니라." 지식의 문제가 아닙니다. 그리스도의 영이 내 안에 있어서 그 영이 내 영을 지배하고, 내 이성을 지배하고, 내 몸을 지배하고, 내 감성을 지배하고, 그리고 그리스도의 생명력에 이끌리어 사는 그 사람, 그 사람을 크리스천, 그리스도인이라고 말하게 됩니다.

오늘본문에 보면 이 그리스도인에 몇가지의 유형이 있는 것을 봅니다. 그리스도께서는 당신 앞에 오는 사람의 얼굴을 보고 마음을 읽으셨던 것같습니다. 척 보시자마자 이 사람은 지금 어떤 마음을 가지고 있다, 하는 것을 다 아시고, 읽으시고, 그리고 적당하게, 그에 합당하게 말씀을 하셨던 것같습니다. 마태복음 9장에 보면 세리 마태를 부르시는 대목이 나옵니다(9절). 세리 마태는 바로 마태복음의 기자입니다. 그는 지금 어떤 인연으로든간에 세관에 앉아서 세금을 받고 있습니다. 그 세관 앞을 지나가시던 예수님께서 이 마태를 보신 순간 마태와 눈이 마주치셨겠지요. 예수님께서는 그 순간에 그의 마음을 읽으셨습니다. 그가 지금 얼마나 고민에 빠져 있으며 얼마나 메시야를 간절히 기다리고 있는지, 얼마나 신앙적으로 주의 날을 기다리고 있는지를 아시고 오직 한마디 "너는 나를 좇으라"하십니다. 마태는 그 한마디에 "예"하고 나섭니다. 모든것을 버려두고 예수님을 좇습니다. 그날 당장 자기집을 열어서 많은 세리들을 데려다 놓고, 예수님을 거기 초청합니다. 그 후로 한평생 예수님의 제자가 됩니다. 어떻습니까? 긴 이야기가 필요합니까? 예수님께서는 그 깊은 마음을 읽으셨습니다. 그리고 "나를 좇으라." 딱 한마디 하셨습니다. 그런데 오늘본문에서는 조금 이야기가 다릅니다. 서기관이라는 사람이 예수님께 나아와서 "선생님이여 어디로 가시든지 저는 좇으리이다"하고 자원합니다. 그러나 예수님께서는 간접적으로 거절하십니다. 직접적인 거절은 아닙니다. 이제 선택은 이 사람에게 달렸습니다. 무슨 말씀인고 하니 이렇습니다. 아마도 예수님께서는, 이 사람이 부잣집아들에다 고생 없이 편안하게 자라서 도대체 고생이란 꿈에도 생각할 수 없는 사람인데, 다만 예수님을 따라가면 출세할 것같고, 예수님을 따라가면 무슨 화려한 미래가 있을 것으로 생각해서 지금 청운의 꿈을 안고 예수님 따르겠다 하는 것으로 저의 마음을 읽으신 것같습니다. 그리고 말씀하십니다. "여우도 굴이 있고 공중의 새도 거처가 있으되 오직 인자는 머리둘 곳이 없다." 나는 가난하다, 나를 따라오면 고생할 것이다, 나는 집도 없는 사람이다, 오늘밤 당장 어디에서 자야 할지 그것도 정함이 없는 그런 사람이다, 하심입니다. 자, 이 말씀끝에 그 서기관이 "주여, 그게 무슨 상관입니까. 어디로 가시든지 저는 따르겠습니다"하였다면 얼마나 좋았겠습니까마는 그만 말이 없습니다. 참으로 유감스러운 일입니다. 예수님께 헌신은 하겠다 하지만 예수님이 누구신지, 그가 어디로 가고 계시는지 관찰하지 못했습니다. 몸으로는 따르겠다고 하나 마음으로는 전혀 따를 준비가 없었습니다. 플러머(Plummer)라고 하는 유명한 분은 이런 문학적인 표현을 하였습니다. "예수 그리스도는 남의 마굿간을 빌려서 세상에 태어나시고, 남의 무덤을 빌려서 생을 끝내셨다." 참으로 그렇습니다. 세상에 용납되실 곳이 없어서 마굿간에 태어나십니다. 예수님의 소유가 아닌 남의 마굿간입니다. 또한 그 무덤이 아리마대 요셉의 무덤입니다. 당신자신의 것이 아닙니다. 잠시 빌린 남의 무덤에 장사되셨습니다. 생각해보십시오. 그 서기관은 예수님께 이적이 있고, 인기가 있고, 명예가 있고, 많은 사람들의 화려한 성원이 있는 것을 알고 예수님을 따르려고 했지만 예수님께서는 '아니, 나는 머리둘 곳도 없다' 하십니다. 여러분, 이제 중요한 문제를 생각하여야 합니다. 분명히 예수님께서는 이적을 행하셨습니다. 병을 고치시고, 바다를 잠잠케 하시고… 많은 이적을 행하시는 능력까지 지니셨습니다마는 가난하셨습니다. 생각해보십시오. 문둥병을 고쳤다, 중풍병환자를 일으켰다… 이런 것 하나만으로도 요새같은 비즈니스 마인드로 생각할 때야 엄청난 돈벌이가 될 일 아닙니까. 그 많은 환자들이 조금씩만 사례를 한다해도 예수님께서 머리둘 곳이 없다 하실 것 없지요. 그러나 분명히 그는 가난하셨습니다. 이 사실을 잊지 말아야 합니다. 여기에 중요한 신비가 있는 것입니다. 예수님께서는 지혜로운 분이십니다. 지혜로 말씀하시고, 지혜로 율법을 해석하시고… 그 지혜에 대해서는 예수님을 박해하는 원수들까지도 깜짝깜짝 놀랐습니다. 확실히 지혜로운 분이시고 지혜를 말씀하시는 분이었습니다. 그럼에도 백성들로부터 배척받으셨습니다. 결국은 십자가에 돌아가시기까지 합니다. 그 지혜에 감탄하면서도 핍박하는 사람들이었습니다. 주께서는 그 놀라운 지혜를 가지고도 배척당하시는 그런 생을 사십니다. 더 놀라운 것은 예수님의 권능입니다. 죽은 자를 살리셨습니다. 엄청난 능력을 가지고 계신 분입니다. 이 사실을 확실히 인정하면서도 사람들은 그를 십자가에 못박습니다. 이는 크나큰 수수께끼입니다. 사람들은 그를 십자가에 못박아놓고도 뛰어내리라, 그러면 믿을 것이다, 하지 않습니까. 죽은 지 나흘이나 된 나사로를 며칠전에 살리신 당신이 자신은 왜 말없이 죽어가느냐입니다. 빌라도가 이것을 이해할 수가 없어서 "이 사람을 보라" 하지 않습니까. 뭐 이런 사람이 다 있단말이냐, 이해할 수 없는 사람이다, 내가 알기로는 굉장한 능력을 가진 사람인데 왜 말 한마디 없이, 저항 한번 없이 그대로 십자가에 죽어가느냐입니다. 우리는 능력이 없어서 당하고, 할수없어서 고난을 겪었습니다마는 예수님의 고난은 그런 유가 아닙니다. 능력도 있고 지혜도 있습니다. 그러나 십자가를 지셨습니다. 바로 여기에 사랑이 무엇인지, 능력이 무엇인지, 생명이 무엇인지를 말해주는 바가 있는 것입니다. 이런 신비로운 것, 그 서기관은 알지 못했습니다. 그렇다면 누구도 그의 제자가 될 수 없습니다. 이것을 알아야 합니다. 오늘도 그렇습니다. 그 서기관은 다만 예수님의 그 화려한 인기만 보고, 그 지혜만 접하고 감탄하여 예수님 따르겠다고 나선 것같습니다. 그러나 이것은 오래갈 수가 없으며, 또하나는, 예수님 따르는 데 대한 대가를 지불할 생각을 못했습니다. 값싼 은혜를 생각했습니다. 요새도 보면 예수믿으면서 싸구려은혜를 구하는 분들이 많습니다. 가지고 있는 것에 또 은혜, 또 정당화, 또 합리화, 그리고 더 큰 물질적, 세상적 축복만을 기다리는 이런 답답한 그리스도인이 많습니다. 그러나 그런 것이 아닙니다. 예수님 따르기 위해서는 버려야 될 것이 있습니다. 그리스도를 영접하기 위해서는 끊어야 될 것들이 있습니다. 중요한 일을 위해서, 이 귀중한 일을 위해서는 자기십자가를 져야 됩니다. 마땅한 값을 지불하여야 되는데, 이 값을 지불함이 없이, 이 각오가 없이 주를 따르겠다는 것이니 문제인 것입니다. 또하나는 여기 있습니다. 예수님께서는 "나를 따라오려거든 자기를 부인하고 자기 십자가를 지고 나를 좇을 것이니라" 하고 마태복음 16장 24절에서 말씀하십니다.

또한 그 서기관은 너무 쉽게, 빨리 결정을 한 것같습니다. 다분히 감정적입니다. 깊은 생각도, 깊은 결단도 없이 마치 돌짝밭에 뿌려진 씨와 같이 급하게 나서 급하게 자라지만 이런 결심은 곧 무너질 수밖에 없음을 예수님께서 알고 계시기에 이 사람, 제자되겠다는 것을 사양하셨습니다. 즉흥적이고 감정적이다, 꿰뚫어보신 것입니다. 다시 그 다음에 말씀이 이어집니다. 또 한 사람이 예수님 따르겠다고 나섭니다. 이 사람은 조금 다릅니다. 따르기는 따르겠는데 부친을 장례하고나서 따르겠다, 합니다. 조금 연기해달라는 신청입니다. 이에 대하여 예수님께서는 "죽은 자들로 저희 죽은 자를 장사하게 하고 너는 나를 좇으라" 말씀하십니다. 아주 박절한 말씀으로 들립니다. 그러나 여기에 엄청난 진리가 있습니다. priority가 문제입니다. 무엇이 중요합니까. 무엇이 더 중요한지를 알아야 합니다. 어차피 우리의 여러 가지 일 중에는 선과 악이 있습니다. 물론 선을 따라야 하겠지요. 그런데 같은 선 중에서도 무엇이 더 우선적인 선이냐, 그것이 이제 문제되는 것입니다. 절대우선, 그것이 문제입니다. 절대우선적인 것을 위해서 우리는 부득불 그 차선, 그 다음의 일은 버려야 한다는 것입니다. 절대우선—예수님 따르는 것은 모든것에 우선한다는 것입니다. 또하나, 그것이 근본적이기 때문이고, 다음으로, 미룬다고 하는 것은 그것을 버리는 것이나 같습니다. 한 아프리카청년이 썩 똑똑한지라 저 사람을 잘 키워놓으면 앞으로 아프리카를 개발하는 데 크게 쓸 수 있겠다, 생각하여 영국에서 이 사람에게 장학금을 대주기로 하고 통지를 보냈습니다. 옥스퍼드대학에 와서 공부하시라고 했더니 이 사람이 scholarship에 대해서 허락을 했습니다. "공부하러 가겠습니다." 약속을 하는데 거기에 단서가 달렸습니다. "부모님 세상떠난 다음에 가겠습니다." 학교에서는 물어보았습니다. "부모님연세가 지금 얼마입니까?" 그는 대답합니다. "40세입니다." 이 사람 영국 갈수 있겠습니까. 얼마전 신문에 마치 아주 한국적인, 참 지극한 효성인 양 써놓은 한 기사를 보고 제 마음이 별로 좋지 않았습니다. 웬사람이 아버지가 세상을 떠났는데 그 무덤에 가서 3년 동안 시묘살이를 했다는 이야기였습니다. 그래서 어쩌라는 것입니까. 죽은 자는 죽은 자들로 장례케 하고 너는 나를 좇으라, 하십니다. 그 아버지의 깊은 뜻을 알아서 못다한 소원을 내가 이룰 생각이라도 해야지 그래, 묘앞에 3년 동안 엎드려 있다고 효자냐고요. 그래서 공자가 죽어야 나라가 산다고도 말합니다. 생각이 그런 정도이기 때문입니다. 저에게도 절박한 시간이 있었습니다. 우리아버지께서 내 목전에서 총살을 당하셨습니다, 북한에서. 멀리서 저는 총쏜 그가 누구인지 모르고 보았는데 마음이 좀 이상했습니다. 총쏘아버리고 그는 그냥 가버렸습니다. 제가 막 달려갔습니다. 좀 어두워졌을 때인데 아버지께서 거기쓰러져 있었습니다. 다른 두 사람과 함께. 엎드려서 우는데 아버지께서 마치 살아서 말씀하시는 것같았습니다. "이놈아, 살아야 효자다. 여기 엎드려 있다가 너도 죽을 참이냐. 살아남아야 효자다." 저는 벌떡 일어나서 도망을 했습니다. 그리고 한 달 후에야 집에 들어갈 수가 있었습니다. 그렇습니다. 거기 엎드려 있어야 효자입니까. 아버지 시신을 두고 도망을 가, 이 불효자식—그것입니까. 어떻게 하는 것이 효자입니까. 효가 무엇입니까. 깊이 생각하여야 합니다. 또한 자기나약성을 알아야 됩니다. 아비장례 치르고나서 따르겠다—한번 미루어놓으면 미룬 일은 실천하기가 어렵습니다. 오늘 당장 결단을 내려야 합니다. 일을 미루다보면 그 일 못하게 됩니다. 언젠가 어린 손녀아이가 우리집에 와서 놀다가 저녁에 제 부모가 "가자"하고 일어설 때 "나 오늘 할머니하고 잘래"하면서 떨어졌습니다. 제 부모들은 아이를 남겨둔 채 집으로 갔습니다. 그런데 이 아이가 한잠 자고 깨더니 앙앙 엄마 찾고 우는데, 정신없었습니다. 할수없이 제가 차에 태워서 데려다주었습니다. 그 얼마후 또 집에 와서 놀더니 "할머니하고 자고 갈래"합니다. "애야, 내가 너를 어떻게 믿어?"했더니 이 녀석 하는 말이 "할아버지, 나도 나를 못믿어요"하는 것입니다. 여러분은 여러분 자신을 믿습니까? 내일 하겠다, 얼마후에 하겠다, 믿을 수 있습니까. 지금 당장 결단을 내리지 않으면 안됩니다. 돈벌어서 헌금하겠다는 사람 대체로 헌금하는 것 못보았습니다. 얼마가 되었든지 지금 딱 잘라서 낼 테면 내고 말려면 말 것입니다. 제가 40년 속아왔습니다. 지금 내가 할 수 있는 일, 그것을 하여야 합니다. 너는 나를 좇으라, 직선적으로, 지금 당장—이런 말씀이 아니겠습니까. 깊이 생각하여야 합니다. 예수와 함께 고난을 받으면 예수와 함께 영광을 누립니다. 예수와 함께 죽으면 예수와 함께 부활합니다. 그런데 여기서 알아야 할 것이 있습니다. 예수와 함께 고난받는 것은 내가 할 일이요, 예수와 함께 영광을 누리는 것은 하나님께서 내게 주시는 은사입니다. 그쪽은 내가 생각하지 말 것입니다. 예수와 함께 고난당하고, 더 많이 고난당하고, 더 철저하게 고난당하는 것, 이것만 내가 할 일입니다. 그 다음은 하나님께 맡길 것입니다. 주께서 지금 말씀하십니다. "너는 나를 지금 좇으라." △

우리가 무엇을 얻으리이까

예수께서 제자들에게 이르시되 내가 진실로 너희에게 이르노니 부자는 천국에 들어가기 어려우니라 다시 너희에게 말하노니 약대가 바늘귀로 들어가는 것이 부자가 하나님의 나라에 들어가는 것보다 쉬우니라 하신대 제자들이 듣고 심히 놀라 가로되 그런즉 누가 구원을 얻을 수 있으리이까 예수께서 저희를 보시며 가라사대 사람으로는 할 수 없으되 하나님으로서는 다 할 수 있느니라 이에 베드로가 대답하여 가로되 보소서 우리가 모든 것을 버리고 주를 좇았사오니 그런즉 우리가 무엇을 얻으리이까 예수께서 가라사대 내가 진실로 너희에게 이르노니 세상이 새롭게 되어 인자가 자기 영광의 보좌에 앉을 때에 나를 좇는 너희도 열 두 보좌에 앉아 이스라엘 열 두 지파를 심판하리라 또 내 이름을 위하여 집이나 형제나 자매나 부모나 자식이나 전토를 버린 자마다 여러 배를 받고 또 영생을 상속하리라 그러나 먼저 된 자로서 나중 되고 나중 된 자로서 먼저 될 자가 많으니라

(마태복음 19 : 23 - 30)

우리가 무엇을 얻으리이까

여러분은 스스로 성공했다고 생각하십니까, 아니면 실패했다고 생각하십니까? '나는 성공했다'라고 생각하고 있는 사람이 그리 많지는 못합디다. 대체로 그 진실을 말하는 이야기를 들어보면 잘못살았다고, 한 번밖에 없는 인생을 잘못살았다고, 이렇게 살아서는 안되는데, 하고 스스로 실패를 인정하는 그런 분들의 이야기를 많이 들을 수 있습니다. 실패라고 하는 것은 결코 물질적인 이야기가 아닙니다. 돈을 잃었다고 실패한 것도 아니고, 명예를 잃었다고 실패한 것도 아닙니다. 지위를 잃어버렸다고해서 실패한 것도 아닙니다. 깊은 곳을 살펴보면 실패는 자기상실입니다. 자기자신을 잃어버렸다는 것입니다. 그것이 곧 비참한 자기반성을, 자기후회를 하게 만듭니다. 실패는 비합리적인 것을 합리적인 것으로 오해하는 데서부터 온다, 하는 말이 있습니다. 여러분, 노력 없이 공짜로 생긴 것을 내 것으로 생각해서는 안됩니다. 그것은 착각입니다. 복권에 당첨되어 잘된 사람이 없다고 합니다. 공짜 좋아하는 마음, 아직도 있습니다. 무슨 행운이 터졌으면, 하는 생각은 나 자신을 망친다는 것을 모르고 있습니다. 노력 없이 거저 얻어지는 것은 절대로 내것이 아닙니다. 이것을 따라가는 동안 나 자신이 없어지고 마는 것입니다. 왜요? 언젠가는 어떤 방법으로든지 이것은 갚아야 됩니다. 대가를 지불하게 마련입니다. 그것을 잊어서는 안됩니다. 또하나, 빚진 재산은 내것이 아닙니다. 빌려온 물건을 내것으로 생각해서는 안됩니다. 그것은 내것이 아닙니다. 처음부터, 그리고 앞으로도 내것이 아닙니다. 요새 보니 재벌이라고 하는 이름을 가져서 굉장한 줄 알았더니 알고

본즉 형편없이 빚진 자들입디다. 아무것도 없었습니다. 처음부터 없었고 지금도 없습니다. 그런데 본인도 우리 모두도 다 속은 것입니다. 빚진 것은 내것이 아닙니다. 내 손에 있으나 절대로 내것이 아니라는 것을 처음부터 확실하게 알고 살아야 됩니다. 그런 것을 내것이라고 착각하고 있는 동안 나 자신이 공중분해 되고 맙니다. 세 번째는, 계속 성장한다고 할 때 이것을 자연현상으로 보아서는 안됩니다. 세상에 우연은 없습니다. 필연이 있을 뿐입니다. 그런데 우리는 너무나도 요행을 바라고 우연적인 것을 바랍니다. 그저 언제나 우연한 무엇인가가 있어지기를 바랍니다. 예수님께서 '달란트 비유'에서 말씀하십니다. 한 달란트 받았다가 한 달란트 가져온 사람이 와서 변명하는 말이 "주여 당신은 굳은 사람이라 심지 않은 데서 거두고 헤치지 않은 데서 모으는 줄을 내가 알았으므로 당신의 달란트를 땅에 감추어 두었었나이다 보소서(마 25:24-25)." 이에 대하여 성경은 긴 설명이 없습니다마는 무궁무진한 진리가 여기에 있습니다. 제가 대신 한번 이야기를 해보겠습니다. "이놈아, 나는 심지 않은 데서 거두고, 헤치지 않은 데서 모으는 줄 알았느냐. 네가 정신이 나갔구나. 내가 지금 이 많은 것을 가졌다 하자. 이것이 그렇게 땀흘리지 않고 공짜로 얻은 게 아니야, 이놈아." 그것을 몰랐습니다. 왜 몰랐습니까. 심지 않은 데서 거두기를 바라는 마음, 기적을 바라는 마음, 그 자체가 나 자신의 인격과 존재를 좀먹는 것입니다. 그것이 병이요, 그것이 실패의 원인입니다. 또 한 가지는 고진감래(苦盡甘來)라는 것입니다. 이것은 필연적인 것이 아닙니다. 운명이 아닌 것입니다. 그저 이 고통을 잘 겪고나면 좋은 일이 생기겠지, 이 고통 끝에는 낙이 있겠지, 하는데 아닙니다. 이 고난을 내가 어떻게 견디느냐에 따라서 그에 상응하는 미래가 주어지는 것이지 거저 오는 것이 아닙니다. 꾸역꾸역 참는다고 되는 것이 아닙니다. 참는 자세가 문제입니다. 이제 내가 어떻게 견디느냐에 따라서 미래가 어떻게 주어지느냐가 결정되는 것이지 그저 견디기만 하면 될 줄로 아는 것은 망상이요 잘못된 철학입니다. 또 한 가지, 은혜로 주어진 것을 율법으로 받는 데 문제가 있습니다. 은혜로, 오직 은혜로 주어졌습니다. 그런데 그것을 내가 수고해서 받은 것으로 착각을 합니다. 내 수고, 내 노력의 결과인 것으로 생각합니다. 그 순간 그는 벌써 율법적 관계에서 스스로 자기를 잃어버리게 되는 것입니다. 여러분, 은혜는 끝까지 은혜입니다. 그리고 은혜의 열매로, 은혜에 감사하는 마음으로, 은혜에 보답할 양으로 살 때 그 은혜가 지켜지는데, 은혜를 은혜 아닌 것으로, 내 노력의 대가인 양 의미를 바꿀 때 그 은혜는 내게서 떠나는 법입니다. 잊지 말 것입니다.

오늘본문말씀의 바로 앞에 보면 이런 이야기가 있습니다. 한 젊은 율법사, 아마 특별히 부자였던 것같습니다. 그가 예수님께 찾아와서 "내가 무슨 선한 일을 하여야 영생을 얻으리이까"라고 질문을 합니다. 이에 예수님께서는 그의 생각과 뜻을 유도해서 당신이 원하시는 초점으로 인도하려 하셨던 것같습니다. 네가 율법을 아느뇨, 율법을 지켰느뇨, 하고 물으십니다. 이에 청년은 어렸을 적부터 다 지켰노라고 아주 건방진 대답을 합니다. 이것도 망상입니다. 어찌 그런 말을 할 수 있겠습니까. 어느 안전이라고 이런 소리를 하는 것입니까. 율법을 어렸을 때부터 다 지켰습니다, 이제 또 무슨 선한 일을 하여야 될까요, 하고 나올 때 예수님께서는 그가 그렇게까지 말하게 된 연유가 어디에 있는지를 알고 있습니다. 돈푼이나 있다고

간이 부어서 그리된 것입니다. 그래서 예수님 말씀하십니다. "네 소유를 팔아 가난한 자들을 주라." 그리고 나를 좇으라, 하고 딱잘라 말씀하십니다. 참 유감스러운 것은 이 말씀끝에 "그것이 영생의 길이라면 그까짓 돈 몇푼이 무슨 대단한 것이겠습니까. 그리하겠습니다"하고 나왔으면 좋겠는데 그렇지 못했다는 것입니다. "그 청년이 재물이 많으므로 근심하며 가니라." 다만 이뿐입니다. 다른 복음에 보면 "슬픈 낯으로 심히 근심하며 돌아가니라" 하였습니다. 참 유감스럽습니다. 이 사람은 영생을 잃어버리고 물질을 얻고 말았습니다. 물질과 운명을 같이하고마는 참으로 유감된 이야기입니다. 그런데 이 젊은사람이 슬픈 낯으로 떠나가는 뒷모습을 보시면서 예수님 말씀하십니다. 그래, 잘들 들어두어라, 부자가 천국에 들어가기란 참으로 어렵다—유명한 격언입니다. "약대가 바늘귀로 들어가는 것이 부자가 하나님의 나라에 들어가는 것보다 쉬우니라." 여기서 미련한 제자들이 또 놀랍니다. 그러면 누가 하나님나라에 들어가겠습니까, 약대가 바늘귀로 못들어가듯이 그것은 불가능한 일이 아니겠습니까—이에 대하여 예수님께서는 아무 설명이 없이 다만 "사람으로는 할 수 없으되 하나님으로서는 다 할 수 있느니라"하실 뿐입니다. 이제 내가 대신 좀 설명하겠습니다. 어린아이들의 수수께끼를 하나 하겠습니다. 아이들에게 "코끼리가 냉장고 속에 들어갈 수 있느냐?"하고 물어보십시오. 그러면 우리어른들은 "안되지. 불가능하지. 있을 수 없는 일이지." 그러겠지마는 아이들은 안그렇습니다. "까짓 코끼리 들어갈 만큼 큰 냉장고를 만들면 되잖아." 간단합니다. 또하나 있습니다. "마술을 걸어서 코끼리를 작게 작게 작게 만들면 쏙 들어갈 거 아니에요." 여기에 해답이 있습니다. 이제 부자의 마음이 크고 높습니다. 마음도 부해졌습니다. 하나님께서 작게 작게 작게 만드셨습니다. 바늘귀로 쏙 들어갈 만큼 작게 만드셨습니다. 그러면 가능한 것입니다. 하나님의 능력이 부한 자의 마음을 가난한 자의 마음으로 만드십니다. 도저히 불가능한 것같으나 이것이 가능합니다. 바늘귀 같은 좁은 문으로 들어가도록 우리를 작게 작게 만드십니다. 마르틴 루터의 유명한 말이 있습니다. 'God makes him small.' 하나님께서 작게 만드신다는 것입니다. 작게입니다. 얼마나 작아져야 되느냐 하면 바늘귀로 들어갈 만큼 작아져야 됩니다. 그러자니 아마 아픔이 있겠죠. 그래서라도 이리로 들어가야만 됩니다. 거기에 영생이 있기 때문입니다. 그런데, 주님의 그 말씀끝에 베드로라는 사람, 참 다혈질이라서 넙죽넙죽 나섰다가 종종 실수를 하는 이 베드로가 나서서 하는 말이 "우리가 모든 것을 버리고 주를 좇았사오니 그런즉 우리가 무엇을 얻으리이까"합니다. 우리는 다 버렸습니다, 합니다. 이제 물어봅니다. 여러분, 정말 베드로가 다 버렸습니까. 그것이 사실입니까. 정말로 베드로가 모든 것을 버렸습니까. 물리적으로는 버렸습니다. 그러나 정신적으로, 영적으로 볼 때는 하나도 버린 것이 없습니다. 오히려 오늘본문말씀대로 무엇을 얻으려는 마음, 더 얻으려는 마음으로 꽉 차 있습니다. 이 사람, 자기 스스로를 자기가 모르고 있습니다. 칼 융 연구소장이었던 존 레비라고 하는 분이 부자에 대해서 재미있는 새로운 단어를 하나 만들었습니다. 'affluenza' 라고 하는 말입니다. 풍요증, 부자병입니다. 그는 심리학적으로 부자에 대해서 이렇게 정의하고 있습니다. 전문가로서 부자를 자세히 연구해보니 그들에게 몇 가지 증세가 있는데 첫째가, 의욕이 약해지고 어디든지 헌신하기를 싫어한다는 것입니다. 아주 의기소침 해지고 마음이 약해집니다. 부자가 되면 돈이 있으니까 용기가 있을 것같은데 반대로 의지가 자꾸 약해진다는 것입니다. 무엇인가를 해야 되겠다고 하는 용기마저도 없어진다는 것입니다. 두 번째는 부자는 부자가 될수록 의심증이 커집니다. 아내도 못믿고 아들도 못믿습니다. 아들들이 가까이 오기만 해도 "저놈이 또 뭘 가지러 왔나?"하고, 아들들이 효도한다고 뭘 해도 "이 녀석이 이걸 주고 뭘 또 뺏어가려고?" 의심만 듭니다. 사람들의 인사 한마디도 제대로 받아들일 수가 없습니다. 진실한 마음으로 만나자고 해도 "또 만나서 무슨 강도질을 하려나?" 의심부터 일어납니다. 자기도 모르는 사이에 자꾸만 남을 의심하게 되는 것입니다. 중증입니다. 참으로 불행한 일입니다. 셋째는, 아주 지루한 생을 살게 되고 신나는 일이 전혀 없습니다. 파티는 있지만 기쁨은 없습니다. 행복감을 잃어버리고, 특별히 일하는 기쁨이 없습니다. 창조하는 기쁨이 없습니다. 이것이 부자의 기막힌 자기손실입니다. 또하나는, 땀흘려서 번 것이 아닐 때 죄책감이 많습니다. 남들이 저놈 죽일 놈이라고 손가락질하는 것을 스스로가 느끼고 있습니다. 모든 사람이 자기를 죄인취급 하는 것도 알고 있습니다. 멸시하고 있다는 것도 알고 있습니다. 그래서 열등감에 빠지게 되고, 사람 만나는 것도 싫어하는 것입니다. 이런 증상이 애플루엔자입니다. 부자는 천국에 들어가기가 어렵다―천국이라는 단어를 바꾸어 행복이라고 한다면 부자는 참으로 행복하기가 어렵다는 것입니다. 참으로 좋은 인간 되기도 어렵다는 것입니다.

오늘본문을 보면 베드로는 분명히 집을 버렸고, 가정을 버렸고, 직업을 버렸고… 다 버린 것같습니다. 그러나 그마음에서 공명심을 버리지 못했습니다. 정치적 출세욕을 버리지 못했습니다. 세속적인 허영도 버리지 못했고 자기사랑을 버리지 못했습니다. 그리하여 마침내 예수를 세 번이나 부인하는 부끄러운 처신을 하게 됩니다. 그런데 이 사람이 계속 생각합니다. 무엇을 얻을 것인가, 무엇을 얻겠습니까, 합니다. 이 질문에 문제가 있는 것입니다. 한 장을 넘겨서 마태복음 20장 20절로 보면 예수님께서 지금 예루살렘으로 가시는 중입니다. 사실은 눈앞에 십자가를 바라보며 십자가의 길을 가고 계십니다. 이런 심각한 노정인데, 보십시오. 세베대의 아들의 어머니가 아들 둘을 데리고 와서(그 아들 둘은 예수님의 열두 제자 중에 있는 사람들, 야고보와 요한) "당신이 나의 두 아들을 주의 나라에서 하나는 주의 우편에, 하나는 주의 좌편에 앉게 명하소서"하고 구합니다. 여기서 예수님 말씀하신 것을 보십시오. "무엇을 원하느뇨?"라고 물으셨고 "너희 구하는 것을 너희가 알지 못하는도다"하고 말씀하십니다. '너희가 지금 무엇을 구하고 있는지 아느냐?' 이렇게 물으십니다. '당신의 나라에서 당신과 함께 높아지기를 바랍니다.' '무엇을 원하느냐?' '첫째가 되기를 바랍니다.' 결국은 저가 알거나 모르거나 예수님 말씀하십니다. "내가 마시려는 잔을 마시겠느냐?" 이에 뜻도 모르고, 혹 포도주인 줄 알았는지도 모르겠습니다. "마시겠습니다"합니다. 예수님, 이에 대하여 '너 무슨 소리를 하고 있는지 아느냐?' 비판하지 않으셨습니다. '그래, 마실 수도 있지.' 바로 그 사람이, 예수님 다음으로 열두 제자 중 맨먼저 야고보가 순교합니다. '네가 첫째가 되고 싶으냐? 되라. 그것은 바로 순교를 의미한다.' 자, 어떻게 하면 좋겠습니까. 무엇을 원하는가? 내가 원하는 바가 무엇인가? 그것도 모르고 서원하고 있습니다.

제가 인천에서 목회할 때 제 사택이 2층집이었는데 2층에 서재가 있었습니다. 서재에서 어느날 책을 보고 있는데, 한창 더운 때가 느껴집니다. 유치원 다니는 제 아들아이가 제 친구와 함께 둘이서 내 방에 들어와가지고 이리 뛰고 저리 뛰고, 여기 앉았다 저기 앉았다 하는 것입니다. 제가 책을 보다말고 "애야, 왜 여기에 들어왔느냐? 무엇을 원하느냐?"하고 물었습니다. "돈이냐 먹는 거냐, 무엇을 얻으려고 여기에 왔느냐?" 그랬더니 이 아이 하는 말이 "아니에요. 아무것도 아니에요. 잠깐 아버지와 같이 있고 싶어서…"합니다. 무슨 뜻으로 한 말인지 모르지만 저는 그때 그 일을 오래오래 기억하고 있습니다. 아버지와 같이 있고 싶어서―무엇을 원하느냐가 어디에 있습니까. 토마스 아퀴나스는 하나님께 기도합니다. 간절히 기도할 때 하나님께서 그에게 응답을 주십니다. '너는 내게 구하라. 내가 네게 무엇을 줄까?' 토마스 아퀴나스는 대답합니다. 'I want nothing but Christ.' 나는 아무것도 바라는 것이 없습니다, 오직 그리스도를 구할 뿐입니다―그리스도와 함께 있는 것, 끝까지 그리스도와 함께 하는 것, 그리스도 계신 그곳에 나도 같이 있는 것, 그것뿐입니다. 베드로는 지금 자기처지에 선 채로 예수님으로부터 내가 무엇을 얻을까, 이 생각을 하고 있습니다. 예수님께서 주려 하시는 것은 그것이 아닙니다. 예수님 계신 곳에 베드로가 있게 하려 하시는 것입니다. 얼마나 엄청난 차이가 있습니까. 지금 프린스턴신학교에 기독교교육학과 교수로 있는 리처드 아스마라고 하는 분이 「A Teaching for Faith」라고 하는 책을 썼는데, 거기서 그는 신앙의 개념을 이렇게 정리하고 있습니다. '신앙이란 평면적인 것이 아니고 4차원적으로 영적인 것이다. 4차원적 영역을 가지고 있다. 첫째, 신앙이란 하나님을 전적으로 신뢰하는 것이다. belief다, 신앙이다. 그리고 그 속에 기쁨이 있는 것이다. 신뢰의 기쁨이다. 두 번째는 relationship(관계성)이다. 하나님께 대한 신뢰로 인해서 내가 이웃에 대하여 평안한 관계를 가지게 된다. 셋째는 total commitment다. 하나님의 역사에 대해서, 하나님 하시는 일에 대해서 완전히 나를 위탁해버리는 것이다. 그리고 만족하는 것이다. 네 번째는, 여기에 미스터리(신비)가 있다.' 보십시오. 버리면 얻는다, 죽으면 산다―이것은 신비입니다. 우리의 경험한 세계가 아니지 않습니까. 다음세계에 대한 문제이거든요. 죽으면 살고, 잃으면 얻는다는데, 이것이 미스터리입니다. 이것을 믿고 살아가는 것이 신앙이다, 하였습니다. 여러분, 버린 자는 얻습니다. 죽어야 삽니다. 그리고 오늘 예수님의 말씀은 너무나도 희한합니다. "내 이름을 위하여 집이나 형제나 자매나 부모나 자식이나 전토를 버린 자마다 여러 배를 받고 또 영생을 상속하리라." 얼마나 놀라운 말씀입니까. 부자는 현세지향적인 애착 때문에 영생을 잃어버렸습니다. 바리새인은 자기의에 도착(倒錯)하여 구원을 얻지 못했습니다. 서기관은 자기지식에 만족하면서 예수님을 영접하지 못했습니다. 제사장들은 자기기득권을 쥐고 있는 한 예수를 영접할 수가 없었습니다. 다 잃어야 다 얻는다고 하신 말씀을 생각해보십시오. 다 잃으면 다 얻게 됩니다. 이것은 신비입니다. "하늘나라에 가면 어떻게 될까요?" 누가 물어봅니다. "거기에도 우리 시어머니가 가 있을까요?"합니다. 하늘나라는 신비입니다. 우리가 경험하지 못한 세계입니다. 경험할 수도 없는 세계입니다. 다음단계인 것입니다. 다음단계의 생명세계에 대한 신비―이것은 주님께서 우리에게 보여주시는대로 믿어야 합니다. 잃으면 얻고, 죽으면 산다, 다 잃어야 다 얻을 수 있다―이 놀라운 진리 앞에 우리는 새롭게 신앙을 정

비하여야 할 것입니다. △

비하여야 할 것입니다. △

일어나 함께 가자

이에 예수께서 제자들과 함께 겟세마네라 하는 곳
에 이르러 제자들에게 이르시되 내가 저기 가서 기도
할 동안에 너희는 여기 앉아 있으라 하시고 베드로와
세베대의 두 아들을 데리고 가실새 고민하고 슬퍼하
사 이에 말씀하시되 내 마음이 심히 고민하여 죽게
되었으니 너희는 여기 머물러 나와 함께 깨어 있으라
하시고 조금 나아가사 얼굴을 땅에 대시고 엎드려 기
도하여 가라사대 내 아버지여 만일 할만하시거든 이
잔을 내게서 지나가게 하옵소서 그러나 나의 원대로
마옵시고 아버지의 원대로 하옵소서 하시고 제자들
에게 오사 그 자는 것을 보시고 베드로에게 말씀하시
되 너희가 나와 함께 한 시간도 이렇게 깨어 있을 수
없더냐 시험에 들지 않게 깨어 있어 기도하라 마음에
는 원이로되 육신이 약하도다 하시고 다시 두번째 나
아가 기도하여 가라사대 내 아버지여 만일 내가 마시
지 않고는 이 잔이 내게서 지나갈 수 없거든 아버지
의 원대로 되기를 원하나이다 하시고 다시 오사 보신
즉 저희가 자니 이는 저희 눈이 피곤함일러라 또 저
희를 두시고 나아가 세번째 동일한 말씀으로 기도하
신 후 이에 제자들에게 오사 이르시되 이제는 자고
쉬라 보라 때가 가까왔으니 인자가 죄인의 손에 팔리
우느니라 일어나라 함께 가자 보라 나를 파는 자가
가까이 왔느니라

(마태복음 26 : 36 - 46)

일어나 함께 가자

30여 명이 탄 배가 대서양을 건너고 있습니다. 그런데 큰 풍랑과 높은 파도로 인해서 이 배가 파손됩니다. 모든 사람이 그대로 침몰하고 마는 그 때에 한 젊은 선원이 널쪽을 타고 용케 표류되어서 무인도에 다다르게 됩니다. 그는 모래밭에 엎드려서 숨을 몰아쉬고 있다가 무릎을 꿇고 하나님 앞에 감사의 기도를 드립니다. "저 사람들이 다 죽는 때에 저 하나를 살려주신 것, 참으로 감사합니다." 그리고 섬을 돌아보았는데, 무인도라 사람은 전혀 살지 않는 곳입니다. 짐승들만 뛰어다니고 있습니다. 그는 살기 위해서 짐승들을 돌로 때려 잡아 돌을 갈아서 불씨를 만들어 구워먹기도 하고, 이렇게 시간을 보내면서 그 누군가가 나타나 구출해주기를 기다렸습니다. 수평선 저쪽에 지나가는 배가 있으면 신호하기 위하여 기다란 장대 끝에 옷을 찢어 매달아가지고 하루종일 이것을 흔듭니다. 그러나 배는 나타나지 않았습니다. 어느덧 겨울이 다가옵니다. 점점 추워지고 있습니다. 그는 만부득이 나뭇가지를 많이 꺾어서 움막을 만들었습니다. 겨울을 나기 위해서 집을 지은 것입니다. 어느날 사냥나갔다가 저녁노을에 돌아오면서 보니 간수해놓았던 불씨가 바람을 맞아 불을 일으키는 바람에 일껏 지어놓았던 움막집이 불타버리는 것입니다. 불이 벌겋게 타오르니 기가 막혔습니다. 여기서 하나님 앞에 원망의 기도를 드립니다. "하나님, 모든 사람이 죽을 때 같이 죽었더면 좋았을 것을 왜 저를 살려두어가지고 이렇게 고생을 시키는 것입니까? 겨울 나려고 집 하나 만들어놓은 것까지 홀랑 태워버리는 것입니까. 하나님, 이럴 수 있는 것입니까?" 원망, 원망 하면서 큰소리로 하나님 앞에 불평하는 기도를 드리다가 지쳐서 잠이 들었습니다. 그런데 귓결에 "부웅-" 뱃고동소리가 들립니다. 큰 배가 가까이 옵니다. 깜짝놀라 뛰쳐일어나 달려가서 선장님을 맞이하였습니다. 어떻게 내가 여기에 있는 줄 알고 왔느냐, 고맙게 인사를 드렸더니 "내가 알 게 뭐요. 불길이 오르고 연기가 나기에 무슨 일이 있는가 하고 왔지요." 내가 지어놓은 이 움막집이 불타버리고 없어져야 살 길이 있어지겠다고 하는 것을 이 선원은 몰랐었습니다.

가끔 우리에게는 이런 때가 있습니다. 하나님의 뜻과 내 뜻이 서로 마주설 때가 있습니다. 우리는 종종 내 뜻이 곧 하나님의 뜻이 되어주었으면 하는 생각에서 기도하지만 하나님께서는 그렇지를 않습니다. 우리의 뜻이 하나님의 뜻과 같기를 원하십니다. 여기서 갈등이 일어나는 것입니다. 하나님은 우리 모두의 뜻이, 우리의 생각이 하나님의 그것과 같기를 원하시는데 우리는 그렇지 못한, 이 긴장관계에 문제가 있습니다. 하나님은 영원한 것을 주려고 하시는데 우리는 순간적인 것, 시간적인 것을 요구합니다. 하나님께서는 전체를 보시고 우리에게 은혜베푸시건만 우리는 부분적인 것을 가지고 사소한 일에 목숨을 겁니다. 때로는 저주받았느니, 때로는 복받았느니, 변덕을 부립니다. 우리는 고작 그 정도밖에 안됩니다. 하나님께서는 미래의 것을 주려고 하시지만 여전히 우리는 현재의 것, 물질적인 것에 매여서 헤어나지를 못합니다. 예수님께서 드린 겟세마네동산의 기도는 참으로 중요한 의미를 띱니다. 예수께서 십자가를 지셨다고 하지만 그것은 사건의 연장일 뿐입니다. 내용적으로는 겟세마네동산에서 모든 문제의 해결을 보신 것입니다. 여기서 십자가의 문제에 대한 완전한 해결을 보시고 그 사건이 연장되어 집행된 것일 뿐입니다. 그런고로 십자가사건의 중심은 겟세마네동산의 기도에 있었다, 문제의 해결도 거기에 있었다, 라고 생각하게 됩니다. 그런데 이 겟세마네동산의 기도를 자세히 본문에서 읽어보면 얼마나 인간적이고, 모든 인간의 역사를 대표하는 것이고, 구속사적이고, 구원론적이고, 그리고 우주적인가를 알 수 있습니다. 한 장면 한 장면이 이렇게도 처절하고 인간적일 수가 없습니다. 여기에 신비가 있습니다. 인간적인 것에서 신비의 세계로 넘어서는 큰 기적이, 그 능력이 여기서 나타납니다. 예수님의 생에 전체가 신비롭습니다. 보십시오. 세상에 오시는 것부터가 신비롭습니다. 우리가 크리스마스때마다 다시한번 생각을 합니다마는 말씀이 육신이 되어 우리 가운데 오셨다는 것, 하나님께서 사람의 몸을 입으시고 이 땅에 오셨다는 것, 신비가 아닙니까. 처음부터 신비롭게 시작됩니다. 예수님께서 병고치시고, 말씀하시고, 놀라운 능력을 나타내십니다. 그런데 왜 사람들에게 환영을 못받으십니까. 그렇게 높으신 분이 왜 세상에서 환영을 못받았느냐, 이것입니다. 왜 그렇듯 지지를 못받으셨을까? 이것 또한 신비에 속합니다. 십자가사건은 말할 것도 없습니다. 죽은 자를 살리시는 능력, 많은 병자를 구원하시는 그 엄청난 능력을 가지신 분이 왜 십자가에 죽으시는 것입니까. 왜 죽으셔야 합니까. 여기에 엄청난 신비가 있습니다. 물론 부활은 더욱 큰 신비의 결정입니다. 그렇게 확실하게 죽으셨는데 어떻게 부활하실 수 있다는 것입니까. 우리는 예수님의 생애, 그리스도의 구속사 전체에 나타난 인간적인 사건과, 역사적인 사건과, 동시에 신비적인 하나님의 역사를 함께 보게 됩니다.

신학자 폴 틸리히가 쓴 「The Courage to Be」라고 하는 유명한 책이 있습니다. 「존재에의 용기」라고 번역됩니다. 정상적인 인간, 피조물로 태어난 모든 인간이 가지는 실존적 불안, 실존적 고민이 있음을 말하고 있습니다. 첫째가 운명과 죽음에 대한 불안입니다. 인간은 아무리 살려고 애써도 죽습니다. 안죽어보려고 애를 씁니다마는, 유전공학이니뭐니 하고 별소리를 다 하지마는 인간은 죽습니다. 이 죽음이라고 하는 것을 우리는 받아들여야 됩니다. 이것은 실존적이고 부인할 수 없는 확실한 사건입니다. 동시에 이 사건은 항상 현재적이라는 것입니다. 언제 죽을는지 모르는 것입니다. 죽는다는 데 대해서는 이의가 있을 수 없습니다. 이의를 제기할 수는 없습니다마는 그러나 언제 죽느냐, 그것은 문제인 것입니다. 올 때는 순서가 있지만 갈 때는 순서도 없습니다. 할아버지, 아버지, 아들… 이렇게 차례로 오지마는 갈 때는 손자가 먼저 갈 수도 있습니다. 젊었다고해서 ‘나는 시간이 많이 남았다’고 생각할 사람이 어디에 있습니까. 항상 우리는 죽음에 대한 불안을 안고 살아갑니다. 그것만이 아닙니다. 중요한 것은 죽음이라는 것이 중단을 뜻한다는 것입니다. 여러분, 할일 다하고나서 ‘이젠 가겠습니다’ 하는 사람 보았습니까. 일하다가 그만두는 것입니다. 공부하다가도 그만둡니다. 준비하다가도 그만둡니다. 어느 사이에 딱 멈추면 거기서 끝나는 것입니다. 이럴 때 우리는 기막혀합니다. 일 지금 시작하는데, 이제 일할만한데 여기서 그만두라는 것이니 말입니다. 이래도 되는 것입니까. 여기에 우리의 불안과 어려움이 있는 것입니다. 예수님께서는 서른세 살에 끝내십니다. 여기서 생각해봅시다. 삼십 년을 일해도 모자란데 삼 년 일하고 여기서 끝내라는 것입니다. 얼마나 받아들이기 어려운 일입니까. 제가 서른세 살에 영락교회에, 한경직 목사님이 목회하실 때 초청받아서 일주일 동안 부흥회를 인도한 적이 있습니다. 한목사님이 어느 때 저를 길에서 만나 말씀합니다. "곽목사." "예." "우리 교회 와서 부흥회 한번 인도하라우." "아유, 한목사님이 목회하시는데 어린 제가 어떻게 감히 가서 하겠습니까." "몇살인데?" "서른세 살입니다." "예수님은 서른세 살에 끝을 내셨는데…" "알겠습니다. 가겠습니다." 그리고 철없이 가서 부흥회를 인도하였습니다. 서른세 살에 끝내시다, 더구나 예수님의 공생애를 보면 삼 년밖에 일하지 않으셨습니다. 삼 년 일하시고 여기서 끝을 낸다―기막힌 이야기 아닙니까. 이것이 인간의 실존입니다. 그런가하면 공허와 허무의 불안이 있습니다. 자, 내가 하고 있는 일이 의미있는 일인가―자기긍정성에 대한 위협을 느낍니다. 내가 하고 있는 일, 괜찮은 것인가, 할만한 일인가, 또 잘한 일인가, 앞으로도 잘될 것인가? 아무리 생각해도 잘못살아온 것같지 않습니까? 더구나 이대로 끝난다면 그것 아무것도 아니지요. 완전히 수포로 돌아가는 것같지 않습니까? 이러한 고민이 있습니다. 또하나는, 죄와 정죄에 대한 불안입니다. 이것은 도덕적 자기긍정에 위협을 느낄 때 오는 불안입니다. 아무리 바르게 살아보려고 딴에는 애썼다고 하지만 보니 바르게 산 것이 없거든요. 어느 젊은 목사님이 차를 몰고다니면서 늘 불평이 많았습니다. 아, 도대체 왜들 이렇게 교통법규를 안지킬까, 붉은 신호가 나왔는데도 막 지나가지를 않나, 사람이 마구 건너가지를 않나, 오토바이가 이리 뛰고 저리 뛰고 하지를 않나, 영 마음에 안듭니다. 왜 이렇게 교통법규를 안 지킬까, 원망도 하고 불평도 했습니다. 어느날 어머니가 병환에 걸렸습니다. 택시를 불러 어머니를 태워가지고 병원으로 가는데 택시기사에게 "아무쪼록 빨리 갑시다, 빨리 갑시다"하였더니 택시기사가 운전신호를 무시하고 요리조리 아슬아슬 빠져나가는데 얼마나 기분이 좋던지 택시기사한테 고맙다 인사하고 팁도 많이 주었습니다. 보십시오. 남이 할 때는 다 못마땅하고 내가 할 때는 신바람이 나고… "그놈이 그놈이지"라는 소리가 실감나더라고 합니다. 때로는 우리가 누구를 비판하고 세상도 비판을 하지만 좀더 진지하게 생각해보면 남이 나보다, 내가 남보다 나을 것이 아무것도 없을 것입니다. 나은 것이라면 위선이라는 죄가 하나 더 있다는 정도입니다. 뭘 깨끗하다 하고 뭘 옳다 하는 것입니까. 이것이 다 고통인 것입니다. 이렇고보니 도대체 어떻게 되는 것입니까. 이런 고민이 우리에게 있습니다.

예수 그리스도께서 오늘 겟세마네동산을 올라가시면서 많이 고민하셨다, 합니다. 도대체 무슨 고민을 하셨을까요? 저는 이것이 참으로 궁금합니다. 아직도 다 해결되지를 않습니다. 알 듯 모를 듯합니다. 우리야 어차피 약하니까 고민이 많지만 예수님이야 알기도 하시고 능력도 있으신데 왜 고민하셔야 됩니까. 거기에 신비가 있는 것입니다. 예수님께서는 십자가 지시기로 이미 결심하셨습니다. 누가복음 9장 51절에 보면 "예루살렘을 향하여 올라가기로 굳게 결심하시고"하였습니다. 예루살렘 쪽을, 십자가를 바라보시면서 이미 굳게 결심하셨습니다. 또 성만찬예식까지 바로 전에 하시지 않았습니까. 이것은 내 피요 이것은 내 살이다, 너희를 위하여 내가 죽노라, 다 말씀하셨습니다. 송별회까지 다 끝내신 것입니다. 그런데 십자가를 앞에 놓고 겟세마네동산에 올라가시면서 왜 고민이 있으십니까. 문제는 여기에 있습니다. 현실적 문제입니다. 구체적 상황에 있는 불안입니다. 하나님, 이것이 정말 당신의 뜻입니까, 내일아침, 서른

세 살에, 일하기 시작한 지 삼 년만에 이대로 죽어지는 것이 하나님의 뜻입니까—이것을 묻고계신 것입니다. 이 방법, 이 길, 바로 지금입니까, 물으시는 것입니다. 후계자는, 이 제자들은 아직 형편없는데 여기서 일을 끝낸다니, 이래도 되겠습니까? 어떤 신학자는 이런 말도 하였습니다. 짓궂은 말입니다. '적어도 예수님께서는 내 나이쯤 될 때까지는 일하셨어야 했다.' 그때 그의 나이가 예순이었습니다. 적어도 예순까지는 일하셨어야지 고작 삼 년에 끝내가지고 되겠느냐—맞는 말입니다. 또한, 이 죽음에 따르는 결과는 어떻게 되는 것입니까, 악에게 자리를 봐주는 것이 아닙니까, 모든것을 불의한 세계에 내맡겨버리는 것이 아닙니까, 십자가의 죽음에 대한 대가는 무엇이며 그 보상은 무엇입니까—이것을 물으시는 것입니다. 여기에 고민이 있는 것입니다. 우리의 기도에는 때로 객관적인 기도가 있고 때로 주관적인 기도가 있습니다. 객관적인 기도란 기도하면서 내 뜻을 하나님의 뜻에 복종시키는 것입니다. 그러기 위하여 기도하는 것입니다. 주관적인 기도란 하나님의 능력과 지혜를 구해서 내 소원을 이루겠다는 기도입니다. 내 뜻을 이루어보겠다는 것입니다. 언제나 이둘이 서로 갈등을 빚습니다. 이제 예수님께서는 해답을 얻으십니다. 문제의 해결을 여기서 얻으십니다. "내 뜻대로 마옵시고…" 나의 지식, 나의 판단, 나의 재능, 나의 신뢰, 나의 능력, 다 포기해버립니다. 인간적인 생각을 완전히 버리고 하나님께 맡기십니다. "아버지의 원대로 하옵소서." 요한복음 18장 11절에 보면 "아버지께서 주신 잔을 내가 마시지 않겠느냐" 말씀하십니다. 상황적으로는 빌라도가 십자가를 지우는 것입니다. 그러나 그것도 아닙니다. 가야바 때문도 아니고 가룻 유다 때문도 아닙니다. 그 누구 때문도 아닙니다. 사랑하시는 아버지께서 사랑하시는 아들에게 지우시는 십자가—그렇게 믿고, 그렇게 깨닫고, 그렇게 받아들이십니다. 이것이 겟세마네동산의 기도입니다. 아버지의 뜻대로, 입니다. 그렇게 이루어지이다, 하십니다. 현실 안에 있는 하나님의 뜻을 믿고 그에게 자신을 온전히 위탁하시는 것입니다. 빌라도가 재판을 합니다. 그러나 그 뒤에 하나님께서 계십니다. 가야바가 악을 행합니다. 그러나 그도 하나님의 손에 있습니다. 모순치고 빌라도법정같은 모순이 어디에 있습니까. 십자가같은 불의함이 어디 있고 십자가같은 잘못된 사건이 어디 있습니까. 그럼에도 예수님께서는 그 사건 앞에서, 그 현실상황 앞에서 그대로 모든것이 하나님의 뜻이고, 하나님의 손에 있음을 아시고 그에게 당신자신을 위탁하십니다. 하나님의 능력, 하나님의 지혜, 하나님의 사랑에 자기생명을 그대로 바치시고 맙니다. 이것이 겟세마네동산의 기도요, 여기에 신비가 있고 여기에 승리가 있는 것입니다.

이제 제자들에게 말씀하십니다. 깨어 있으라, 함께 기도하라, 함께 가자, 하십니다. 이 세 마디의 말씀을 들어보십시오. 나와 함께 기도하라, 그리고 함께 가자—제자들이 함께 깨어 있지 못하였기에, 함께 기도하지 못하였기에 마지막말씀, 함께 가자, 하실 때 저들은 가지 못하고 맙니다. 여기 슬픈 이야기가 하나 있습니다. 많은 사람들에게 감동을 주었던 영화, 아마 여러분도 다 보셨을 것으로 압니다. 「타이타닉」이라고 하는 영화가 있습니다. 우리는 그 영화를 볼 때, 그 장엄한 스펙터클도 볼만하지만 그저 주연배우에만 관심이 있어서 여자배우가 예쁘구나 어떻구나, 하는 이야기만 하는 사람도 있습니다마는 이 영화에는 중요한 메시지가 있습니다. 스트라우스라고 하는 부인이 남편과 함께 이 운명의 배를 탔습니다. 이 배가 침몰하고 있을 때, 아시는 바와 같이 구명보트를 내려놓고 여자와 아이들은 다 그리로 옮깁니다. 그래서 여자와 아이들은 많이 죽지 않았습니다. 이때에 스트라우스라고 하는 이 부인도 구명보트에 옮겨타게 됩니다. 남편은 침몰하고 있는 뱃전에서 이야기합니다. "여보, 어서 타요. 빨리 저리로 옮겨앉아요." 그때에 여인, 스트라우스가 남편의 눈을 바라봅니다. 놓으려는 손을 잡고 바라보는데, 그 깊은 눈을 바라보니 가슴이 아픕니다. 마침내 그녀는 남편의 팔을 잡아끌면서 자기가 구명보트로부터 몸을 날려 침몰하는 배로 옮겨갑니다. 그리고 뜻깊은 말을 합니다. "당신이 가는 곳에 나도 함께 가겠습니다." 그리고 그 배에서 함께 죽어갑니다.

오늘 주님께서 우리에게 말씀하십니다. 함께 가자! —이것이 사랑이요, 이것이 믿음입니다. 내 뜻 버리고 주님의 뜻을 선택한다고 하는 그것이 무엇을 의미합니까. 함께 깨어 있는다는 것이 무엇이며, 함께 기도한다는 것이 무엇이며, 함께 간다는 것이 무엇을 의미하는 것입니까. 주님과 함께 죽을 때 주님과 함께 부활하는 생명의 역사를 체험하게 되는 것입니다. 여기에 영원한 신비가 있고 복음이 있습니다. △

예수께서 얻은 영광

저가 나간 후에 예수께서 가라사대 지금 인자가 영
광을 얻었고 하나님도 인자를 인하여 영광을 얻으셨
도다 만일 하나님이 저로 인하여 영광을 얻으셨으면
하나님도 자기로 인하여 저에게 영광을 주시리니 곧
주시리라 소자들아 내가 아직 잠시 너희와 함께 있겠
노라 너희가 나를 찾을 터이나 그러나 일찍 내가 유
대인들에게 너희는 나의 가는 곳에 올 수 없다고 말
한 것과 같이 지금 너희에게도 이르노라 새 계명을
너희에게 주노니 서로 사랑하라 내가 너희를 사랑한
것같이 너희도 서로 사랑하라 너희가 서로 사랑하면
이로써 모든 사람이 너희가 내 제자인줄 알리라 시몬
베드로가 가로되 주여 어디로 가시나이까 예수께서
대답하시되 나의 가는 곳에 네가 지금은 따라 올 수
없으나 후에는 따라 오리라 베드로가 가로되 주여 내
가 지금은 어찌하여 따를 수 없나이까 주를 위하여
내 목숨을 버리겠나이다 예수께서 대답하시되 네가
나를 위하여 네 목숨을 버리겠느냐 내가 진실로 진실
로 네게 이르노니 닭 울기 전에 네가 세 번 나를 부
인하리라

(요한복음 13 : 31 - 38)

예수께서 얻은 영광

　얼마전에 매우 흥미로운 제목을 가진 책 한 권이 출간되었습니다. 「제 장례식에 놀러 오실래요?」라고 하는 이름의 책입니다. 이 책의 저자는 「내가 알아야 할 모든것은 유치원에서 배웠다」라고 하는 책을 쓴, 로버트 풀검이라고 하는 분입니다. 이로써 세계적인 베스트셀러 작가가 된 분입니다. 흥미있지 않습니까? 「제 장례식에 놀러 오실래요?」—출생에서부터 우리인간이 살아가는 모든 모습 속에 결국은 계속적으로 축제적인 것이 있다는 것입니다. 생일, 졸업식, 결혼식, 동창회, 그리고 영결식, 영안실 앞에서의 장례식… 이렇게 사람들은 나서부터 죽을 때까지 의식과 의례로 연결되는 삶을 살아가고 있다는 것입니다. 어쩌면 항상 여기에다 마음을 두고 그것을 하나의 작은 정점으로 해서 살아가고 있는 것입니다. 아마도 특별히 여인들이 더 그런 것같습니다. 결혼식, 그것 대단하게 생각하지 않습니까. 지나고보면 별것도 아니지만. 재미있는 것은 여자분들이 결혼식을 몇달 전부터 준비하고, 한 달 전부터 마사지하고, 그런다고 합니다, 그 한 시간을 위해서. 그런데 남자들은 결혼식날 아침에도 직장에 갔다오는 사람들이 있습니다. 제시간 되어서야 헐레벌떡 뛰어들어와서는 어디 갔다오느냐, 물으면 직장에 갔다왔다고 대답합니다. "아니, 너 결혼식인데도?" "우두커니 앉아 있으면 뭘 합니까?" 예식이라는 것, 식전(式典)이라는 것이 우리삶의 의미를 전부 평가해주고 있거든요. 그런데 죽음에 대한 교과과정은 여기에 빠져 있다는 것입니다. 긴급상황, 혹은 의술의 한계, 이런 것으로 인해서 안타깝게 닥쳐오는 사고인 것처럼 생각을 합니다. 죽음은 accident가 아님니다. 죽음은 절대로 사고가 아닙니다. 당연한 일입니다. 마치 우리에게 졸업식이 있고 결혼식이 있는 것과도 같이 당연한 것입니다. 장례식은 그 중에서도 절정이 아니겠습니까. 그런데 가장 소중한 이 예전(禮典)이 빠졌고 많은 사람들이 이 문제에 대해서는 아무 생각도 없고 아무 준비도 없습니다. 거기에 문제가 있는 것입니다. 마치 피치못할 사건인 것처럼, 병과 사고로 인해서 없어야 할 일이 있는 것처럼, 죽지 말아야 할 사람이 죽은 것처럼 죽음을 받아들입니다. 그런 것입니까? 적어도 우리가 죽음에 대해서만은 노 코멘트입니다. 어떤 모양으로 죽었건, 언제 죽었건, 죽음자체는 그대로 우리가 받아들여야 하는 것이거늘, 그럼에도 불구하고 마치 안죽을 사람이 사고로 잘못되어서, 뭔가 잘못되어서 죽었다고 합니다. 사람 죽은 다음에 의사를 걸어서 고소하는 사람들도 있습니다. 네가 죽였다, 아우성치면서. 저도 한번 의사가 실수해서 죽였다고 야단해서 아주 강하게 말려본 일이 있습니다. 믿는 사람은 죽음에 대해서는 그렇게 발광을 하는 것이 아닙니다. 어떤 과정으로 죽었든 죽은 것은 죽은 것이고, 그것은 하나님께서 부르신 것이라고 받아들여야 되는 것입니다. 결국 죽음에 대한 준비들이 전혀 없다, 하는 이야기입니다. 다시한번 생각합니다. 죽음은 결코 accident가 아닙니다. 가장 자연스럽고, 모든 의전(儀典) 중에, 우리가 당하는 모든 축제적 사건 중에 가장 큰 사건이어야 한다는 것입니다. 이 책에서 아주 멋진 장례식 하나를 소개합니다. 사실로 있었던 이야기입니다. 마샤 카터라고 하는 할머니가 있는데 그가 세상을 떠날 때, 자신의 삶을 명랑하게 아름답게 살았고 또 삶의 절정인 죽음을 가장 아름답게 스스로 장식하고 세상을 떠났습니다. 그는 유서를 통해서 모든 손님들에게, 자기장례에 올 손님들에게 절대로 상복은 입지 말고 화사한 옷을 입으라고, 절대로 그날 슬픈 이야기나 슬픈 노래를 부르지 말고 아주 밝은 노래, 기쁜 노래를 부르고 박수를 치고 만장으로 웃음을 웃어가면서 아름답고 경쾌한 프로그램으로 장례식을 치러달라고 목사님께 부탁을 합니다. 그리고 마지막에 고인의 편지가 낭독됩니다. '지금까지 저는 멋진 인생을 살았습니다. 제게 고마움을 베풀어준 모든 분들에 대하여 감사를 드립니다. 문앞에 죽음이 어른거리면 저는 따라나설 것입니다. 춤신발을 바꾸어신고 훌쩍 떠날 것입니다. 여러분도 그렇게 되기를 바랍니다. 안녕히! 사랑을 띄우며, 마샤.' 이렇게 세상을 떠났고 그 장례식은 그야말로 굉장한 음악회로, 굉장한 축제로 치러졌습니다. 여러분, 이것이 남의 나라만의 이야기가 아닙니다. 우리 나라에서도, 특별히 교육계의 지도자로 높이 존경을 받던 김활란 박사님. 특별히 마지막쯤 가서는 얼마나 전도율이 높았는지 우리나라에서 거행되는 모든 전도대회에는 그 분이 언제나 주동적 역할을 하였습니다. 선교와 전도에 열을 올렸습니다. 그가 세상떠날 때 "내 장례식에 장송곡을 부르지 마라. 음악회와 같이, 축제와 같이 지내다오. 절대로 눈물을 흘리지 마라"하고 유언해서 그 장례식은 정말 훌륭한 음악회로 치러졌던 것을, 기억하시는 분은 기억하실 것입니다. 그렇습니다. 남의 이야기가 아닙니다. 왜 남의 이야기인 것처럼 듣고 있습니까. 여러분은 지금 누구이야기를 듣고 있는 것입니까? 나 자신의 이야기라는 것을 잊지 말아야 합니다. 내가 가야 할 길입니다. 바로 내 눈앞에 있는 일입니다.

예수님께서는 지금 십자가 지시기 열두 시간쯤 앞에 계십니다. 단적으로 말하여 죽음이 앞에 있습니다. 억울하고, 비참하고, 도대체 역사상 가장 비참하다고 하는 그 십자가의 죽음이 앞에 있습니다. 그것을 아십니다. 그리고 제자들과 함께 소위 '최후의 만찬'을 하십니다. 성만찬예식을 행하십니다. 이것은 생전의 마지막사건입니다. 그러나 예수님께서는 여러 차례 말씀하십니다. '바로 이 시간을 기다리고 기다렸노라.' 어떻습니까? 여러분도 마지막으로 세상을 떠날 때 '나는 이 시간을 한평생 기다려왔노라' 하는 거룩하고 찬란한 작품을 만들어야지요, 작품을. 그럴 생각 없습니까? 예수님께서는 앞에 다가오는 모든것을 알고 계십니다. 제자들은 그것을 모르고 있습니다. 지금도 허황한 꿈에만 빠져 있습니다. 예수를 파는 가룻 유다 한 사람은 예수님의 죽음에 대한 것을 알고 있습니다. 그래서 '성만찬'의 이 시간이 참 묘한 시간입니다. 그 분위기가 아주 특별합니다. 예수님께서는 바로 이런 시간에 제자들의 발을 씻기십니다. 손수 세숫대야에 물을 떠다가 허리를 굽혀서 한 사람, 한 사람, 이 철없는 제자들, 이 멍청한 제자들의 발을 씻기십니다. 이, 놀라운 사건이 아닙니까. 그리고 이 일을 사도 요한은 뒤늦어 이렇게 봅니다. 오늘본문 저 앞의 13장 1절을 보면 이런 말씀을 합니다. "자기사람들을 사랑하시되 끝까지 사랑하시니라." 끝까지 사랑하시니라—이것을 사랑의 계시로 설명하고 있습니다. 그런데 예수님께서는 못내 이 제자, 가룻 유다가 마음에 걸립니다. 왜냐하면 예수님 하신 일이 다 옳고, 다 놀랍게 영광을 받으실만한 일이지마는 예수님의 생애에 굳이 흠집이 있다면, 인간적으로 비판을 한다면 당신제자의 손에 팔리셨다는 사실입니다. 이것은 영 마음에 걸리는 일입니다. 그 제자가 지금 이 성만찬, 이 최후의 만찬에 자리를 같이하고 있는 것입니다. 그래 예수님께서 제자들의 발을 씻기시면서, 내가 이렇게 발을 씻기면 너희가 다 깨끗하다마는 다는 아니니라, 하십니다(13:11). 예수님께서는 제자들 중 가룟 유다의 발을 가장 먼저 씻어주셨다고 크리소스토무스는 말합니다. 이렇게 사랑을 베풀고 이렇게 발을 씻기시는데도 유다는 마음이 변하지를 않습니다. 그 마음에 회개가 없습니다. 그 완악한 마음—예수님 가슴이 아프십니다. 바로 이런 문제로 상당한 시간 고민하신 것같습니다. 그리고 예수님께서는 이제 결단을 내리십니다. "네 하는 일을 속히 하라." 네가 하고자 하는 일을 하라—끝내 이 제자는 예수님을 배반하고 맙니다. 예수님께서는 회개의 기회를 주시기 위하여 '너희 중에 나를 팔 자가 있느니라' '내 떡을 먹는 자가 나를 팔 것이니라' '나와 함께 떡그릇에 손을 넣는 자가 나를 팔 것이니라' 하시고 마지막에는 '네가 나를 팔 것이니라' 라고 본인에게도 말씀하십니다. 이 정도 되면 유다가 회개할만도 한데 끝내 회개하지 않을 때 네가 하고자 하는 일을 하라, 하십니다. 유다는 문을 차고 나가버립니다. 나가는 그 뒷모습을 보시고 이제 예수님 말씀하십니다. "지금 인자가 영광을 얻었고"—승리하신 것입니다. 이제 여기서 결정적으로 십자가사건은 이루어집니다. 이제는 되돌이킬 수가 없습니다. '인자가 영광을 얻었다.' 그렇게 말씀하십니다. 깊은 뜻이 있는 말씀입니다. 요한복음 12장 23-24절 보면 "인자의 영광을 얻을 때가 왔도다"하시고 이어서 "한 알의 밀이 땅에 떨어져 죽지 아니하면 한 알 그대로 있고 죽으면 많은 열매를 맺느니라"하십니다.

여기서 우리는 깊이 생각하여야 합니다. 예수님께서 이 최후의 만찬을 축제로, 영광으로 받아들이실 수 있었던 것은(무엇보다 중요한 것은) 그 죽음이 선택적인 것이기 때문입니다. 얼마든지 피할 길이 있습니다. 적어도 이 시간 피할 길이 있습니다. 예루살렘에 올라오시지 않아도 되는 것이고, 가룟 유다와의 관계를 바로잡으셔도 되는 것이고, 어쨌든 기회는 얼마든지 있었습니다. 빌라도법정에서까지도 한 말씀만 하셔도 십자가를 안지실 수 있는데 예수님께서는 지금 선택적으로 그 고난의 길을 택하십니다. 선택적으로 십자가의 길을 택하십니다. 이것을 잊지 말아야 합니다. 요한복음 10장 18절에 보면 "(목숨을) 내게서 빼앗는 자가 있는 것이 아니라 내가 스스로 버리노라"하십니다. 스스로 버리노라, 하십니다. 여러분은 지금 사는 길이 선택한 것입니까, 아니면 억지로 주어진 것입니까? 형벌로 주어진 것입니까, 아니면 저주로 주어진 운명을 살아가고 있는 것입니까? 내가 사는 현실은 내가 선택한 것이다, 알고, 신앙으로 확실한 믿음에서 나 스스로 선택한 것이다, 이 고난은 내가 선택한 것이다, 할 수 있을 때 그것만이 의미가 있습니다. 한평생 가족을 위해서, 남편을 위해서 수고하는 주부의 마음도 그렇습니다. 이것은 내가 선택한 것이다, 오늘도 내가 선택한 것이다, 할 때 이것이 사랑이 되는 것이지 아무리 수고를 해도 "아이고 내 팔자야"하는 것이라면 그 수고는 아무 의미가 없는 것입니다. 내가 선택한 것일 때, 이 고난의 길이 내가 스스로 선택한 것일 때에만 영광이 있는 것입니다. 자랑이 되는 것입니다. 이것은 내게 주신 특별한 복입니다. 내게만 주신 것입니다. 예수님의 그 선택된 수고가 이제 절정에 달합니다. 세상에 오셨고, 많은 고난 당하셨고, 이제 십자가에서 그 클라이막스에 도달합니다. 절정에 도달한 바로 그 감격입니다. 나는 영광을 얻었다, 하나님께서 나에게 영광을 주신다―아, 놀라운 이야기가 아닙니까. 최후의 만찬에서 영광의 축제를 예수님께서는 느끼고 계셨습니다. 가룟 유다에 대한 복잡한 문제도 이제는 다 하나님께 맡기셨습니다. 이것이 하나님의 뜻이요, 이것이 하나님의 원하시는 바라면, 그 마치 예수님의 사역에 흠집과도 같이 주어지는 아주 불미스러운 사건이지마는 이것도 하나님께 맡기십니다. 그리고 자유하십니다. 이제 영광을 얻었다, 하십니다.

또 십자가사건에 대한 확신입니다. 이 십자가 뒤에 부활이 있습니다. 그래 오늘 예수님께서는 계속해서 나는 간다, 갔다가 다시 올 것이다, 하십니다. 죽음을 일러 간다, 라고 말씀하시면서 제자들에게 '조금 후에는 너희가 나를 못보겠고 조금 후에는 나를 보리라' 말씀하십니다. 이 엄청난 십자가사건 뒤에 있을 일에 대하여 확실한 믿음, 그야말로 확신이 있으십니다. 부활의 아침을 바라보십니다. 이 골고다언덕 넘어서 있는 부활의 아침을 환하게 바라보시기에 그는 십자가를 바라보며 영광을 느끼고 계셨습니다.

또한 이 죽음은 놀라운 의미가 있는 것입니다. 이로써 만백성이 구원을 받게 됩니다. 내가 죽어서 썩어지는 밀알이 됨으로 많은 열매를 맺는다, 내가 사망권세를 이김으로 온 우주적인 구원의 역사가 이루어진다―사실입니다. 대속하시는 역사가 이루어집니다. 마태복음 20장 28절에 보면 "인자가 온 것은 섬김을 받으려 함이 아니라 도리어 섬기려 하고 자기 목숨을 많은 사람의 대속물로 주려 함이니라" 말씀하십니다. 그 죽음이 띠고 있는 의미, 예수님의 십자가의 죽음이 띠고 있는 만백성을 향한 구원의 의미, 사망권세를 이기고 모든 백성을 구원하시는 크고 놀라운 그 위대한 의미를 예수님께서는 알고 계셨기에 '나는 영광을 느낀다' 말씀하십니다.

그리고 또 이런 일을 생각할 때마다 우리는 후계자를 생각하지 않을 수가 없습니다. 그렇게 삼 년 동안 일하시고 이렇게 죽어가시면 그 다음은 어떻게 되는가? 후속결과, 그 이후가 궁금한 것입니다. 이대로 끝나는 것은 아닌가? 의문이 납니다. 그렇습니다. 그것으로 끝나서는 안되는 것입니다. 그래서 오늘 예수님께서는 놀라운 말씀을 하십니다. 제자에 대한 신뢰, 확신이 있습니다. 현재는 제자들이 한심합니다. 그러나 이 제자들의 저 앞에 있는 미래를 확신하고 계십니다. 요한복음 13장 6절로 봅시다. 제자들의 발을 씻기실 때 베드로에게 이르시매 "주께서 내 발을 씻기시나이까"하고 베드로가 사양하자 예수님께서 이런 말씀을 하십니다. "나의 하는 것을 네가 이제는 알지 못하나 이 후에는 알리라." 왜 내가 네 발을 씻기는지, 이것에 얼마나 중요한 의미가 있는지를 지금은 네가 모른다, 그러나 훗날에는 알 것이다, 하십니다. 또 36절에 보면 "나의 가는 곳에 네가 지금은 따라올 수 없으나 후에는 따라오리라"하십니다. 놀라운 말씀입니다. 베드로가 지금 한심한 소리 하고 있습니다. 무슨 영문인지도 모르는 채 '죽을지언정 따라가겠습니다. 내가 주님을 부인하지 않겠습니다' 하고 장담을 하지마는 예수님께서 무엇을 모르시겠습니까. "닭 울기 전에 세 번 나를 부인하리라"하십니다(38절). 이렇게 한심하고 비겁한 제자들임을 다 알고 계시면서도 예수님의 마음속에는 깊은 자신감이 있습니다. 이 후에는 나를 따라오리라, 하십니다. 지금은 네가 나를 부인하겠으나 훗날에는 네가 로마에서 거꾸로 못박혀 죽을 것이다, 내가 십자가에 죽듯이 너도 십자가에 죽을 때가 올 것이다, 하심입니다. 확신하십니다. 여러분은 혹 자녀들을 가르치면서 이런 자신감이 없습니까? 아이들이야 뭐 장난도 심하고 사고도 내고, 그렇지 않습니까. 그러나 이것을 꾸중할 것이 아니라 새로운 용기로 그 의미를 바꾸어놓아야 되는 것입니다. 이것이 부모의 책임입니다. 그런데 아이들이 뭘 좀 잘못한다고해서, 어디 가서 한 번 싸우고 들어왔다고해서 아이고, 이건 가문의 망신이다, 싹이 노랗다, 해서야 되겠습니까. 용기있다, 괜찮다, 이제 네가 생각을 바꾸게 되면 지도자체질이 된다, '보스기질'이 넉넉하다… 왜 이렇게 생각하지를 못합니까. 지금은 이 모양이지만 장차는 한바퀴 휙 돌게 되고 그때는 알리라, 내가 너를 사랑하는 것, 내가 너에게 기대하는 것, 내 뜻을 네가 알고 네가 나를 따르리라—예수님의 확신입니다. 그 형편없는 제자를 놓고 예수님께서는 걱정을 하시지 않습니다. 이후에는 네가 나를 따라올 것이다—그러기에 예수님께서는 영광을 누리십니다.

영광을 얻었다—놀라운 승리입니다. 요한복음 16장 33절에 보면 "내가 세상을 이기었노라" 선포하십니다. 내가 세상을 이겼노라—최후의 만찬은 확실히 예수님의 마음에는 큰 축제였습니다. 이것을 잊지 말아야 합니다. 독일의 신학자 불트만은 「성령의 능력 안에 있는 교회」라고 하는 책에서 '예수의 영광'이라는 제목하에 이렇게 말합니다. '예수님께서는 죽음을 선택하셨기에 부활의 영광을 누리셨다. 예수의 생애란 한마디로 축제적 생애였다. 지배자의 생을 산 것이 아니요 노예적인 생을 산 것도 아니다. 자유와 자유의 선포와 사랑의 실천과 그 자유 속에 있는 영광을 누리며 살아가는 생이었다. 이 영광의 절정이 바로 십자가에서 이루어진 것이다.' 여러분, 주께서 예루살렘에 입성하실 때, 사람들은 그 뜻을 모릅니다. 그러나 예수님만은 아십니다. 그렇기에 승리의 축제로, 앞에 십자가가 있지마는 십자가를 향해서 나귀를 타고 만세를 부르며 올라가십니다. 이 아니 축제입니까. 최후의 만찬, 그것은 십자가를 앞에 놓고 이루어지는 절정의 축제입니다. 뜻을 모르는 사람에게는 슬픈 송별회입니다. 슬픈 이별의 시간입니다. 그러나 뜻을 다 알고 계시는 예수께는 이것은 승리의 시간, 축제의 시간이었습니다. 오랫동안 기다리고 기다리던 일이 오늘 이 자리에 와서 열매를 맺고 절정에 이릅니다.

여러분은 마지막을 어떻게 맞고 싶습니까? 승리와 자유와 종말론적 축제로 그날을 맞아야 할 것입니다. 바로 그 마음으로 오늘을 사는 것입니다. 우리가 하루하루 무슨 일을 당해도 이것은 내가 선택한 것이요 내게 주어진 자유요 내게 주어진 영광입니다. 축제, 승리, 영원한 자유, 영광, 그것이 예수님의 마음이었습니다. 우리는 바로 그 승리, 그 마음으로 오늘을 살아갈 것입니다. △

이것을 네가 믿느냐

예수께서 와서 보시니 나사로가 무덤에 있은 지 이미 나흘이라 베다니는 예루살렘에서 가깝기가 한 오리쯤 되매 많은 유대인이 마르다와 마리아에게 그 오라비의 일로 위문하러 왔더니 마르다는 예수 오신다는 말을 듣고 곧 나가 맞되 마리아는 집에 앉았더라 마르다가 예수께 여짜오되 주께서 여기 계셨더면 네 오라비가 죽지 아니하였겠나이다 그러나 나는 이제라도 주께서 무엇이든지 하나님께 구하시는 것을 하나님이 주실 줄을 아나이다 예수께서 가라사대 네 오라비가 다시 살리라 마르다가 가로되 마지막 날 부활에는 다시 살 줄을 내가 아나이다 예수께서 가라사대 나는 부활이요 생명이니 나를 믿는 자는 죽어도 살겠고 무릇 살아서 나를 믿는 자는 영원히 죽지 아니하리니 이것을 네가 믿느냐 가로되 주여 그러하외다 주는 그리스도시요 세상에 오시는 하나님의 아들이신 줄 내가 믿나이다

(요한복음 11 : 17 - 27)

이것을 네가 믿느냐

「콘택트」라고 하는 영화가 있습니다. 이 영화의 주인공 엘리는 어렸을 때 아버지를 여의게 됩니다. 아버지가 심장병으로 세상을 떠난 것입니다. 아버지의 장례식을 도와준 신부님이 어린 엘리를 위로하느라고 많이 생각한 끝에 이렇게 말합니다. "때로는 이해하기 어려운 일들이 우리에게 일어나지만 그 깊은 속에는 하나님의 섭리가 있는 것이란다." 이렇게 위로하려고들지마는 엘리는 전혀 위로를 받지 못합니다. 왜냐하면 그녀는 아버지가 왜 죽었는지를 알고 있기 때문입니다. 그녀가 알고 있는 아버지의 사인은 이렇습니다. 아버지는 본래 심장병이 있었습니다. 자주 발작을 하고 어려운 때가 많았는데 그럴 때마다 심장약을 먹어서 진정시키곤 하였습니다. 그런데 화장실에 들어가 있을 때 발작을 일으킵니다. 문은 닫혀 있고 그 자리에 다른 사람은 아무도 없었습니다. 결국은 약을 먹지 못하고 죽었습니다. 그래서 어린 엘리는 이렇게 생각을 합니다. '화장실에 심장약이 준비되어 있지 않았기 때문에 아버지는 돌아가셨다.' 하나님의 섭리도 아니고 무엇도 아니다, 오직 화장실에 심장약을 준비해놓지 못한 탓이다, 만일에 거기에 심장약을 준비해놓았더라면 아버지는 안돌아가셨을 것이다, 라고 생각합니다.

여러분, 죽음문제에 대해서 우리는 깊이 생각해보아야 합니다. 죽음은 결코 사고가 아닙니다. 그런데 우리는 사고 때문이라고 생각합니다. 때로는 누구 때문이라고 생각하고 혹은 무엇 때문이라고 생각하기도 합니다. 안죽을 것인데 누구 때문에, 무엇 때문에, 어떤 일로 인해서, 사고로 세상을 떠났다, 라고 생각을 합니다. 그렇게 원망

합니다. 아쉬움도 있고 유감도 있고 때로는 일생토록 풀지 못하는 한이 있습니다. 안죽을 것인데 그때문에 죽었다, 합니다. 그래서 내 사랑하는 사람이 죽었다고 한을 품고 한평생 그 한에 시달리는 것을 볼 수 있습니다. 이것은 대단히 중요한 문제입니다. 오늘의 우리문화 속에, 생활풍습 속에 아주 좋지 못한 악습이 있습니다. 죽은 자의 죽은 원인, 사인(死因)을 산 자에게 묻는 못된 버릇이 있는 것입니다. 어떤 때에 어린아이가 막 웁니다. 아이들이야 우는 것이 버릇이고 우는 것이 상투적으로 하는 짓 아닙니까. 그런데 그 우는 것을 보고 "저놈이 저러니까 지 에미가 죽었지"합니다. 남편을 여읜 사람, 얼마나 괴롭겠습니까. 어렵게 어렵게 삽니다. 그런데 시어머니가 어쩌다 마음에 안들면 "저것이 저래놓으니 생때같은 내 아들이 죽었지." 이렇게 말합니다. 참으로 괴로운 일입니다. 그러나 이것이 우리의 현실입니다. 죽은 자의 사인을 산 자에게 묻는 못된 문화적 버릇이 있습니다. 있어서는 안될 일입니다. 여러분, 죽음에 대해서는 언제나 죽음의 보편성을 인정하여야 됩니다. 죽음의 불가피성을 인정하여야 됩니다. 누구나 죽고, 언제나 죽고, 다 죽습니다. 거기서부터 생각을 하여야 됩니다. 좀더 깊이는 그 사건 속에 하나님의 놀라운 섭리가 있었음을 아는, 그러한 생각을 하는 지혜가 있어야 됩니다. 하나님의 경륜, 하나님의 큰 드라마, 하나님의 섭리 안에 있는 것이요, 때로는 이해가 잘 안될 때가 있더라도 믿음으로 잘 극복하면서 그 죽음이라고 하는 사건 깊은 곳에 하나님의 사랑이 있었다고 하는 것도 알아야 되고 또 알 수 있어야 됩니다. 우리할아버지가 세상을 떠났습니다. 할머니가 아주 섭섭해하셨습니다. 그 얼마 뒤에 제 아버지가 공산당에게 피살당하셨습니다. 할머니가 그때 말씀하십디다.

"네 할아버지는 참 복도 많다. 먼저 가서 이 끔찍한 걸 보지 않았으니…" 여러분, 죽음이라고 하는 거기에도 하나님의 사랑이 있음을 믿고 알 수 있으면 얼마나 더 소망적이고 능력있는 생을 살아갈 수 있겠습니까. 나아가 하나님의 초월적인 능력이 있음을 믿고 또 믿을 수만 있다면 우리는 참으로 평안한 생을 살 것입니다. 하나님께서 능력 없으시어 구원하지 못하심도 아니요, 하나님께서 나를 사랑하지 아니하시어 내가 이렇듯 애달프게 간구하는데도 내 기도를 듣지 아니하시고 나의 사랑하는 자를 데려가신 것도 아닙니다. 오히려 내가 지금은 모르고 있지만 하나님의 엄청난 사랑이, 오히려 기도의 응답이 이렇게 나타났다고 받아들일 수 있는 그러한 믿음에 이르러야 한다는 말씀입니다.

오늘본문에는 나사로라는 사람의 죽음에 관한 이야기가 있습니다. 나사로라는 사람이 죽었습니다. 나이 그리 많지 않았던 것같습니다. 그런데 그 가정에서는 이 사람이 기둥과도 같은 사람입니다. 가정으로 말하면 좀 이지러진 가정입니다. 아버지, 어머니, 할아버지, 할머니, 손자, 손녀… 이렇게 있어야 정상적인 가정이라 하겠는데 이 집은 오빠가 있고 누이동생 둘이 있습니다. 이것부터가 사실은 불행한 일이라 하겠습니다. 그러니 오라비된 책임이 막중합니다. 그런데 이 오라비가 죽었습니다. 뿐만아니라 성경은 증거합니다. "(주의) 사랑하시는 자가 병들었나이다(11:3)." 주님께서 극진히 사랑하신 사람입니다. 어쩌면 예수님께서 만나신 사람들 중에서 제일 사랑하시고 또 사랑을 받으신 사람이었지 않았나, 생각합니다. 예수님께서 예루살렘에 올라가실 때마다 이 집에 유숙하신 것같습니다. 나사로네는 그때마다 정성을 다하여 예수님을 모셨습니다. 이렇게 주님께서 사랑하시는 이 가정의 가장 중요한 자가 병들어 죽었습니다. 어찌 이런 일이 있을 수 있습니까. 그러나 이에 대한 예수님의 말씀은 너무나도 높은 차원의 말씀입니다. "하나님의 영광을 위하여"—이렇게 말씀하십니다. 하나님의 영광을 위하여 병들었고 하나님의 영광을 위하여 죽은 것입니다. 뿐만아니라 예수님께서는 그 누이동생들이 와서 제 오빠를 치료해주시기를 청했을 때 가시지 않았습니다. 그 사이에 나사로는 죽었고 장례까지 치렀습니다. 이제 예수님께서 나사로가 죽었다는 것을 다 아시고 말씀하십니다. "내가 거기 있지 아니한 것을 너희를 위하여 기뻐하노니…(15절)" 세상에, 이런 말씀이 어디 있습니까. 내가 갔더라면 죽어가는 것을 보고 그냥 있을 수 없지, 병고쳤을 터, 그럼 안죽었을 터, 그런데 내가 안갔기 때문에 죽었다—오히려 그렇게 된 것을 기뻐하노라, 말씀하십니다. 이는 예수님께서 저 앞에 있는 것을 보시기 때문입니다. 이제 마르다가 예수님을 맞이하면서 불평투로 하는 말 좀 들어봅시다. "여기 계셨더면 내 오라비가 죽지 아니하였겠나이다"—애닯게 말합니다. 맞는 말입니다. 그러나 예수님께서는 내가 그 자리에 있지 아니하였음을 기뻐하노라, 말씀하십니다.

스티븐 코비라고 하는 교수가 쓴 「소중한 것 먼저하라」라는 책이 있습니다. 「First Things First」—이 책에 아주 재미있는 일화가 나옵니다. 어느 교수가 학생들을 가르칠 때 숫제 실물교육을 실시했습니다. 커다란 쇠통을 갖다놓고 통을 큰 돌들로 가득 채웠습니다. 그래놓고 하는 말이 "이제 이거 가득찼는데 여기에 다른 것을 더 넣을 수 없을까?" 더 넣을 수 없겠다고 학생들이 대답하자 교수는 자갈돌들을 틈틈이에 넣었습니다. 자갈돌들이 큰 돌들 사이사이에 하나둘

들어갑니다. 한참이나 들어갑니다. "이제 다 찼을까?" 이제는 더 채울 수가 없을 것이라고 학생들이 대답하자 그는 "아니다"하고 이번에는 모래를 갖다넣습니다. 모래가 술술 들어갑니다. 여기서 교수는 "무엇을 생각하느냐?"하고 학생들에게 물었습니다. 학생들은 대답합니다. "틈새는 항상 있는 것이라고 생각됩니다. 큰 돌들에는 자갈돌 들어갈 틈이 있고 자갈돌들에는 모래 들어갈 틈이 있다는 것을 깨달았습니다." "그런 것이 아니다"하고 교수는 말합니다. "이것은 큰돌을 먼저 넣었기 때문이다. 가령 모래를 먼저 넣었다면 그 뒤에 아무것도 더 넣을 수가 없는 것이다." 여러분, 무엇부터 생각하느냐가 이렇게 중요합니다. 세상을 생각하고, 인간을 생각하고, 죽음을 먼저 생각하기 때문에 예수님 여기 계셨더면 내 오라비가 안죽었을 건데요, 이렇게 말하게 되고 원망하게 됩니다마는 예수님께서는 부활부터 생각하십니다. 영원한 생명부터 먼저 생각하시고보니 "하나님의 영광을 위하여" 말씀하시고 또 "이 자리에 있지 아니한 것을 기뻐하노라" 말씀하시게 되는 것입니다. 부활신앙, 그것부터 먼저 생각한다는 것이 이렇게 중요한 것입니다. 다시 마르다는 말합니다. "마지막날 부활에는 다시 살 줄을 내가 아나이다." 이것은 일반적인 생명을 말합니다. 모든 사람이 육은 죽지만 영은 죽지 아니할 것을 말씀하고 계시는 줄로 압니다. 우리에게 있는 큰 오해가 바로 이 immortality입니다. resurrection과는 전혀 다릅니다. 영혼불멸이라고 하는 것과 부활은 다릅니다. 영혼불멸은 일반적인 것이고 자연적인 것이라고 한다면 부활이라는 것은 차별적이고 그리스도적인 것입니다. 오늘 25절에서 예수님께서 분명하게 말씀하십니다. "I am the resurrection…" 나는 부활이다, 내가 부활이다, 이렇게 말씀하십니다.

"이것을 네가 믿느냐" 말씀하십니다. 예수님만이 부활이요, 그리고 예수님께 연합한 사람들에게 그 부활이 이어지는 것입니다. 그래서 그리스도적 생명을 생각합니다. 이것은 차별적이고, 구원론적이고, 종말론적입니다. 생명의 문제, 다시 정리해서 생각하여야 합니다. 먹고 자고 입고 살다가 언젠가는 심장이 멎고 호흡이 멎고 뇌파가 멎으면 죽습니다. 생리학적 생명입니다. 그리고 영적 생명이라는 것이 있습니다. 우리 영혼, 그것이 살아 있어서 우리 몸을 지배합니다. 여기에 아주 묘한 함수관계가 있습니다. 사람이 죽어서 영이 떠났느냐 영이 떠나서 죽었느냐, 하는 복잡한 문제가 있습니다.

또한 그리스도적 생명이라고 하는 다음 단계가 있습니다. 제가 록키산맥에 있는 야스퍼라고 하는 곳에, 캐나다에 집회 갔다 오던 길에 잠깐 들렀는데 거기서 어느 장로님 내외분을 만났습니다. 바로 그 일 년 전 겨울에, 영하 사십 도나 되는 추운 겨울에 지프차를 타고 가다가 차가 미끄러지면서 그대로 호수에 빠지고 말았습니다. 내외가 다 죽게 되었는데, 멀리서 어느 지나가던 사람이 이를 보고 파출소에 달려가 알리고 구조대에 연락하고 해서 사람들이 급히 달려와 이들을 구출하였습니다. 큰 장비를 가져다가 지프차를 꺼내려니 얼마나 많은 시간이 걸렸겠습니까. 서둘러 간신히 꺼내놓고보니 두 사람은 심장도 멎었고 호흡도 멎었습니다. 영하 40도에 급랭되었습니다. 고스란히 냉동되어 있었습니다. 이미 심장은 멎었으나 자세히 검사해보니 뇌파가 살아 있습니다. 그래서 잘 치료한 결과 이 내외는 다시 살아났습니다, 일주일만에. 이런 사람들을 만나본 것입니다. 장로님은 건강한데 그 부인은 말이 좀 얼얼한 정도였습니다. 저는 이런 생각을 하였습니다. 다 죽었어도 뇌파가 조금 살아 있어서

회생할 수 있었다고 생각하지 않고, 하나님께서 부르시지 않으면 죽을래도 못죽는다, 라고 생각하였습니다. 무엇이 문제입니까. 생리학적 생명, 영적 생명이 합쳐서 인간입니다마는 다음단계는 그리스도적 생명, 그리스도께서 부활하신 그 생명임을 우리는 깊이 생각하여야 합니다. 그래서 성경에서는 부활이라는 말과 변화라는 말을 동의어로 사용합니다. 그리스도적 생명으로 변화할 것이다—다음단계의 생명존재를 말하는 것입니다. 영혼불멸적 생명, 그런 것으로 부활을 오해해서는 안됩니다. 뿐만아니라 내적 인간의 중생을 부활로 생각해서도 안됩니다. 사람이 거듭나면 그를 가리켜 부활하였다 합니까. 아닙니다. 그것은 중생이지 부활이 아닙니다. 독립운동가, 정치가, 외교관, 교육가이자 교회에서는 장로님이었던 이상재(李商在) 선생에게 일본의 어느 기자가 짓궂은 질문을 던졌습니다. "간디는 평소에 스스로 백 세까지 산다고 늘 말하였는데 선생님은 몇살까지 사실 것같습니까?" 그러자 선생은 빙그레 웃으면서 이렇게 대답하였다고 합니다. "사람이 한 번 났으면 영원히 살지 죽기는 왜 죽어!" 무엇을 말하는 것입니까. 정신을 말하는 것이지 결코 생명을 말하는 것은 아닙니다. 도덕적 변화, 때로는 이것을 부활로 착각해서도 안됩니다. 참부활이란 그리스도적 생명의 차원입니다. 성경은 이것을 가리켜 신령한 몸이라고 말씀합니다. 죽음과 현실을 다 흡수해버리는 온전한 생명을 말씀하고 있는 것입니다. 이렇게 한번 비사를 들어 말씀드릴 수가 있습니다. 어느 무남독녀 외딸이 있었는데 하도 개성이 강하고 고집이 세어서 그 아버지 어머니도 그 딸이 늘 걱정이었습니다. 저거 시집갈 수 있을까, 저거 사람 될까—그런데 어쩌다가 이 딸에게 애인이 생겼습니다. 사랑을 하기 시작하더니 이 딸은 그 부모의 표현대로 늑대가 양이 되었습니다. 얼마나 온순해졌는지 "쟤가 저렇게 달라질 줄 몰랐습니다"라고 부모는 감동을 합니다. 그런데 결혼을 하더니 이 딸은 자기가 생각했던대로 공부도 해야겠고, 사업도 해야겠고, 유학도 가야겠고… 그저 뻥뻥 큰소리치고, 남편 앞에서도 나는 나대로 살 거라고 큰소리쳤습니다. 그랬는데 아기가 태어났습니다. 이것 하나 낳아놓고 들여다보니 너무나도 좋은 것입니다. 그바람에 자기생각 다 포기하고 말았습니다. 아기를 품에 안고보니 딴생각은 온데간데없는 것입니다. 그저 행복하기만 한 것입니다. 나는 그것을 '중생'이라고 말하고 싶습니다. 중생, 딴사람이 되는 것입니다. 하나의 생명을 보면서 그 생명으로부터 내 존재의 가치를 다시 발견하게 될 때 새 사람이 되는 것입니다. 그러나 이것이 부활은 아닙니다. 이 점을 알아야 합니다. 자, 한 생명을 만날 때 이렇게 사람이 달라지는데 하물며 예수 그리스도의 부활사건이겠습니까. 대단히 중요한 것입니다. 죽음과 현실을 다 흡수하고 초월하는 창조적 생명력이 작용하게 됩니다.

프랑스의 사상가 루소는 후기작품인 「에밀」에서 이렇게 말합니다. "느끼지 않고 아는 것은 지식이 아니다. 객관적 관찰만을 지식이라고 할 수 없다." 여러분, 보고 알고 느끼고 감격하고 거기에 생명을 위탁해버릴 때 이것이 참신앙이요 참지식입니다. 부활절과 오순절은 밀접한 관계가 있습니다. 오순절 없는 부활절을 생각하지 못합니다. 부활절 없는 오순절도 생각할 수 없습니다. 객관적 사건인 부활이 성령의 역사 안에서 주관적으로 나에게 와서 확 부딪힐 때, 체험될 때 부활생명으로 바꾸어지는 것입니다. 생명이 죽음을 흡수해버리는 것입니다. 빛이 어두움을 흡수하고 부활이 사망을 흡수하고 소망이 절망을 흡수해버리는 것입니다. 부활신앙이 부활생명과 함께 할 때 온전한 부활생명의 존재로 살아가게 됩니다. 우리는 육체주도적으로 살아갑니다. 그러나 그것이 예수를 믿어서 영주도적 인간으로 살고 또 영주도적 인간이 이제는 생명주도적 인간으로 삽니다. 사망의 노예가 되었던 사람이 이제는 부활생명, 그 신앙으로 살아갑니다. 부활하신 그리스도의 생명, 첫열매가 되신 그리스도의 부활생명이 우리 안에 있을 때 부활신앙을 얻고, 부활신앙이 확실하게 우리의 온인격을 사로잡을 때 부활생명으로 살아가게 되는 것입니다. 오늘 예수님 말씀하십니다. "나는 부활이요 생명이니 나를 믿는 자는 죽어도 살겠고 무릇 살아서 나를 믿는 자는 영원히 죽지 아니하리니 이것을 네가 믿느냐." 거듭거듭 생각하여야 합니다. 이 믿음을 가질 때 세상을 보는 눈, 나 자신을 보는 눈이 달라집니다. 전혀 다른 세계에 살아갈 수 있습니다. 부활신앙, 그리고 부활생명, 그것이 그리스도인의 생명입니다. △

약속을 따라 난 자녀

내게 말하라 율법 아래 있고자 하는 자들아 율법을
듣지 못하였느냐 기록된바 아브라함이 두 아들이 있
으니 하나는 계집 종에게서, 하나는 자유하는 여자에
게서 났다 하였으나 계집 종에게서는 육체를 따라 났
고 자유하는 여자에게서는 약속으로 말미암았느니라
이것은 비유니 이 여자들은 두 언약이라 하나는 시내
산으로부터 종을 낳은 자니 곧 하가라 이 하가는 아
라비아에 있는 시내 산으로 지금 있는 예루살렘과 같
은 데니 저가 그 자녀들로 더불어 종 노릇하고 오직
위에 있는 예루살렘은 자유자니 곧 우리 어머니라 기
록된바 잉태치 못한 자여 즐거워하라 구로치 못한 자
여 소리 질러 외치라 이는 홀로 사는 자의 자녀가 남
편 있는 자의 자녀보다 많음이라 하였으니 형제들아
너희는 이삭과 같이 약속의 자녀라 그러나 그 때에
육체를 따라 난 자가 성령을 따라 난 자를 핍박한 것
같이 이제도 그러하도다 그러나 성경이 무엇을 말하
느뇨 계집 종과 그 아들을 내어 쫓으라 계집 종의 아
들이 자유하는 여자의 아들로 더불어 유업을 얻지 못
하리라 하였느니라 그런즉 형제들아 우리로는 계집
종의 자녀가 아니요 자유하는 여자의 자녀니라

(갈라디아서 4 : 21 - 31)

약속을 따라 난 자녀

　　미국 CBS방송에서 'House Party'라고 하는 생방송 쇼 프로그램을 26년 간 진행했던 아트 링클레터라고 하는 분이 있습니다. 유명한 사람입니다. 이 분이 쓴 책「아이들이 기가막히다」는 무려 4백만 부가 팔리는 인기있는 책으로, 많은 사람에게 읽히고 감동을 주었습니다. 그 책 첫부분에 나오는 이야기입니다. 생전처음 농장이라고 하는 곳에 구경을 간 네 살바기 어린아이가 있습니다. 그리고 생전처음 양떼를 봅니다. 아이는 용기를 내어 손으로 양을 쓰다듬으면서 이렇게 말합니다. "Why! they make them out of blankets." "야! 사람들이 담요를 뜯어서 애들을 만들었네." 손으로 만져보니 감촉이 담요 같거든요. 사람들이 담요를 뜯어서 양을 만들었다—어린아이가 엉뚱한 소리를 합니다. 이 엉뚱한 아이 보고 물어봅니다. "동생이 있나요?" 이 질문에 아이는 이런 대답을 합니다. "없어요. 하지만 동생 만드는 법은 알고 있어요." "어떻게 만드는데?" "저어… 엄마한테 단 음식을 많이 먹여서 엄마몸이 뚱뚱해지면 동생이 생겨요." "동생을 원해요?" "아니에요. 앞으로도 동생이 없을 거예요." 딱잘라 대답합니다. "어째서?" "나 하나도 낳은 것을 후회하고 엄마아빠가 귀찮아하니까요." 이제 이 아이가 어떻게 될 것같습니까. 엄청나게 똑똑합니다. 그런데 이 아이는 자신을 부모님들에게 귀찮은 존재라고 생각합니다. 귀찮아서 부모님이 다시는 아이를 안낳을 것이라고 생각합니다. 자기정체의식이 이렇게 시작됩니다.

　　롤로 메이라고 하는 유명한 심리학자가 「자아를 잃어버린 현대인」이라고 하는 책을 써서 많은 사람에게 읽히고 있는데, 그는 이 책에서 현대인은 산업문명에 중독되어 인간상실, 자아상실증에 빠졌다, 기계라고 하는 것이 사람의 인간성을 다 잡아먹어버렸다, 그래서 사람은 고독해하고, 불안해하고, 공허감에 빠지고, 방황하는 존재가 되었다고 말하고 있습니다. 최근 여러분도 신문에서 읽었겠습니다마는 요새 미국에서는 중고등학교 교실에서 콤퓨터를 없애버려야 하지 않겠느냐, 하는 논란이 나오고 있습니다. 왜 그러는고하니 콤퓨터라고 하는 것에 너무 어렸을 때부터 빠져드니까 인간성이 발달하지를 않기 때문입니다. 여기에 미치면서 친구와 사귀는 것을 잃어버렸습니다. 그래서 고독에 빠집니다. 더욱 심각한 문제는 가상현실에 익숙해지면서 실제현실을 잃어버린 것입니다. 모든것을 꿈처럼만 생각을 하는데 현실은 그런 것이 아닙니다. 지능지수도 떨어지고 특별히 인간관계에서 오는 소중한 것들, 심지어는 자연과의 관계에서 오는 소중한 것들을 다 잃어버리고 말았습니다. 컴퓨터는 늦게 배워도 됩니다. 나중에 며칠 배우면 되는 것을 일찍부터 배우게 해가지고 새로운 상품을 만드는 기계는 될는지 몰라도 인간이 되는 데는 문제가 있다, 이것을 지금 논하고 있습니다.

참된 자아를 찾는 길이 중요합니다. '내가 누구냐?' 항상 물으면서 살아가야 됩니다. 나는 누구인가, 하나님 앞에서 나는 누구인가, 가족들 앞에, 친구들 앞에, 주변의 사랑하는 모든 사람들 앞에 나는 누구인가—이것을 물으면서 비로소 인간은 태어나는 것입니다. 사랑받는 존재라고 하는 이 사실 하나가 사람을 사람되게 하는 것입니다. 흔히들 말하는 문제아가 있습니다. 사람이 영 달라지지 않는 것을 봅니다. 공부도 많이 하고 머리에 든 것은 있는 것같은데 인간은 영 아닌 것입니다. 왜 그럴까? 그 많은 날 공부했는데 왜 그 모양일까? 더듬어더듬어 올라가보면 어렸을 때 사랑을 받지 못했습니다. 아버지, 어머니, 할아버지, 할머니, 형제들의 충분한 사랑을 받지 못한 사람처럼 불행한 사람이 없습니다. 그런 충분한 사랑을 받으면서 사람은 세계관, 가치관, 인생관, 종교관, 모든것을 거기서 터득하고 그것을 가지고 한평생 살아가는 것입니다. 그 사랑은 이렇습니다. 내 주위사람들이 얼마나 행복한가, 하는 것을 생각합니다. 아이들은 말은 못하나 느낌은 어른들보다도 더 민감합니다. 저 사람이 날 사랑하는가 안하는가, 눈치보고 벌써 압니다. 그 사람이 나를 기뻐하는가 안하는가, 좀더 나아가서는 나로 인해서 행복해하는가 불행해하는가, 생각합니다. 또하나, 내가 저들에게 필요한가 필요치 않은가를 생각합니다. 사랑은 무엇으로 가늠합니까. 나를 위해서 얼마나 희생하는가, 나를 위해서 무엇을 희생하는가, 시간을, 물질을, 정신을, 얼마나 나를 위해서 수고하고 희생하는가를 평가하고 그것에 따라서 사랑의 언어는 전달되는 것입니다. 제가 '63년경 미국 어느 가정에 가보았을 때 아주 놀란 것은 지하실에 아이들을 위해서 장난감이 엄청나게 많다는 것이었습니다. 제가 어렸을 때 장난을 좋아해서 그 많은 장난감들을 볼 때 퍽 부러웠습니다. 그래서 그 집 아이 보고 "야, 너희들은 참 행복하구나. 이렇게 많은 장난감이 있으니 얼마나 좋겠느냐"했더니 이 녀석이 생긋생긋 웃으면서 하는 말이 "아빠 엄마가 놀러가느라고, 우리 떼어놓느라고 사다준 것입니다"합니다. 고마워하지를 않는 것입니다. 나는 엄마 아빠한테 성가신 존재다, 라는 것입니다. 사랑을 느끼지 못합니다.

오늘본문에 보면 두 아들의 이야기가 있습니다. 아브라함의 가정에 있었던 이야기입니다. 상징적이요 비유적이요, 신학적으로 소중한 의미가 있는 내용입니다. 이스마엘과 이삭―이스마엘은 아브라함의 미숙한 신앙에서 얻어진 부산물입니다. 하나님께서 아브라함에게 고향을 떠나라 말씀하시면서 내가 네게 땅을 주겠고 내가 너에게 자손을 주겠다, 아들을 주마, 약속하셨습니다. 아브라함은 이를 믿고 따랐습니다마는 한 10년 지내보고나니 나이는 먹지요 아내는 시들어가지요, 해서 아무래도 이 길이 아닌가보다, 조급하게 생각되어 편법을 취합니다. 그래 몸종을 씨받이로 이용해서 거기서 아이를 얻습니다. 이 아이가 이스마엘입니다. 참으로 불행하게 얻어진 아이입니다. 이 아이를 두고 성경은 육체를 따라 났다고 말씀합니다. 육체를 따라 태어난 아이, 실수로 태어난 아이입니다. 낳았으니 어차피 키울 수밖에 없었습니다마는 태어나지 않아야 될 아이였습니다. 생기지 말았어야 할 아이가 생긴 것입니다. 아시는 바와 같이 그 후손이 아랍이 아닙니까. 요새 아랍과 이스라엘, 둘을 놓고 볼 때, 아랍사람들은 '우리는 이스마엘의 후손이다' 합니다. 모슬렘도 아브라함의 후손입니다. 이스라엘은 이삭의 후손입니다. 아브라함의 그때 그 실수로 지금까지 수천 년 동안 이스라엘과 아랍은 원수로 지냅니다. 이스마엘, 세상에 태어나지 말았어야 할 아이지요. 태어났더라도, 이제라도 없어야 될 아이라고 여겨 결국은 내쫓습니다. 이런 불행한 이야기가 있습니다. 다섯 살바기 어린아이가 어느날 상담실을 찾아왔습니다. "너 왜 왔느냐?" 물으니 "상담하러 왔어요"합니다. "왜?" 그랬더니 "죽고 싶어서요" 그러더라고요. "왜 죽고 싶으냐?" "아빠 엄마가 나를 귀찮아해요. 내가 우리집에 세 번째 아이거든요. 그런데 늘 얘기하는 걸 들어보니까 가족계획 실패해서 내가 태어났대요." 안낳아야 될 것을 낳아서 골치라고 그러더랍니다. 그래서 나는 살 필요가 없지 않느냐, 하는 것이었습니다. 기막힌 이야기 아닙니까. 이것을 알아야 됩니다. 태어나지 말아야 될 자녀, 아주 귀찮게 여겨지는 자녀, 그것은 육체를 따라 태어난 자녀입니다. 참으로 불행한 것입니다. 그 운명자체가 불행한 것입니다.

그런가하면 이삭은 어떻습니까. 바라고, 소원하고, 기다려서 낳았지요. 간절히 기다렸습니다. 그런데 하나님께서는 참 이상하게도 아브라함과 사라가 원하는 시간에 주시지를 아니하고 말씀하신 후에도 무려 25년을 기다리게 하십니다. 그 25년 동안에 아브라함 자신은 늙고 아내는 단산까지 합니다. 이제는 인간적으로 끝났다, 생각하는 바로 이때에 찾아오셔서 내년에 아들을 낳으리라, 하십니다. 이것이 하나님의 말씀입니다. 나는 전능한 하나님이다, 너는 내 앞에서 온전하라, 내년에 네 아내가 아들을 낳으리라—참 기가막힙니다. 내가 이스마엘을 왜 얻었지? 너무도 기가막힌 것입니다. 어쨌든 이래서 100세에 아들을 낳았습니다. 이 아들이 이삭입니다. 하나님께서 왜 이렇게 하셨을까. 여기서 우리는 소중한 하나님의 계시적인 말씀을 들어야 됩니다. 자녀란?

아브라함의 자녀만 그런 것이 아닙니다. 자녀는 최고의 축복이라고 하나님께서 말씀하고 계십니다. 하나님께서 주시는 최고의 축복입니다. 생의 의미가 그 이삭 하나로 인해서 있어지는 것입니다. 우리에게 주신 자녀, 이 속에 하나님의 많은 말씀이 있는 것입니다. 제가 잘 아는 장로님가정에 이런 일이 있었습니다. 그 맏아들이 고등학교 2학년때 그 아버지가 경영하는 조그마한 공장에 다니는 여직공과 친해져서 아이가 생겼습니다. 어떡하면 좋겠습니까? 온집안에 난리가 났습니다. 어머니인 권사님은 펄펄뜁니다. 그러나 장로님은 태연합니다. "조금 속도위반은 했지만 그놈 재주도 좋지." 아무렇지도 않습니다. 오히려 감사하게 여기고 둘을 결혼시켜주었습니다. 고등학교 2학년 학생신랑과 그 어린 신부를 앞에하고 제가 결혼주례 하였습니다. 그 권사님이 내게 이야기합니다. 남편이 서른나이 될 때까지 방탕했습니다. 술 먹고 못된 짓 하고… 국제성병 걸렸습니다. 온몸이 썩어나가는데 많은 시간 치료를 받고 겨우 병을 멈추어 결혼을 하였습니다. 결혼을 하였으나 10년 동안 자식이 없었습니다. 의사는 말하기를, 아무래도 아이를 갖지 못할 것이라고 하였습니다. 그런가보다, 하고 좀 나이든 다음에 양자나 하나 들여야지, 하고 살았습니다. 이제 예수를 믿었습니다. 충만한 은혜를 몸으로 받았습니다. 몸이 불덩이같이 뜨거워지는 경험을 하였습니다. 그리고 아이를 가지게 되었습니다. 연년생으로 내리 다섯을 낳았습니다. 너무나도 감사한 것입니다. 하나님께서 주신 큰 축복이요 사죄의 은총이다─ 너무나도 감사한 것이었습니다. 그 감사가 하도 크기에 오늘 이 아들에게 이런 일쯤 있다 하더라도 괜찮다, 이것이었습니다. 모든 자녀가 그렇게 태어나는 것입니다. 하나님의 큰 은혜로, 기적으로 세상에 태어나는 것입니다. 이것을 잊지 말아야 합니다. 그런고로 모름지기 기도로, 기도응답으로 태어나는 자녀라야 합니다. 큰 복으로 내게 주시는 것입니다. 내게 큰 선물로 주시는 것입니다. 내게 주신 모든 선물 중 가장 큰 선물이 자녀입니다. 맥아더 장군은 큰일을 많이 하였습니다. 그러나 그의 아들을 위한 기도문에 보면 이런 말을 합니다. 내 아들, 이러이러한 아들이 되게 해주십시오, 하고나서 끝에 한마디 하는 말, 저는 그 기도문을 늘 외어봅니다. '그리하여 나로 하여금 세상을 헛되이 살지 아니하였다 하게 하시옵소서.' 내 생은 이것으로 끝나나 내 생이 헛되지 않았다는 것은 자녀에게서 가름이 되는 것입니다. 그런고로 자녀를 이처럼 소중히 여깁니다. 자녀는 하나님께서 내게 주시는 사명입니다. 소중한 약속의 자녀이기 때문입니다.

하나님께서 아브라함에게는 사실상 약속의 자녀 꼭 하나만 주셨습니다. 이삭입니다. 기적으로 주십니다. 하나님께서 그렇게 말씀하시고 또 그렇게 원하고 계십니다. 이 자녀를 통해서, 이 자녀를 통하여 만백성이 구원을 받으리라, 복의 근원이 되리라―이 아들 하나를 놓고, 이 아들을 통하여 계계승승 모든 백성이 구원받게 될 저 미래의 약속을 바라보도록 원하시는 것입니다. 이것을 잊지 말아야 합니다. 약속의 자녀, 이 자녀와 함께 무한한 미래, 무한히 복된 미래를 내다볼 줄 아는 그러한 마음으로 자녀를 대하고, 키워가야 되는 것입니다. 이것이 약속의 자녀입니다. 그런고로 늘 감사할 수밖에 없습니다. 늘 기뻐할 수밖에 없습니다. 이 자녀와 함께 우리는 행복할 수밖에 없습니다. 인내하고, 믿고, 기다리고, 약속을 확인하고, 약속을 그에게 확증시켜주어야 됩니다. 우리가 자녀들에게 이래라저래라 말이 많습니다. 다 별소용없는 말입니다. 가장 중요한 것, 자녀들이 바라고 또 성경이 말씀하는 것은 이것뿐입니다. 그 자녀로 인하여 내가 얼마나 하나님께 감사하는가, 그것이 문제입니다. 우리는 자녀들에게 계속 이렇게 말할 것입니다. "I am so happy because of you(나는 너로해서 행복하다)." 공부를 잘하든 못하든 문제가 아니다, 너를 보면 행복하고, 너를 생각하면 행복하고, 너희들의 장래를 지켜보면서 나는 더 바랄 것이 없다, 나의 생은 너희들로 인해서 의미가 있는 것이다―이렇게 말하고 이렇게 느끼고 이렇게 즐거워하면 아이들은 그 속에서 무럭무럭 자라는 것입니다. 약속의 자녀로 자라나게 되어 있는 것입니다. 여러분, 예수님 이름으로 영접한다는 것이 무엇입니까. 바로 이것을 말하는 것입니다. 그리스도의 이름으로 영접하는 것입니다. 말씀으로 가르칠 것입니다. 약속을 확인시켜 줄 것입니다. 오직 참사랑만이 교육을 가능하게 합니다. 따로 이래라저래라 할 것 없습니다. 옛날어른들은 교육학도 모르고 심리학도 몰랐습니다. 유아교육법도 몰랐습니다. 그래도 자녀를 훌륭하게 키웠습니다. 왜요? 사랑하니까. 그 뜨거운 사랑 하나만으로 교육은 충분하였습니다. 우리어머니는 그 흔한 초등학교도 못나왔습니다. 그래도 성경을 많이 읽으셨습니다. 그의 사랑 하나로 충분하였습니다. "나는 10년을 기도하고 너를 낳았다. 하나님 앞에 약속하였다. 목사가 되어라." 우리어머니는 항상 기뻐하셨습니다. 아들을 위해서 기도하면서 기뻐하셨습니다. 그는 나 하나 때문에 행복하셨습니다. 저는 그것을 알고 있었습니다. 북한에서 94세까지 사셨습니다. 어쩌면 나 하나 때문에, 나를 위해 기도하기 위해서 그는 오래오래 사셨습니다. 저는 94세에 돌아가셨다는 것을 확인하고나서 처음은 이렇게 느꼈습니다. '어머니, 이 어려운 세상에 어째서 그리 오래 살았습니까.' 그 다음으로 '저를 위해 기도하시기 위해서 그렇게 오래 사셨군요.' 이렇게 생각하였습니다. 오직 사랑으로, 뜨거운 사랑 하나만으로 교육은 충분한 것입니다. 사랑만이 창조적이요 생산적인 능력을 나타내는 것입니다. 오늘 우리는 육체를 따라 난 자녀, 그 의미를 바꾸어야 됩니다. 약속을 따라 난 자녀로. 자녀에 대한 의미가 신학적으로, 성서적으로 중생하여야 합니다. 하나님께서 내게 주신 소중한 약속의 자녀, 이것을 확인하고 그 속에서 무한한 하나님의 약속과 축복을 내가 느끼고 살아갈 때 우리들의 자녀는 이 어려운 세태를 헤치고 밝은 미래를 창조하게 될 것입니다. △

한 어머니의 큰 믿음

　예수께서 거기서 나가사 두로와 시돈 지방으로 들어가시니 가나안 여자 하나가 그 지경에서 나와서 소리 질러 가로되 주 다윗의 자손이여 나를 불쌍히 여기소서 내 딸이 흉악히 귀신들렸나이다 하되 예수는 한 말씀도 대답지 아니하시니 제자들이 와서 청하여 말하되 그 여자가 우리 뒤에서 소리를 지르오니 보내소서 예수께서 대답하여 가라사대 나는 이스라엘 집의 잃어버린 양 외에는 다른 데로 보내심을 받지 아니하였노라 하신대 여자가 와서 예수께 절하며 가로되 주여 저를 도우소서 대답하여 가라사대 자녀의 떡을 취하여 개들에게 던짐이 마땅치 아니하니라 여자가 가로되 주여 옳소이다마는 개들도 제 주인의 상에서 떨어지는 부스러기를 먹나이다 하니 이에 예수께서 대답하여 가라사대 여자야 네 믿음이 크도다 네 소원대로 되리라 하시니 그 시로부터 그의 딸이 나으니라

(마태복음 15 : 21 - 28)

한 어머니의 큰 믿음

　얼마전 라디오 프로그램에 나온 이야기입니다. 김상호라고 하는 공군중령의 간증입니다. 그의 어머니가 부엌에서 일하다가 실수로 하반신에 심한 화상을 입고 입원하여 있었습니다. 어머니는 꼼짝도 못한 채 누워 있고 조금만 움직여도 상처가 침대 천에 닿아서 쓰리고 아팠습니다. 의사나 간호사의 말대로 제일 아픈 고통이 화상으로 인한 아픔이라고 합니다. 가죽이 다 벗겨지고 말초신경이 전부 드러나기 때문에 인간으로서 겪을 수 있는 가장 아픈 고통이 화상으로 인한 고통입니다. 이렇게 괴로워하는 어머니를 아들은 지켜보면서 그 귀에 대고 조용히 물었습니다. "어머니, 얼마나 아프세요?" 어머니는 대답합니다. "천번 죽고 천번 사는 것같다. 이 세상에 이다지도 심한 아픔이 있다는 걸 몰랐다." 아들은 이 말을 듣고 그 아픔을 나누어가지지 못하는 안타까움에 괴로워하고 있었습니다. 하루는 어머니가 아들의 손을 잡고 말합니다. "얘야, 나는 너희들을 위하여 기도드리고 있다. 너희들의 아픔을 모두 내게 주십사고. 너희들의 고통을 다 내가 걸머지고, 그리고 갔으면 좋겠다. 그래서 너희들에게는 이런 고통이 없기를." 어머니는 며칠후에 세상을 떠났습니다. 이 아들은 잠자리에서 편히 돌아누울 때마다 어머니의 그 기도를 생각하였습니다. 어머니—참 어머니의 사랑이란 이 세상 그 어디에서도 볼 수 없는 가장 귀한 사랑입니다. 어머니들은 생각합니다. 자식들이 아플 때, 열이 사십 도가 넘고 숨을 할딱거릴 때는 내가 대신 아프고 싶습니다. 죽는다면 대신 죽고 싶은 것입니다. 그것이 어머니의 마음입니다. 어머니의 마음은 순수하고 깨끗한 것입니다. 하나님께서 이 세상에 하나님의 사랑을 보여주시기 위하여 우리에게 보여주시는, 계시적 의미가 있는 높고높고 귀한 사랑입니다. 이 사랑을 뜨겁게, 아주 뜨겁게 체험하고, 그리고야 비로소 사람이 되는 것 아니겠습니까.

오늘본문에 보면 한 어머니 이야기가 나옵니다. 참 훌륭한 어머니입니다. 저는 이 성경을 볼 때마다 언제나 어머니를 생각합니다. 저는 특별한 면에서 이 성경을 봅니다. 이 어머니, 참으로 훌륭한 어머니라고, 대표적인 어머니라고 늘 생각해봅니다. 오늘본문 마지막에 보십시오. 예수님께서 이 가나안여인을 칭찬하시면서 말씀하시기를 "네 믿음이 크도다" 하십니다. 헬라원문대로는 '메갈레 소 에 피스티스' 입니다. 메가톤급의 큰 믿음이라고 칭찬하시는 것입니다. 그리고 허락하시기를 "네 소원대로 되리라" 하십니다. 그래서 이 어머니의 소원이 이루어집니다. 이 어머니의 믿음, 어떤 믿음입니까. 이것은 교리적인 믿음이 아닙니다. 이 사람이 성경을 좀 안다는 것도 아닙니다. 하나님 앞에 정기적으로 무슨 제물을 드렸다는 것도 아닙니다. 도덕적으로 깨끗하다는 것도 아닙니다. 아주 심플한, 아주 단순한, 원초적인 어머니의 사랑 그것뿐입니다. 그는 딸아이 때문에 예수님께 나아왔습니다. 이 아이를 위해서라면 무슨 짓이든 못하겠는가—그런 어머니입니다. 아주 훌륭한, 가장 인간적이고 가장 고상한 믿음입니다. 이 여인은 딸을 사랑하였습니다. 여러분, 이 딸이 어떤 딸입니까. 귀신들린 딸입니다. 말도 못알아듣는 딸입니다. 벌거벗고 뛰어다닙니다. 모든 사람이 비웃습니다. 도깨비다, 저것도 사람이냐, 비웃습니다. 그러나 이 어머니는 그렇지 않습니다. 어머니에게는 소중한 딸입니다. 여기에 엄청난 신학적 의미가 있습니다.

아무 쓸모 없고, 모든 사람이 비웃어도 상관없습니다. 어머니는 이 자식을 사랑합니다. 건강한 자식을 사랑하는 것이 아닙니다. 그것은 사실 또한번 변질된 사랑입니다. 이 사랑은 절대적인 것입니다. 여행중에 있는 점잖은 사람이 어느날 여인숙을 찾아 하룻밤을 쉴 참입니다. 그 여인숙 주인은 자식들 데리고 혼자 고생하면서 수고하는 어머니였습니다. 아이들 다 잠들고 혼자서 마루에 나와 앉아 있을 때, 이 점잖은 손님이 그 어머니 보고 한마디 하였습니다. "수고가 참 많으십니다. 혼자서 어떻게 그렇듯 수고를 하십니까?" "다 아이들을 위해서예요. 아이들이 잘되기만 한다면야…" "어느 아이를 제일 사랑하십니까?" "맏아들이에요. 첫사랑의 열매이기 때문에 제일 사랑하지요. 아닙니다. 막내녀석을 제일 사랑합니다. 그 녀석은 제 아버지 얼굴도 못보았어요. 그래 불쌍해서 더 사랑합니다. 아닙니다. 세 번째를 사랑합니다. 개는 소아마비입니다. 늘 쓰러지고 넘어집니다." 여러 자식이 있지마는 병신자식을 더 사랑하는 것입니다. 이것이 어머니의 사랑입니다.

모두가 다 우습게 보지마는 이 어머니에게는 가장 소중한 딸이었습니다. 그리고 그 내면세계를 사랑합니다. 그저 귀신들려서, 그런 병이 들어서 그렇지 그 속에는 하나님의 형상이 있고 깨끗한 마음이 있습니다. 어쩌면 이 어머니는 조용히 혼자 앉아 있을 때 그 딸을 바라보고, '쟤가 귀신만 안들렸다면 어떨까? 얼마나 좋은 아이인데…'라고 생각하였겠습니다. 이것이 어머니의 마음입니다. 그리고 그 미래를 믿었습니다. 귀신만 나가주면, 그 병만 고쳐진다면 이 아이는 훌륭한 아이다—그렇게 미래를 믿고 있었습니다. 이것은 예수님의 마음과도 같습니다. 누가복음 13장에 보면 18년 동안을 귀신들려 있는 한 여자를 만납니다. 귀신들려 앓는데다 꼽추였습니다. 스무 살에 귀신들렸다면 지금 서른여덟 살입니다. 여자의 아름다운 세월을 다 이렇게 보내고 만 이 전형적으로 도깨비들린 여자, 이 여자를 예수님께서 보실 때, 저도 아브라함의 딸이라고, 그 내면세계를 보셨습니다. 그 외모를 보신 것이 아닙니다. 깊은 세계에 있는 하나님의 형상을 보고 계셨습니다. 오늘 이 가나안여인은 귀신들린 딸을 사랑합니다. 희망을 가집니다. 희망을 버리지 않았습니다. 그리고 딸을 믿었습니다. 미국에서 있었던 일입니다. 한 젊은이가 실수로 살인을 합니다. 사람을 죽이고 경찰에 체포되어 재판을 기다리고 있습니다. 어머니가 방문해서 조용히 "애야, 너 정말 사람 죽였느냐?" 묻습니다. "아니오." 아들은 이렇게 대답합니다. 어머니는 이 아들의 말을 믿습니다. "우리아들은 사람 안죽였습니다." 고집합니다. 오히려 재판장이 이 어머니를 설득합니다. "지금 모든 증거가 그렇게 되어 있어요. 어찌할 수가 없습니다. 가슴아프시겠지만 이것을 인정하여야 됩니다." 하지만 어머니는 "아니에요. 내 아들은 그런 사람이 아닙니다" 합니다. 결국 재판은 사형판결을 내렸고, 이제 사형집행 날을 기다리고 있습니다. 어느날 목사님이 방문해서 이 청년에게 물었습니다. "너, 진실하게 말해다오. 정말 사람을 안죽였느냐?" "죽였어요." "그러면 어머니에게는 왜 안죽였다고 말했느냐?" "어머니를 실망시킬 수가 없잖아요." "그래? 그럼 어떡하면 좋겠느냐?" "내가 지금 뉘우치고 있습니다. 어머니에게 가셔서 제가 거짓말해서 죄송하다고, 제가 사람을 죽였다고 말씀드려주세요." 목사님이 그 어머니를 찾아가서 이 아들의 이야기를 전했습니다. "당신의 아들이 사실은 사람을 죽였다고 말합니다." 그런데 어머니의 대답은 이러하였습니다. "나도 그런 줄 알았어요. 그러나 아들한테 말해주세요. 이 어미는 아들을 사랑한다고. 살인죄를 지었지만 나는 너를 사랑한다, 그리고 네가 그럴 수밖에 없었다고 나는 믿고 있다, 라고요." 이것이 어머니의 마음입니다. 어머니는 자식을 믿습니다. 그 장래를 믿습니다. 그의 진실을 끝까지 믿습니다. 이 세상 모두가 다 안믿어도 어머니만은 그 자식을 믿습니다.

오늘본문에 보면 그뿐이 아닙니다. 이 딸을 위해서 어머니는 참 어려운 시련을 다 극복합니다. 예수님 앞에 나와 "나를 불쌍히 여기소서"하고 소리를 지르지만 아무도 대답지 않습니다. 아주 무시해버립니다. 그러나 소리지릅니다. 그 말 속에 두 마디가 있습니다. "나를 불쌍히 여기소서 내 딸이 흉악히 귀신들렸나이다." 그 아이와 나 자신을 동일시하고 있습니다. 그의 아픔이 내 아픔이요, 그의 고통이 내 고통이요, 그가 정신병자된 것은 내가 정신병자된 거나 같습니다. 그의 부끄러움이 나의 부끄러움입니다. 완전히 하나로 생각을 합니다. 그리고 주님 앞에 나와서도 "나를 불쌍히 여기소서"하는데도 대답이 없는 그것을 극복합니다. 제자들이 예수님께 "그 여자가 우리 뒤에서 소리를 지르오니 보내소서"하는데 그것도 극복합니다. 나는 이스라엘집에 보내심을 받았다, 라고 예수님 말씀하실 때 이 가나안여인은 '나는 이방여자다' 하는 열등의식 그것도 극복합니다. 그리고 참 어려운 시험이 걸렸습니다. 예수님 모처럼 입을 열어 말씀하시기를 "자녀의 떡을 취하여 개들에게 던짐이 마땅치 아니하니라"하시는데, 예수님께 이런 말씀이 어디 있습니까. 어째서 이렇게 말씀하신 것같습니까. 그러나 이 여자를 보십시오. 너는 개다, 너는 개같은 여자다, 라는 모욕을 받고도 노여워하지 않습니다. 왜요? 딸을 위해서입니다. 만일에 자기자신의 병을 위해서라면 나를 고쳐주세요, 하다가 저렇듯 개취급을 받는다면 아마도 "까짓! 내가 개취급 받느니 차라리 죽어버리는 게 낫지"하고 버럭 화를 내고 가버릴 수도 있는 것입니다. 그러나 병든 자식의 어머니는 그렇지 않습니다. 어머니가 자식을 위할 때는 그렇지 않습니다. 모든 굴욕을 참습니다. 개면 어떻고 고양이면 어떠냐, 입니다. 그리하여 이제 참으로 귀한 말을 합니다. "개들도"라고, 개됨을 인정합니다. 이스라엘사람들이 이방사람들, 특별히 가나안사람들을 부도덕하다고해서 개라고 불렀습니다. 개라는 말, 익숙한 말입니다. 충분히 받아들일 수 있습니다. 그러나 그는 말합니다. "개들도 제 주인의 상에서 떨어지는 부스러기를 먹나이다." 부스러기은혜라도 주셔야 하지 않겠습니까—그 말입니다. 예수님의 마음이 뜨거워집니다. 이 여자의 마음씨에 감동하십니다. 이 여자의 기가막힌 사랑에 감동하십니다. 마침내 "네 믿음이 크도다"하십니다. 굉장한 믿음이다, 메가톤급이다, 칭찬하시고 "네 소원대로 되리라"하십니다. 굉장합니다. 이같은 사랑, 이같은 모성애, 이 사랑이 기적을 낳은 것입니다. 여러분, 이같은 사랑 깨닫고 보면 그 누가 사람이 안되겠습니까. 변화가 안생기겠습니까. 그런데 어머니의 이 사랑을 모르기 때문에 문제가 생기는 것입니다. 어찌생각하면 모든 어머니의 깊은 마음속에 이같은 마음이 있습니다. 인간은 이 어머니의 사랑을 받고 살고, 이 어머니의 사랑을 깨달으며 살고 감사하며 사는 법입니다. 6·25 전쟁 때 한국군인들 많이 전사하였는데 한결같이 "어머니!"라 부르짖고 죽었습니다. 이것을 알아야 합니다. 팔순넘은 우리할아버지가 이 손자와 같이 어디를 좀 가다가 넘어질 뻔하셨습니다. 그 순간 할아버지는 무심결에 "아이구 어머니!” 그러시더라고요. 그래 제가 “할아버지는 지금 연세가 얼만데 어머니 찾고 계셔요?” 그랬더니 “야 이놈아, 어머니는 영원한 어머니다.” 그러십디다. 나이들수록 어머니입니다. 구십 세가 넘은 한경직 목사님 살아계실 때 제가 가서 문안을 드렸는데 “아, 곽목사, 아주 이상한 거 하나 있구만. 이상한 게 있어. 아니 글쎄, 내가 한평생 영어성경을 봤는데, 내가 한국말성경보다 영어성경을 더 많이 봤는데 영어가 싹 없어졌어.” 아무리 해도 영어가 한 단어도 생각이 안난다 하십니다. 중간에 배운 그런 것은 다 없어지고 이상한 것이 하나 있다는 것이었습니다. 그저 어머니하고 옛날에 주고받던 말, 다 생각이 난다고 하십니다. 참 이상한 일이지요. 그것이 깊이 입력되어 있다가 지금 다 나오는 것입니다. 어머니와의 대화가 낱낱이 다 생각이 난다는 것입니다. 그러니 죽을 때 “어머니!”하고 죽는 것입니다. 이것이 마음의 고향입니다. 이것을 알아야 합니다. 어머니의 마음, 그것이 사람을 사람되게 하는 것입니다.

　캐시라고 하는 여자가 대학을 마치고 연애에 실패하였습니다. 그래서 제멋대로 돌아다니다가 집을 나가버렸습니다. 어머니가 아무리 말려도 제 마음대로 나가서 탕녀가 됩니다. 알콜중독자로, 창녀로, 마지막에는 아편까지 하게 됩니다. 다 시들어서 이제는 쓸데없다는 것을 알았습니다. 아무도 거들떠보지 않는, 아주 버려진 인간이 된 것을 알고 자살하려고 하였습니다. 연못에 나가 투신하려고 하는데 그 연못물에 어머니의 얼굴이 확 비치는 것입니다. ‘아, 10년 동안 어머니는 얼마나 늙으셨을까? 내가 한번 가보리라. 먼빛으로라도 어머니를 한번 보고, 그리고 와서 죽자.’ 어머니를 뵈러 왔습니다. 그러나 낮에 올 수가 없어서 밤에, 아주 어두운 때, 몰래 멀리서 좀 보려고 왔습니다. 집에는 불빛이 안팎으로 환합니다. '오늘 무슨 일이 있나?' 살그머니 대문을 조금 밀어보니 대문도 잠기지 않았습니다. 조금 더 밀었더니 "삐익"합니다. 그 순간이었습니다. 안으로부터 어머니가 맨발로 뛰어나오십니다. "캐시야!" 그렇게 부르면서 달려나오시는 것입니다. 꼭 붙들렸습니다. "어머니, 제가 10년 동안 전혀 소식을 전하지 않았는데 어떻게 제가 올 줄 알았습니까? 왜 불을 끄지 않고 있습니까?" 어머니는 말합니다. "네가 집을 나간 후 10년 동안 하루도 불을 끈 일이 없다. 문을 잠근 일도 없다." 캐시는 거기서, 거기서 새사람이 됩니다. 이런 어머니가 있는데 내가 왜 밖으로 돌았던가—여러분, 깊이 생각하여야 합니다. 어머니를 실망시켜서는 안됩니다. 어머니눈에 눈물흐르게 해서는 안됩니다. 그래서는 사람이 아닌 것입니다. 어머니의 간절한 기도, 그것을 마음에 새기면서 살아야 합니다. 어머니가 계신 곳으로 가는 것입니다. △

제 손으로 선한 일을 하라

그런즉 거짓을 버리고 각각 그 이웃으로 더불어 참
된 것을 말하라 이는 우리가 서로 지체가 됨이니라
분을 내어도 죄를 짓지 말며 해가 지도록 분을 품지
말고 마귀로 틈을 타지 못하게 하라 도적질하는 자는
다시 도적질하지 말고 돌이켜 빈궁한 자에게 구제할
것이 있기 위하여 제 손으로 수고하여 선한 일을 하
라

(에베소서 4 : 25 - 28)

제 손으로 선한 일을 하라

최근에 베스트 셀러의 종합1위에 있는 아주 평범한 책 한 권이 있어서 소개하고 싶습니다. 「Rich Dad, Poor Dad」라고 하는 책입니다. 「부자 아빠 가난한 아빠」입니다. 부자 아빠와 가난한 아빠를 잘 비교해서 이야기하고 있는 책입니다. 아버지가 자녀들에게 하는 말, 가르치는 말로 이어지지마는 그 말들 속에서 아버지가 자기철학, 자기 삶의 자세를 이야기하고 있기 때문에 대단히 중요한 의미가 있다고 생각합니다. 가난한 아빠는 이렇게 말한다는 것입니다. "돈을 좋아하는 것은 모든 악의 근본이다. 그러니 돈 좋아하지 마라. 공부 열심히 해서 직장을 구해야 한다. 나는 너희들을 키우는 데 돈을 많이 써서 부자가 될 수 없었단다. 항상 돈은 안전하게 사용하고 위험을 피하라. 돈은 중요한 것이 아니다." 이렇게 가르치고 또 그렇게 생각하고 삽니다. 그래 저도 가난하고 자식도 가난합니다. 한편 부자 아빠는 뭐라 하는고 하니 '돈이 부족한 것은 모든 악의 근본이다. 열심히 공부해서 회사를 차려야 한다. 나는 너희들 때문에, 너희들을 위하여 부자가 되었다. 항상 돈을 관리하는 법을 배우라. 돈이야말로 정말 큰 힘이다' 합니다. 그렇게 가르친다는 것입니다. 부자 아빠는 이렇게도 말합니다. '돈을 받으려면 돈을 주어야 한다. 베풀 줄 모르는 사람은 부자가 될 수 없다. 그러니 교회에도 헌금을 하고 사회단체에도 많은 기부금을 내고 자선재단에도 돈을 많이 내어라. 그래야 부자가 된다.' 그러나 가난한 아빠는 "나에게 여유가 생기면 그때 베풀 것이다" 합니다. 그러는 동안에 세월이 다 가서 결국 인색한 아버지로 남게 됩니다. 물론 자녀에게 돈 쓰는 법, 베푸는 법을 가르치지 못하고 끝납니다. 리더십과 동기연구가로 세계적으로 유명한 로빈 S. 샤르마라고 하는 분이 쓴 책을 이름이 재미있어서 소개합니다. 「내가 죽을 때 누가 울어줄까?」라고 하는 책입니다. 그는 아주 성공적인 삶을 위해서 필요한 백한 가지 지혜를 이 책에서 말하고 있습니다. 이런 말이 그 책에 있습니다. "네가 태어났을 때, 너는 울음을 터뜨렸지만 너를 지켜보는 모든 사람은 기뻐했단다. 그런데 네가 죽을 때는 많은 사람이 울겠지만 그때 너 자신은 기뻐할 수 있도록 살아야 한다." 대단히 중요한 이야기입니다. 우리가 베풀 수 있을 때 베풀지 아니하면 베풀고자 할 때 베풀 수 없게 됩니다. 누가 이런 재미있는 말을 합디다. "내가 억울하게 손해본 것, 아차해서 손해본 것, 그것만 가지고 다 좋은 일 했다면 성자 됐을 것이다"라고. 엉뚱하게 손해를 보았습니다. 이제 생각하니 그것 가지고 좋은 일 좀 할 것을… 그러나 기회는 지났습니다. 내가 죽을 때 주변사람들은 울겠지요. 그러나 나는 울어서는 안됩니다. 나는 울 이유가 없습니다. 나는 가장 행복한 시간이 되어야 하는 것입니다.

　　행복의 조건이라 할 때 거기에는 여러 가지가 있겠습니다마는 우선 기본적으로 건강하여야 행복합니다. 생각해보십시오. 건강한 거지가 병든 재벌보다 낫습니다. 돈이 아무리 있으면 뭘 하겠습니까. 건강 잃어버리고 비실비실한다면 만사가 귀찮은 것입니다. 한끼의 식사마저 맛있게 할 수 없으니 그 얼마나 불쌍합니까. 거지는 소화불량이 없습니다. 무슨 음식이든 항상 맛있게 먹습니다. 누가 행복한 사람입니까. 건강이 제일입니다. 그런데 이것도 대개 건강 잃어버리고나서 깨닫습디다. 건강하면 건강 하나만 가지고도 충분히 행복한데 사람들이 이것을 모르고 삽니다. 그래서 문제가 많은 것입니다.

　또하나는, 일이 있어야 됩니다. 일이 없다는 것은 쓸모가 없다는 거나 같습니다. 마땅히 일거리가 있어야 됩니다. 골프치는 사람들이 이런 이야기를 합디다. 일이 많아서 바쁠 때 골프를 치러 간다든가 하게되면 부킹을 해놓고 며칠전부터 잠을 안잔다고 합니다. 그렇게 나 기분이 좋다는 것입니다. 그렇게 골프치기를 좋아하고 치러 나가는 것을 좋아하더니 퇴직하니까 안치더라고 합니다. 힘들어서 못치겠다고 한다는 것입니다. 일하며 바쁜 때 어쩌다 한번 쳐야 신바람이 나는 거지 할일 없어 골프치면 죽기보다 힘든 것입니다. 영 재미없는 것입니다. 사람은 일이 있어야 삽니다. 또하나는, 일의 뜻을 알아야 합니다. 내가 무슨 일을 하고 있는지 그 의미를 알고 살아가야 한다는 것입니다. 또하나는, 일을 기뻐하여야 합니다. 엔조이하여야 됩니다. 즐거운 마음으로 일하는 것입니다. 죽지못해서나 할수없어서 하는 것이 아닙니다. 일 자체를 내가 즐기고 있는 것입니다. 그것이 행복의 비결입니다. 심리학자 프로이트는 이렇게 말합니다. ‘인생에 있어서 가장 중요한 것은 일과 사랑이다. 일이 있고 사랑이 있으면 살만한 세상이다. 일도 없고 사랑도 없다면 살았으나 죽은 것이다.’ 옳은 말입니다. 바로 이것 때문에 모두가 죽어가지고 살지 않습니까. 얼굴은 벌써 죽었습니다. 누렇게 떴습니다. 왜요? 일도 없고 사랑도 없으니까. 또 마틴 루터 킹 목사님이 유명한 말을 하였습니다. ‘목숨을 걸만한 일을 찾지 못한 사람의 삶은 가치있는 인생이라 할 수 없습니다.’ 여러분은 내가 지금 하고 있는 일이 목숨을 걸만한 가치가 있는 것입니까? 이것을 위해서는 오늘 내가 죽어도 한이 없다―그런 마음으로 일해보았습니까? 그렇다면 당신은 행복한 사람입니다. 그러나 한평생 그렇게 신바람나는 일을 해본 일이 없다면 헛산 것입니다. 잘못산 것입니다. 일에 대해서 다시한번 생각해봅시다. 일이라는 것은 일단 목적의식이 분명하여야 됩니다. 누구를 위한 일이며, 무엇을 위한 일인가—그 목적이 빗나가면 안되는 것이고, 목적이 없으면 더더욱 허무한 것입니다. 목적만 남으니까요. 마땅히 뚜렷한 목적이 있어야 합니다.

또하나는, 일에 대한 확실한 지식이 있어야 됩니다. 모르고 하는 일은 다 힘듭니다. 알고 하여야 됩니다. 목적도 알고, 방법도 알고, 결과도 알고, 환하게 알고 행동으로 옮깁니다. 생각이 먼저 가고 행동이 가야지, 행동이 먼저 가고 생각이 줄줄 따라간다면 그것은 피곤한 일입니다. 잘못사는 것입니다. 또하나는, 마음이 있어야 합니다. 일에 정성과 마음이 실려야 되고, 그리고 그 일을 사랑하여야 됩니다. 언제나 사랑의 불꽃이 있어야 하고 사랑의 마음, 뜨거운 가슴이 있어서 행동할 때 그 일은 높은 행복을 생산하는 것이고, 또 아름다운 결과를 맺게 되는 것입니다. 반대로 생각해봅시다. 왜 사람이 피곤해집니까. 피곤해지는 이유로 가장 중요한 것은 물질의 노예가 되기 때문입니다. 그래서 비인간화하고 있다는 것을 자신이 알고 있기 때문입니다. 세상에 물질을 위해 일하고, 돈벌기 위해 일하고, 먹고살기 위해 일하는 것, 참 힘든 것입니다. 어느 사이에 내가 이렇게 물질의 노예가 되어버렸습니다. 자나깨나 오로지 물질입니다. 걱정도 물질, 생각도 물질, 판단의 기준도 물질, 어쩌다가 이렇게 됐나, 이것을 깨닫는 순간 아주 피곤해집니다. 알거나모르거나 탐욕의 노예가 되어 사는 사람은 영영 만족이 없습니다.

또하나는, 이기심의 노예가 될 때 피곤해집니다. 자기자신만을 위해서 사는 것은 피곤한 일입니다. 음식도 자기자신을 위해 음식을 만드는 것은 참 힘든 일입니다. 우스운 이야기지만 제가 인천에서 목회 처음 시작할 때, 자식들이 어렸습니다. 어느날 부흥회 가려고 가방을 들고 나서는데 큰아들이 나보고 묻습니다. "아빠 어디 가요?" "부흥회 간다" "언제 오실 거예요?" "닷새 있다 온다." 그랬더니 제 동생을 내려다보면서 하는 말이 "야, 며칠동안 또 형편없게 됐다"하는 것입니다. 그게 무슨 소리냐, 했더니 이렇게 말합니다. "아빠가 이렇게 출장을 나가면 어머니가 시장에 안가요." 애들아, 그저 아무렇게나 먹자, 아무거나 해먹자—어머니가 그런다는 것입니다. 그러니까 아빠가 안계시면 우리는 얻어먹을 게 없습니다, 그러니까 비참하다, 그 말입니다. 이것은 사실입니다. 자기자신을 위해서 음식을 만든다는 것, 힘든 일입니다. 다시 인천에서 지낼 때의 이야기입니다마는 그때 여전도사님 한 분이 혼자 사는 분이었습니다. 나는 그분을 특별한 의미에서 존경합니다. 옛날에는 교인들이 교역자의 집에 뭘 가져올 때, 기껏해야 계란, 그리고 냉장고가 없을 때이니 산 닭을 가져왔습니다. 산 닭을 잡아먹으라고 선물한 것입니다. 받기는 하나 이거 내 손으로 잡고 삶는 것, 이것이 내 몫입니다. 아주 힘듭니다. 그런데 이 여전도사님은 혼자 살면서 자기를 위해서 그런 닭을 잡아먹습니다. 예삿사람이 아닌 것입니다. 그런 모습을 두 번 보았었는데 지금 90세가 넘었습니다. 그래도 건강합니다. 그런 정신으로 사니까 아흔넘고도 건강할 수밖에 없는 것입니다. 자기를 위해서는 음식 하나도 만들기가 어렵습니다. 자기를 위해서 옷을 입는 것이 아닙니다. 자기를 위해서 세수를 하는 것도 아닙니다. 여러분이 오늘도 거울을 보고 머리를 단장하였지만 그것도 남을 위한 것입니다. 알고보면 철저하게 봉사하는 일입니다. 남을 위해서, 남을 기쁘게 하기 위해서—이것이 기본정신입니다. 그러나 이것이 나 자신을 위한 일이다, 하는 순간에 피곤해지는 것입니다.

또하나는, 후회라고 하는 것에서 헤어나지 못할 때 피곤해집니다. 사람이란 잘한 일도 있고 잘못한 일도 있는 법입니다. 오늘부터 잘하고 싶습니다. 결심하고 깨끗하게 바르게 살아가고 싶습니다. 그러나 어두운 지난 과거가 나를 괴롭힙니다. 몇년 전, 십년 전 일이 오늘 나와가지고 나를 묶어놓습니다. 꼼짝못하게 만듭니다. 이거 어떻게 하면 좋습니까. 생각해보십시오. 실패하고 잘못 산 지난날이 내 다리를 꼭 붙들고 있지 않습니까. 아무리 바르게 살려고 결심을 해보아도 잘못된 그 과거가 나를 붙들고 있기 때문에 어찌할 수가 없습니다. 참으로 고통스러운 일입니다. 여기서 피곤해지는 것입니다. 게일 쉴리라고 하는 저널리스트가 「Path Finders」 곧 「통로를 찾은 사람들」이라는 책을 썼는데 이런 내용입니다. 그가 저널리스트로 있으면서 많은 사람들을 조사해보았습니다. 이만하면 물질적으로가 아니라 인격적으로 훌륭하게 산 사람이다, 이만하면 성공적으로 살았다, 하는 사람들, 마흔넘은 사람들 중에서 그런 사람들을 전부 조사해보았습니다. 그랬더니 그들에게는 일곱 가지의 공통점이 있었습니다. 첫째는, 확실한 방향을 가지고 살았고, 일생을 외길로 살았습니다. 휘청휘청하지 않았습니다. 목적과 방향이 분명한 생을 한평생 살았다는 것입니다. 둘째는, 헛되게 살았다는 자책감이 없습니다. 잘못살았다, 하는 생각이 없고 잘했다, 그만하면 잘살았다, 이렇게 생각을 하고 사는 사람들이었습니다. 셋째는, 나이가 들었어도 무엇인가 오늘 할 수 있는 일을 찾아서 열심히 일합니다. 은퇴했다고 노는 것이 아닙니다. 빈둥거리는 것이 아닙니다. 오늘도 내가 할 일을 하는 것입니다. 할만한 일을 찾아서 열심히 일하는 것, 그런 체질의 사람들이었습니다. 또하나는, 미래에 대한 두려움이 없었습니다. 미리 다 정리하였습니다. 앞을 환히 바라보고 남은 생을 정리해가면서 삽니다. 또하나는, 사람들의 비판에 대해서 신경을 쓰지 않습니다. 잘했다고 하나, 못했다고 하나, 그런 것 생각하지 않습니다. (우리네는 대체로 체면 때문에 망합니다. 유교문화 탓인지 남들이 뭐라고 하나, 실패했다고 하나 성공했다고 하나, 신경을 씁니다. 남이 뭐라고 말한들 그것이 뭐 그리 중요합니까. 나와 하나님과의 관계가 중요한 것입니다. 사람에게 신경쓰다보니 사람이 처절해지는 것입니다.) 또 주위사람들의 사랑을 느끼고 삽니다. 가까이에 있는 사람들, 내 가까이에 있는 친구들, 사랑하고 사랑을 느낍니다. 가까이에 있는 사람들로부터 사랑을 느끼고 산다는 것, 그것이 행복한 것입니다. 일곱 번째는 눈에 보이지 않는 가치와 신앙을 삶의 중심에 간직하고 삽니다. 점점 더 신앙에 충실하면서 신앙적 가치관을 가지고 살아간다―이것이 성공적으로 인생 하반기를 사는 사람들의 모습인 것입니다.

오늘말씀은 대단히 중요한 교훈을 줍니다. 데살로니가후서 3장 10절에 보면 "누구든지 일하기 싫어하거든 먹지도 말게 하라" 하였습니다. 기독교인의 노동관입니다. 또 데살로니가전서 4장 11절에 보면 "종용하여 자기일을 하고 너희 손으로 일하기를 힘쓰라" 하였습니다. 그리고 데살로니가후서 3장 12절에 보면 "자기 양식을 먹으라" 하였습니다. 일하지 않고 먹으면 도적질하는 것이 된다는 것을 알아야 합니다. 남의 물건 가져오는 것만 도적질이 아닙니다. 공짜로 먹으면 도둑입니다. 일하지 않고 먹으면 도적질하는 것이 된다는 것을 알아야 합니다. 「탈무드」에 보면 '자식에게 일하는 법을 가르치지 아니하면 도적질을 가르치는 것과 같다' 합니다. 벌어먹고 사는 길을 모르면 그 누구 것 먹게되는 것입니까? 결국 남의 것 먹는 것입니다. 일하지 않고 먹는 사람, 그 누구든지 다 도둑놈입니다. 그런 사람이 많기 때문에 세상이 시끄럽습니다. 그러면 생각해봅시다. "자기 양식을 먹으라"합니다. 내가 일하고 어떤 경우든지 부지런히 밥값을 해야 합니다. 이것만이 아닙니다. 휴식이라는 것이 있습니다. '쉰다' 할 때 이것을 그저 낮잠자는 것으로만 생각해서는 안됩니다. 쉬는 것은 그런 것이 아닙니다. 일을 바꾸어 하는 것이 쉬는 것입니다. 가령 육체노동 하던 사람이 조용히 음악을 듣고 앉아 있다거나 책을 보거나 하면 그것이 쉬는 것입니다. 또 책을 보고 사는, 정신노동을 하는 사람은 육체를 움직이는 것이 쉬는 것입니다. 내가 일주일 동안 하던 일과. 다른 일을, 다른 의미의 일을 할 때 그것이 휴식이 되는 것입니다. 그런데 또 한 가지는, 기쁜 마음으로 하면 휴식이 됩니다. 저는 이렇게 생각합니다. 자동차 운전하는 것을 두고 가끔 우리장로님들이 "목사님, 이제 손수운전 그만하시고 기사 하나 둡시다"하고 마음을 써줄 때가 있습니다. 그러나 저로서는 어림도 없는 이야기입니다. 왜요? 그것이 얼마나 재미있는데요. 운전이라는 것은 즐거운 마음으로 하면 드라이브가 되는 것입니다. 드라이브, 기가막히게 재미있는 일입니다. 휴식이요, 엔조이입니다. 그러나 이것을 억지로 한다면 어떻게 됩니까. 노동입니다. 위험한 노동입니다. 피곤한 일이 됩니다. 말하자면 마음먹기 탓입니다. 즐거운 마음으로 하면 무슨 일을 하든지 엔조이가 됩니다. 억지로 해서는 안될 것입니다. 요새 흔히들 말하는 '성희롱'이라는 것이 있지 않습니까. 사랑하지 않고 희롱하면 성희롱이 되고 사랑하면 그것을 애무라고, 재미있는 표현을 하는 사람이 있습니다. 애무하고 추행하고 다른 것이 없습니다. 같은 행위입니다. 사랑하는 사람들과의 관계는 엔조이고 애무가 되는 것이지만 사랑 없이 하게되면, 기쁘지 않은 일을 하게되면 이것이 성희롱죄로 걸리는 것입니다. 똑같은 행동이지만 내 마음 어디다 두느냐에 따라 해석이 달라집니다. 기쁜 마음으로 하면 휴식이 되는 것입니다. 더구나 선한 일을 하면 그것은 큰 휴식이 됩니다. 내가 선한 일을 한다—굉장한 것입니다. 예수님께서는 안식일에 대해서도 중요한 안식관을 말씀하여 주셨습니다. '거룩한' 유대사람들처럼 긴 옷을 입고 명상이나 하고 앉아 있는 것, 그것이 안식이냐, 이것입니다. 젊은 예수님은 행동적이십니다. 안식일에 선한 일을 하고, 병을 고치고, 환자를 방문하십니다. 이것이 안식일입니다. 이것이 휴식입니다. 그것은 일이 아니라 그 자체가 휴식이다, 이것입니다.

오늘의 말씀 다시한번 들어봅시다. "구제할 것이 있기 위하여 제 손으로 수고하여 선한 일을 하라." 굉장한 성공비결입니다. 나를 위해서도 아니고 내 자손을 위해서도 아닙니다. 구제할 것이 있기 위하여—나와 상관이 없는 그 누구를 돕기 위하여 내가 일하는 것입니다. 돈이 있다고 일하는 것이고, 돈이 있을 때 일하는 것이고, 남아서 일하는 것이 아닙니다. 돈 없습니다. 이제 구제할 것이 있기 위해서 일부러 일을 하는 것입니다. 여러분은 그런 일 해보았습니까? 구제할 것이 있기 위하여 목적을 세우고, 땀을 흘리고, 그래서 구제하여본 일이 있습니까? 이것이 없기 때문에 피곤하고 시시한 생을 사는 것입니다. 구제할 목적으로 일하여야 됩니다. 겨울 가까웠을 때, 고아원에 가서 아이들과 같이 도배를 하고 온 분이 있었습니다. 돈 좀 준비해가지고 종이를 사가지고 아이들과 같이 풀칠을 해가면서 밤늦게까지 도배를 하였는데 "아, 일생에 이렇게 행복한 건 처음입니다"합디다. 우리교회에도 이런 분이 있습니다. 예배당 지을 때, 그 전에 제게 와서 "저희는 돈이 없어요. 남편도 사업이 그리 시원치 않아요. 그러나 밥은 넉넉히 먹고삽니다. 그런데 건축헌금은 꼭 하고 싶어요. 어떡하면 좋겠습니까?" "아, 벌어야죠." 그랬더니, 자기가 학교다닐 때 교직과목을 좀 공부해놓았는데 선생노릇을 하고 싶어도 숫기가 없어, 부끄러움을 많이 타서, 사람만나기 어려워서 그 일을 못해보았다고 합니다. 제가 코치를 했습니다. "브리태니카 백과사전 판매원 훈련을 받으세요." 백과사전팔러 다니는 사람들, 보통 '뻔뻔한' 것이 아니거든요. 그랬는데 이 부인, 이거 훈련받는 데 가서 몇달 훈련받았습니다. 훈련받고나서 사람이 확실하게 달라졌습니다. 사람만나는 것이 반가워지고… 그 다음에 학교에 들어갔습니다. 삼 년 동안 월급 받는 것 그대로 모아서 헌금합디다. 자기가 세운 목표에 도달하자 학교 그만두었습니다. 완전히 그는 삼 년이라고 하는 시간을 벌어서 헌금한 것입니다. 이야말로 아름다운 헌금입니다. 이런 것이 이 교회를 이룬 것입니다.

오늘본문을 잘 봅시다. 도적질하던 사람들, 다시는 도적질하지 말고 돌이켜 구제할 것이 있기 위하여 선한 일을 하라, 합니다. 네 손으로 일하라, 합니다. 도적질과 구제—굉장한 이야기 아닙니까. 가끔 어떤 재벌이 재산을 사회에 환원했다, 하는 뉴스를 보고 아, 굉장하다, 하고들 칭찬합디다마는 저는 그렇지 않습니다. 그런 기사를 볼 때마다 씁쓸합니다. 못쓰고 죽게되니 내놓았지 뭐—안그렇습니까. 그게 무슨 선한 일이 되는 것입니까. 그것도 안하니까 문제이지만, 사실은 죽을 때 환원하는 것은 선한 일이 아닌 것입니다. 내가쓸 것을 안쓰고, 좀더 나아가서는 처음부터 선한 일 하기 위해서 돈을 번 것이라면 이것이 착한 일이지 죽을 때 가서 어차피 못가지고가니까 내놓는 것, 그것을 무슨 대단한 일인 양 떠들썩할 정도로 우리는 문제가 있는 것입니다. 애시당초 목표를 구제에 두고, 선한 일에 두고, 그리고 버는 것입니다. 얼마나 신바람나는 일입니까. 여기에 삶의 비결이 있고 성공의 비결이 있는 것입니다. △

스스로 작게 여길 그 때

　여호와의 말씀이 사무엘에게 임하니라 가라사대 내가
사울을 세워 왕 삼은 것을 후회하노니 그가 돌이켜서 나
를 좇지 아니하며 내 명령을 이루지 아니하였음이니라
하신지라 사무엘이 근심하여 온 밤을 여호와께 부르짖으
니라 사무엘이 사울을 만나려고 아침에 일찌기 일어났더
니 혹이 사무엘에게 고하여 가로되 사울이 갈멜에 이르
러 자기를 위하여 기념비를 세우고 돌이켜 행하여 길갈
로 내려갔다 하는지라 사무엘이 사울에게 이른즉 사울이
그에게 이르되 원컨대 당신은 여호와께 복을 받으소서
내가 여호와의 명령을 행하였나이다 사무엘이 가로되 그
러면 내 귀에 들어오는 이 양의 소리와 내게 들리는 소
의 소리는 어찜이니이까 사울이 가로되 그것은 무리가
아말렉 사람에게서 끌어 온 것인데 백성이 당신의 하나
님 여호와께 제사하려 하여 양과 소의 가장 좋은 것을
남김이요 그 외의 것은 우리가 진멸하였나이다 사무엘이
사울에게 이르되 가만히 계시옵소서 간밤에 여호와께서
내게 이르신 것을 왕에게 말하리이다 가로되 말씀하소서
사무엘이 가로되 왕이 스스로 작게 여길 그 때에 이스라
엘 지파의 머리가 되지 아니하셨나이까 여호와께서 왕에
게 기름을 부어 이스라엘 왕을 삼으시고 또 왕을 길로
보내시며 이르시기를 가서 죄인 아말렉 사람을 진멸하되
다 없어지기까지 치라 하셨거늘 어찌하여 왕이 여호와의
목소리를 청종치 아니하고 탈취하기에만 급하여 여호와
의 악하게 여기시는 것을 행하였나이까

(사무엘상 15 : 10 - 19)

스스로 작게 여길 그 때

　　조선일보 논설위원 이규태씨가 쓴「한국인의 버릇」이라고 하는 책이 있습니다. 이 책에서 저자는 한국인의 강한 서열의식을 지적하고 있습니다. 모든 사물이나 사리를 서열적으로 파악해야만 사고와 행동이 안정되는 경향에 대하여 강하다고 지적하고 있습니다. 사람을 만날 때, 만나자마자 상대방의 신분을 생각합니다. 그리고 나이에 대해서 궁금해합니다. 신분이 나보다 높은가 낮은가, 이것을 따지고 싶고, 나이가 나보다 적은가 많은가, 적으면 그저 "자네"로 대하고 싶고, 높으면 예의를 갖추어야 하기 때문입니다. 이런 서열의식, 참으로 문제입니다. 어느 학교 나왔나, 아주 궁금해합니다. 나보다 좋은 학교 나왔나 못나왔나, 또 동창이라고 하게되면 선배인가 후배인가, 후배라고 하게되면 벌써 "야, 너…" 이렇게 나오는 것입니다. 못된 성정입니다. 종씨라고 하면 또 항렬부터 따집니다. 누구의 몇대 손인가… 또한 유별나게 명함 내놓기를 좋아합니다. 그것도 다 랭킹의식, 서열의식 때문입니다. 망조입니다. 이것 때문에 거짓되고, 이것 때문에 허영되고, 이것 때문에 거품이 일고, 형식주의에 빠지는 것입니다. 경제, 정치, 문화, 모든것이 여기서 결딴납니다. 이 서열의식을 우리의 사고에서 완전히 빼버리기 전에는 세계화니뭐니 하는 것, 꿈도 꾸지 말 것입니다. 어림도 없는 일입니다. 초기선교사들이 한국에 와서 선교할 때, 한국가정들을 방문하게 되었습니다. 우리네 옛날의 방이라면, 지금도 그렇지마는 그야말로 좁은 공간일 뿐입니다. 아무 표시도 없는데 여기에 아랫목 윗목이 있습니다. 윗자리 아랫자리가 있습니다. 외국인선교사가 막 들어서면서 어디가 아랫자리고 어디가 윗자리인지 알 수가 없거든요. 큰 고충이었다고 합니다. 만일에 선교사가 들어서서 윗자리에 떡 앉았다가는 벼락이 떨어지는 것입니다. 선교는 다 한 것입니다. 그런데 그것을 식별할 길이 없거든요, 무슨 표지가 있는 것도 아니니. 추울 때를 기준해서 부엌이 있는 쪽이 윗자리였습니다. 그런데 남의 집 부엌이 어느 쪽에 있는지 그것을 알 수가 없습니다. 부엌이란 여인들의 고유 공간인데 이걸 기웃거리다가는 큰일나지요. 또하나, 좀 양반인 집에 가보면 벽에 의관이, 갓이 걸려 있습니다. 바람벽에 갓이 걸려 있는 바로 거기가 윗자리입니다. 지금도 보면 무슨 식당이나 어디를 가보면 실제로는 아래위가 없는데도 불구하고 올라앉으세요, 내려앉으세요, 합니다. 왜 이렇게 서열에 신경을 쓰는지… 참 복잡합니다. 언제든지 자리에 한번 앉으려면 벌써 몇번 옮겨야 됩니다. 여기가 윗자리고, 저기가 아랫자리고, 해서입니다. 왜 이렇듯 피곤하게 살아야 됩니까. 자기스스로를 높이는 풍습입니다. 커다란 수탉의 사진이 신문에 났습니다. 무슨 내용인고 하니 다른 수탉들을 다 물리치고 모든 암탉을 차지하게 된 강한 수탉이 지붕 위에 올라가서 위풍당당하게 소리를 지릅니다. "이 세상은 내 것이다!" 말이 떨어지기도 전에 독수리가 닥쳐 채갔다는 것입니다. 나폴레옹의 말입니다. "승리했을 때가 가장 위험한 때다." 높은 자리 조심하십시오. 그런 자리에 있는 그 때가 위험한 때입니다. 요사이는 용어를 바꾸어 리더십이라고 하는 학문에 대하여 많은 사람들이 연구를 하고 있습니다.

미국에는 최고경영학 저서에 수여하는 '벤자민 프랭클린 상'이라고 하는 특별상이 있어 「A Higher Standard of Leadership」이라고 하는 책이 이 상을 받았습니다. 캐샤반 나이르(Keshavan Nair)라고 하는 분이 쓴 것입니다. 이 책에 우리를 크게 감동시키는 부분이 있습니다. 권력과 부와 무력에 의한 지도력은 지도력이 아니다, 하였습니다. 돈많다고 큰소리치는 것, 그것은 지도력이 못됩니다. 권좌에 앉았다고 큰소리쳐보아야 '웃기는' 노릇입니다. 그것은 지도력이 될 수가 없습니다. 결국은 도덕적 원칙을 바탕으로해서 성심을 다해 봉사한 간디의 리더십을 21세기를 내다보는 가장 이상적 지도력의 패러다임이라고 이 책은 말하고 있습니다. 그래서 이 책의 제목을 우리나라에서는 「간디의 리더십」이라고 번역하였습니다. 이 책에서는 세 가지를 강조합니다. 첫째는 이중기준을 버리고 모범을 보이라, 하였습니다. 우리네는 사적인 것과 공적인 것을 따로따로 보려고 하는 의식이 있습니다. 그것은 어디까지나 사적인 것이다, 공적으로 하는 이것만 따라오라, 외치지만 지도력이란 공사가 없습니다. 사적인 것을 보지 않고는 공적인 것을 따르지 않습니다. 사생활과 공적인 것이 별개일 수 없다는 것이 지도력의 속성입니다. 그런고로 이중성을 가지지 말고 사생활에서 모범을 보이라, 그래야 지도력이 지도력될 수 있다, 하였습니다. 또하나, 봉사정신으로 임해야 한다는 것이 핵심입니다. 봉사정신으로 임하는 자만이 지도자가 될 수 있는 것입니다. 예수님께서도 '내가 세상에 온 것은 섬김을 받으려 함이 아니요 섬기려 하고 대속물로 주려고 함이니라' 하십니다(마 20:28). 섬기는 자세, 이것이 문제입니다. 봉사정신은 없이 그저 돈만 벌려 하고, 또 돈벌면 어디론가 가버리고… 큰 탈입니다. 봉사하는 마음으로 공부하고, 봉사하는 마음으로 연구하고, 봉사하는 마음으로 돈 벌어야 합니다. 성인군자가 되라는 것이 아닙니다. 최소한 자신의 행복을 위해서도 봉사하는 마음을 가져야 됩니다. 그래야만 지도력이 성립된다는 것을 잊지 말아야 합니다. 사회에서건 가정에서건 마찬가지입니다. 셋째는, 결단과 행동의 기본원칙이 있어야 한다는 것입니다. 정치도, 경제도, 사회도, 항상 기본원칙을 떠나서는 안됩니다. 기본원칙이 먼저입니다. 그것을 내가 먼저 지켜나갈 때 비로소 지도력이 성립되는 것입니다. 또한 그는 말합니다. 사람들은 돈을 벌면 돈에 집착하고, 권력을 가지면 권력에 집착하는데, 이런 집착이 지나칠 때 마침내 폭군이 되고 불의한 길에 들어서게 된다, 하였습니다. 그래서 간디는 애시당초 빈곤한 서민의 길을 택하였습니다. 이래서 오늘까지도 많은 사람들로부터 높이 존경을 받는 지도자가 됩니다. 깊이 생각할 일입니다. 오늘 우리는 지도자가 눈에 보이지 않아서 이렇게 피곤합니다. 미래가 안보여서가 아니고 우리가 전적으로 신뢰하고 따라갈 수 있는 지도자가 보이지 않아서입니다. 슬픈 일입니다. 「탈무드」에 이런 이야기가 있습니다. 랍비가 말하기를 "진리는 길에 널려 있는 돌멩이 만큼 흔한 것이다" 하였습니다. 그래 제자가 묻기를 "선생님, 그렇게 흔한 것인데 어째서 사람들은 진리를 터득하지 못합니까?" 랍비는 대답합니다. "그거야 사람들이 허리를 굽히기 싫어하기 때문이지. 허리를 굽히기 싫어하기 때문에 돌을 주울 수가 없단다." 허리를 굽혀야 합니다. 허리를 굽혀야 진리를 터득하고, 진리를 터득하여야 지도자가 되는 것입니다.

오늘본문에는 사울이라고 하는 왕의 이야기가 나타납니다. 그는 어느날 큰 실수를 범했습니다. 사무엘 선지가 그를 책망하고 마지막에는 결정적으로 "여호와께서도 왕을 버려 왕이 되지 못하게 하셨나이다"하고 심판합니다(23절). 그러면 무엇 때문이었습니까. 사울은 본래 겸손한 사람이었습니다. 아주 겸손해서 그가 왕이 된다고 할 때 도망가다 도망가다 뒤주 뒤에 숨어 있는 것을 끌어내왔습니다. 그렇게 겸손했던 사람입니다. 일찍이 그의 아버지가 암나귀를 잃고 사울에게 가서 찾아오라 하였을 때 사람됨이 얼마나 정직하고 성실했던지 그 암나귀를 찾아 사흘이나 헤맨 적도 있는 사람입니다. 그만큼 순종하는 사람이고 진실한 사람이고 겸손한 사람이었습니다. 그리고 17절에 보는대로 스스로 작게 여기는 사람이었습니다. 그런 사람인데 왕이 되고는 어느 사이에 교만해졌습니다. 되게 교만해졌습니다. 그 교만에 대한 이야기가 오늘본문에 나타납니다. 첫째, 아말렉과 싸우게 되는데 이 전쟁의 승패는 하나님께서 결정하십니다. 미리 결정하십니다. "아말렉을 너의 손에 붙였느니라." 말씀하시고 나가라 하시면 그 싸움은 이기게 되어 있는 것입니다. 이제 사울왕이 나가서 싸웁니다. 이것은 소돔 고모라를 진멸하시듯이, 노아홍수 때 온세상을 진멸하신 것같이 하나님께서 저들의 죄악을 심판하시는 순간입니다. 그 집행자로 사울왕을 사용하시는 것이니만큼 사울은 이제 아무것도 물을 것이 없습니다. 그대로 나가서 싸우고 진멸하면 되는 것입니다. 하나님께서 이기게 하셔서 이긴 것이고, 싸우라 하셔서 싸운 것입니다. 그런데 이긴 다음 그는 오늘성경에 보는대로 자기를 위하여 기념비를 세웁니다. 기념비—이것 참 문제입니다. 우리교회가 이런 일 저런 일에, 이런 기관 저런 기관에서 수고를 많이 하는데 가끔 그런 기관에서 저에게 감사의 뜻으로 감사패를 줄 때가 있습니다. 저는 그것이 마음에 안듭니다. 주의 이름으로 봉사했는데 왜 감사패를 받아야 합니까. 옛날에는 감사장이라 해서 종이로 되어 있으므로 불태워버리면 그만이었는데, 요새는 고급물질, 이를테면 돌로, 크리스탈로 만듭니다. 이것은 엄연한 공해입니다. 둘데도 없습니다. 버리지도 못하겠고. 그런데 이런 것을 받아야만 좋아하는 사람들이 있기 때문에 탈입니다. 봉사하고나서 왜 그런 것을 받아야 합니까. 선한 일 하고서 왜 내가 감사패를 받아야 합니까. 정말 못마땅한 것입니다. 그런데 오늘말씀에 보듯이 옛날이나 오늘이나 이런 것을 좋아하는 사람들이 있어왔습니다. 자기를 위하여 기념비세우기 좋아하는 사람들이 있습니다. '내가 여기서 싸워 크게 이겼느니라' —기념비를 세울 때 하나님께서 내려치십니다. '네가 이긴 것이냐?' 여러분, 어떤 일을 하든간에 기념비적인 행사, 기념비적인 사건, 이런 일이 있어서는 안됩니다. 내 이름을 높이려고 하는, 자기를 높이려고 하는 생각은 절대로 있어서는 안됩니다. 그 전쟁, 사울 그가 한 것이 아니지 않습니까. 또 한 가지는, 순종치 않았다는 것입니다. 순종한 것같으나 순종치 않았습니다. 아말렉과 더불어 싸우라—싸웠습니다. 진멸하라—진멸했습니다. 그래서 '순종했습니다' 하나 하나님께서 보실 때는 순종 안했습니다. 순종이란 명령하시는 자의 뜻을 그대로 받아들이는 것입니다. 내 의견과 내 생각을 버리고 아주 전폭적으로, 100%로 그분의 뜻을 받았을 때만, 그것도 기쁨으로 받았을 때, 그것이 순종이라는 것입니다. 그런데 나가 싸우라 하시니 싸우기는 싸우고, 진멸하라 하시니 진멸하기는 한 것같은데 좋은 양과 소, 쓸만한 것은 남겼지 않습니까. 이것이 잘못입니다. 순종한 것이 아닙니다. 형식적으로는 순종했는데 내용적으로는 순종한 것이 아닙니다. 겉으로는 하나님의 말씀을 따른 것같은데 사실은 자기욕심으로 탈취물을 취하는 데 급급했습니다. 하나님께서 이것을 심판하시는 것입니다. 순종함이 없었습니다. 이보다도 더 중요한 것은 변명을 하는 것입니다. 이 변명에 문제가 있습니다. 잘못을 책망할 때 "제가 잘못했습니다" 하였으면 좋았을 걸 요 순간에 벌써 '나는 그게 아닌데 백성들이, 백성들이…' 엉뚱하게 돌립니다. 자기잘못을 남에게 돌립니다. 그러다가 또 "아, 이 좋은 양과 소를 하나님 앞에 제사드리려고…" 합니다. 하나님께 드리려면 내것을 드려야지 그래, 아말렉과 싸워서 온 전리품을 바치겠습니까. 망언입니다. 변명하다보니 이런 정신없는 소리를 한 것입니다. 변명은 금물입니다. 거짓말하면 안됩니다. 충고를 무시하면 안됩니다. 도덕성과 정직을 떠나면 안됩니다. 잘못된 것을 잘못된 것으로 인정하는 것이 회개입니다. 그런데 왜 정직하기가 어렵습니까. 교만하기 때문입니다. 정직하고보면 모든 체면이 다 무너지는 것같기 때문입니다. 여기서 진실했다가는 아주 그만 내 위신이 망가지는 것같이 착각을 하기 때문입니다. 바로 마음이 높기 때문입니다. 교만하기 때문입니다. 그리고는 자기위치를 떠났습니다. 13장에 보면 하나님께서 크게 책망하시는 바가 이것입니다. 제사는 제사장이 드리는 것입니다. 아무리 왕이지만 왕이 제 마음대로 하나님 앞에 제사드릴 수는 없습니다. 이래서 사무엘 선지가 크게 책망합니다. 왕은 왕의 할 일이 있습니다. 그 한계를 넘어서서는 안됩니다. 제사장의 할일을 자기가 해버렸습니다. 또 변명을 합니다. 이 변명하는 것, 이 거짓말하는 것, 이 것을 하나님께서 크게 책망하고 계십니다. 여러분, 여러분 자신의 겸손함을 한번 진단해보실까요? 먼저는 내게 주어진 분깃, 내가 가진 것에 만족하십니까? 얼마를 받았든지, 어떤 형편에 살든지 여기에 만족하십니까? 혹 불만하십니까? 불만하면 교만이요, 만족하면 그것이 겸손입니다. 게다가 나는 작은 수고를 하였는데 하나님께서 큰 것을 주셨다고, 나는 아주 부족한 사람인데 오직 은혜로 내게 이렇듯 넘치게 주셨다고 생각한다면 그가 겸손한 사람입니다. 여러분의 이웃에 대해서도 여러분은 만족치 않습니까? 아내에 대해서 어떻게 생각하십니까? 내게 분에 넘치는 아내입니까, 아니면 '어쩌다가 저런 못된 것이 걸렸나' 생각하십니까? 내 분에 넘치는 분이다, 그것이 겸손입니다. 감지덕지하는 그것이 겸손입니다. 남편에 대해서도 '오직 하나님의 은혜로 이같은 남편을 주셔서' —이런 마음입니까, 아니면 '어쩌다가 저 웬수 만나가지고 한평생 이 고생을 하나' 합니까? 조심하십시오. 생각 하나가 얼마나 무서운 것인지 모릅니다. 또 자녀들에 대해서도 그렇습니다. 자녀들에게 주신 것 보면, 세상에 태어난 것부터 고맙습니다. 공부를 잘하든못하든 그것은 중요하지 않습니다. 그저 하나님 감사합니다, 이렇게 생각하면 이것이 바로 겸손입니다. '내 속에서 어찌 저런 게 태어났노' 한다면 교만한 사람입니다. 겸손한 마음을 가지면 이웃에 대해서도, 가정에 대해서도, 내 하는 사업에 대해서도 감사, 감사, 감지덕지합니다. 이것이 스스로 작게 여기는 마음입니다. 혹 남들이 나를 칭찬하건 비방하건 상관없습니다. 그것은 작은 일입니다. 이것이 겸손한 사람입니다. 그런 데 신경을 많이 쓰고돌아가면 이 사람은 위선자입니다. 혹 여러분이 억울한 말을 듣습니까? 제가 심각한 이야기를 하나 하겠습니다. 어느날 우리 신학후배들이, 제가 가르친 제자들인데, 아주 심각한 질문을 합니다. 벌써 목회생활 오래 했는데 이제 선배된 내게 묻는 것입니다. "나는 잘못한 게 없는데 억울한 말을 하고 자꾸 말이 번져나갈 때 아주 속상해요. 분하고 억울하고. 목사님, 그럴 때는 그 어떻게 하면 극복할 수 있습니까? 아무리 기도해도 안되는데요…" 저는 이렇게 대답합니다. "조금만 더 겸손하지그래. 그리고 조금만 더 정직하지." "무슨 말씀입니까?" "글쎄, 자넨 이해할는지 모르지만 나는 이렇게 생각하네. 지금 어떤 사람이 나에 대해서 억울한 소리를 하고 돌아가니 사실 변명하고 싶은 생각이 있겠지. 그런 일은 없으니까. 조금 억울하긴 하나 가만히 생각하면 들키지 않은 죄가 내게 많거든. 그걸 아나? 생각해보면 남의 입방아에 오르내리지 않는 잘못도 내게 많잖아? 내가 워낙 실수가 많은 사람인데 뭐… 이런 정도로 없는 얘기 하나 하기로소니 어떤가—그렇게 생각하니까 아무렇지도 않더구만." 뭐 그리 대단한 사람이라고 억울하다 합니까. 여러분, 한 계단만 더 내려앉으십시오. 정직하기가 힘듭니까? 그것은 교만입니다. 겸손한 사람은 언제든지 정직하기가 쉽습니다. 회개하기가 힘듭니까? 그것은 교만하기 때문입니다. 겸손한 사람은 언제라도 회개할 수가 있습니다. 요새 우리에게 큰 문제가 되는 것이 이것 아닙니까. 왜 원망과 불평이 많습니까. 모두가 스스로 자기를 높이기 때문입니다. 오늘말씀은 심각한 말씀입니다. 교만한 사람, 겸손한 사람을 말씀하고 있는 것이 아닙니다. 그가 스스로 작게 여길 때 하나님께서 그를 높여 이스라엘의 왕을 만드셨고, 그가 스스로 자기를 높일 때 내려쳐서 왕이 되지 못하게 하셨습니다. 여러분, 하나님 앞에서 정직히 행하여야 하겠습니다. 야고보서 4장 6절에 보면 하나님께서 교만한 자를 물리치시고 겸손한 자에게 은혜주신다, 하였습니다. 다시한번 겸손을 점검합시다. 그리고 정직합시다. 그래야 다시 은혜의 날을 허락해주실 것입니다. △

너희 원수를 사랑하라

또 네 이웃을 사랑하고 네 원수를 미워하라 하였다
는 것을 너희가 들었으나 나는 너희에게 이르노니 너
희 원수를 사랑하며 너희를 핍박하는 자를 위하여 기
도하라 이같이 한즉 하늘에 계신 너희 아버지의 아들
이 되리니 이는 하나님이 그 해를 악인과 선인에게
비취게 하시며 비를 의로운 자와 불의한 자에게 내리
우심이니라 너희가 너희를 사랑하는 자를 사랑하면
무슨 상이 있으리요 세리도 이같이 아니하느냐 또 너
희가 너희 형제에게만 문안하면 남보다 더 하는 것이
무엇이냐 이방인들도 이같이 아니하느냐 그러므로
하늘에 계신 너희 아버지의 온전하심과 같이 너희도
온전하라

(마태복음 5 : 43 - 48)

너희 원수를 사랑하라

벌써 옛날이야기입니다. 제2차세계대전이라고 하는 큰 사건이 지나간 후, 사람들의 마음속에 크고 강한 기억으로 남게 된 것은 바로 나치수용소입니다. 나치는 아우슈비츠를 비롯한 나치수용소에 죄 없는 유대인을 끌어다가 600만 명이나 죽였습니다. 마주서서 총을 쏘고 싸우고 해서 그렇게 많이 죽은 것이 아닙니다. 아무런 저항도 못하는 600만의 인명을 무참하게 살해한 이 사건은 인류역사상 가장 처참한 사건으로 기록되고 있습니다. 그 숫자가 사실인지 의심할 만큼 엄청나게 많은 사람을 희생시켰습니다. 이 나치수용소에서 구사일생으로 살아남은 사람들이 몇 있습니다. 그 가운데 두 친구가 있었습니다. 세월이 좀 지나 그 둘이 다시 만나서 옛날이야기를 하게 됩니다. 생각만 해도 오열이 끓고 도저히 분노를 잠재울 수 없는 그런 격한 감정이 상처로 남아 있습니다. "자네는 그때의 그놈들을 용서할 수 있나? 나는 생각만 해도 치가 떨린다네." 한 친구가 이렇게 말하자 다른 친구는 "글쎄… 이제는 다 지나간 이야기인 걸 새삼 꺼내서 뭘 하겠나"하고 대답합니다. "그걸 어떻게 잊고 어떻게 용서할 수가 있단말인가." "잊어야지. 잊지 못했다면 자네는 아직도 감옥에 있는 것일세." 여러분, 생각해봅시다. 물리적으로는 갇힌 데서 나왔습니다. 정치적으로도 해방되었습니다. 그러나 그 마음은 여전히 감옥에 있습니다. 갇혀 있던 그때 그 마음 그대로 있는 것입니다. 그러면 그는 사는 것이 그대로가 감옥입니다. 이 점을 우리는 생각하여야 합니다. 내가 자유인인 줄로 알지마는 아닙니다. 경제적, 정치적, 물리적으로는 자유인인지 몰라도 당신이 누군가를 미워하고 있는 한 당신은 자유인이 아닙니다. 누군가가 당신을 미워하고 있는 한 당신은 영영 자유인이 아닙니다. 여전히 증오라고 하는 무서운 감옥에 그대로 살고 있는 것입니다.

미국의 CIT대학, 곧 카네기공과대학에서 한번은 인생살이에 실패한 사람들, 직장생활에, 가정생활에, 그리고 사회생활에 실패한 사람들만 일만 명을 표본조사 해서 철저히 연구해보았습니다. 실패한 이유가 무엇일까?―연구하기 전에 일반적으로 생각하기는 지식이 없어서, 기술이 부족해서, 혹은 무능해서 실패한 것이려니 했는데 그렇지 않았습니다. 전혀 의외의 결과가 나왔습니다. 전문적 기술과 지식이 결여되어서 실패한 사람은 15%뿐입니다. 85%가 인간관계에서 실패한 것입니다. 연구한 사람들도 이런 통계를 얻고 깜짝 놀랐습니다. 그렇습니다. 지식이 부족해서, 자본이 부족해서, 또는 능력이 부족해서 잘못되는 줄 알았는데 사실은 85%가 인간관계에 잘못이 있었습니다. 그때문에 실패한 것입니다. 인간관계라니, 도대체 무슨 관계란 말인가?―추적해서 심층연구 해보니 실패한 사람들은 하나같이 negative mental attitude, 부정적 의식, 부정적 정신자세를 가지고 있었습니다. 성공한 사람들은 공통적으로 긍정적인 생각을 하는데 실패한 사람들은 항상 부정적이었습니다. 인간관계에서 그렇고, 사물에 대한 생각에서 그렇고, 사건에 대한 이해에서 그렇고, 역사에 대해서도 항상 부정적이었습니다. 이런 사람은 성공할 수 없다는 결론입니다. 아무리 지식이 있어도, 아무리 기술이 좋아도 안된다는 것입니다.

여러분, 오늘 우리는 주께로부터 엄청난 말씀을 듣습니다. 원수를 사랑하라, 말씀하십니다. 이 말씀을 두고 우리는 흔히 너무 높은 윤리규범이다, 쳐다볼 수도 없는, 우리가 감히 도달할 수 없는 덕목이다, 라고 생각하게 됩니다. 엄두도 낼 수 없는 일이다, 라고 아예 일축해버리기도 합니다. 그러나 원수를 사랑하는 이것이 바로 긍정적 자세입니다. 적극적 자세입니다. 미래지향적으로 생각하는 창의적인 자세입니다. 이 사실을 잊지 말 것입니다. 참승리라는 것이 무엇이겠습니까. '백전백승이 가장 좋은 것은 아니다.' 이 말은「손자병법(孫子兵法)」모공편(謀攻篇)에 나오는 말입니다. 평화로운 가운데서 상대방을 굴복시킬 수 있으면 그것이 최상책이요, 싸움을 통해서 상대방을 굴복시키는 것은 차선책이다, 라고 손자는 말합니다. 사실입니다. 전쟁을 통하여 이기는 것은 이기는 것이 아닙니다. 일본의「도쿠가와 이에야스의 인간경영」이라고 하는 책을 보면 이런 말이 나옵니다. '싸움에서 이기는 것은 매우 통쾌한 일이다. 그러나 한 사람이 이겼으니 한 사람은 졌으므로 그 진 사람의 고통 만큼의 그림자가 남는 것이다. 그런고로 싸우지 않고 이기는 것이 이기는 것이다. 싸워서 내가 이겨, 진 사람이 있고 저가 나를 미워하고 원수, 대립 관계에 있다고 한다면 그것은 절대로 승리가 아니다.' 그렇습니다. 여러분, 성공하였습니까? 성공하였으나 문제가 많다고하면 내가 성공하면서 많은 사람 실패하게 만들었기 때문입니다. 나 출세하면서 많은 사람 눈물흘리게 만들었습니다. 나 돈벌면서 다른 사람 전부 피눈물나게 만들었습니다. 그래서 이 나라의 재벌들이 온전히 서지를 못하는 것입니다. 그야말로 화무십일홍(花無十日紅)입니다. 그 짧은 생애 하나도 제대로 살지를 못하고, 내가 세운 사업이 곤두박질치고 무너지는 것을 보는 비극을 겪어야 합니다. 왜? 그것이 싸움이었기 때문입니다. 내가 얻고 남은 잃게 하고, 내가 성공하고 남은 실패하게 하고, 남을 마음아프게 해서, 이런 대립관계에서 문제를 해결했기 때문에 미워하고 시기하는 이런 관계에 있는 한 이루어도 성공이 아니고 얻어도 소득이 아닙니다. 그것을 알아야 합니다. '원수를 사랑한다'—이것은 기본적인 것입니다. 북한사람들하고 같이 이야기를 하든가, 식당에 가서 식사를 하고 "참 맛이 있습니다. 냉면이 참 맛있습니다"하고 칭찬하면 우리네같이 "예. 고맙습니다"하고 대답하는 것이 아니라 북한사람들은 이렇게 말합니다. "그것은 기본입니다." 재미있는 표현입니다. 저도 그걸 배워가지고 여러 번 써보았습니다. "기본입니다." 이제 말합니다. 원수를 사랑하는 것은 기본입니다. 아주 기초적인 것입니다. 원초적인 것입니다. 원수사랑 없이는 절대로 성공도 승리도 있을 수 없습니다. 행복도 없습니다. 우리는 흔히 상호적 사랑을 생각합니다. 네가 나를 사랑하면 나도 너를 사랑한다, 네가 나를 미워하면 나도 너를 미워한다—이것을 공의라고도 하고, 정당하다고도 하고, 합리적이라고도 합니다. 이것 가지고는 안됩니다. 네가 사랑하는 만큼만 내가 너를 사랑하겠다, 해서 사랑할 수 있습디까? 여기에 사랑이 있더냐고요. 이것은 말뿐이지 실제로는 불가능할 것입니다. 또하나는, 대가성 사랑을 생각합니다. 내가 너를 사랑하겠는데 결국은 네가 나를 사랑할 만큼 사랑하겠다, 네가 나를 사랑한다는 보장을 받고 내가 너를 사랑할 것이다—조건적입니다. 이것 또한 생각뿐이지 실제로 이루어지지는 않습니다. 이것들은 모두 다 소극적이요 부정적입니다. 생각해보십시오. 이것은 심리적으로 철저하게 종속적인 것입니다. 남에게 끌려가고 있는 것입니다. 저가 나를 사랑하면 나도 저를 사랑하고, 저가 나를 미워하면 나도 저를 미워하고, 내가 사랑하는 것에 대하여 대가를 바라고… 이러는 것은 다른 사람의 행동과 자세에 내가 종속되어 계속 끌려가고 있는 것입니다. 이제 묻습니다. 나는 누구입니까. 도대체 당신은 누구입니까. 주체의식이 없습니다. 나라고 하는 정체는 무엇을 말하는 것이며 내 인격은 어디에 간 것입니까. 항상 다른 사람 장단에 질질 끌려가는 이런 모습은 결코 신앙인의 모습이 아닙니다. 그런고로 원수사랑, 이것이 기본입니다.

공산주의가 생각하는 철학은 언제나 변증법적입니다. 싸워서 이기고, 혁명을 통해서 이기고, 투쟁해서 이기고… 이렇게 생각합니다. 거기에 평화가 있다고 생각합니다. 그러나 기독교의 윤리는 그렇지 않습니다. 사랑하고 희생해서, 그래서 평화를 이루고 의를 이룬다는 것입니다. 공산주의적 승리에는 항상 눌린 자가 있고, 억울한 자가 있고, 고통당하는 자가 있습니다. 기독교적 윤리에는 원수가 없습니다. 그것이 다른 것입니다. 오늘 주님께서는 말씀하십니다. "너희 원수를 사랑하라." 너희 원수—주관적인 원수개념에 문제가 있는 것입니다. 내게 원수요, 내 문제에 원수요, 나를 중심해서 원수요, 내 사업에 대해서 원수요… 내가 기준이 되고 있습니다. 나의 원수, 이것은 주관적 해석입니다. 내 판단에 따라서 원수요, 내 권익을 중심해서, 내 판정대로 저것은 원수다, 이것입니다. 그렇습니까? 생각을 한번 바꿔보십시오. 객관적 이해가 필요합니다. 저 사람이 내게는 원수이지만 착한 사람입니다. 다른 사람에게는 사랑하는 사람입니다. 내게는 나쁜 사람입니다. 어느 사건을 놓고는 나쁜 사람입니다. 그러나 다른 일을 위해서는 좋은 사람입니다. '흑백논리' 라는 말이 있습니다. 까만색과 흰색만 있는 것이 아닙니다. 붉은색도 있고 파란색도 있습니다. 내가 보는대로 원수라고해서 그대로 그가 원수되는 것이 아닙니다. 내게 원수니까 악하다, 라고 말할 수는 없는 것입니다. 내게는 나쁜 사람이지만 하나님께는 소중한 사람일 수 있기 때문입니다. 하나님의 사랑 받는 사람일 수 있기 때문입니다. 누가복음 15장에 보면, 탕자가 집에 돌아왔을 때, 그 형이 아주 못마땅해합니다. 재산을 다 없이하고 들어왔지요, 들어왔으니 이제 남은 재산을 또 나누어 가져야 되거든요. 여러 가지로 나에게 손해를 입히는 존재입니다. 아주 보기싫은 동생입니다. "아버지의 살림을 창기와 함께 먹어버린 이 아들을" 왜 사랑하시느냐고 아버지에게 항의합니다. 그러나 아버지는 그런 것이 아닙니다. "이 네 동생은 죽었다가 살았으며 내가 잃었다가 얻었기로"합니다. 형의 입장에서 보면 아주 나쁜 동생이지만 아버지에게는 몽매에도 잊지 못하고 기다리시던 그 아들입니다. 이것을 잊지 말아야 합니다. 나와의 관계에서는 원수이지만 하나님 보실 때는 착한 사람입니다. 하나님의 사랑 받는 자녀들입니다. 이 점을 우리는 깊이 생각하여야 합니다. 노인들이 나와서 보여주는 재미있는 TV프로그램이 있었습니다. 일흔, 여든 된 노인내외를 보고 진행자가 묻습니다. "한평생을 같이 살아온 그런 관계를 뭐라고 합니까?" 기대했던 대답은 '천생연분'인데 할머니가 뭐라고 대답하는고하니 "웬수!"라고 하는 것입니다. "넉 자로 말하세요, 넉 자로." 진행자가 안타까워하니까 이번에는 "평생 웬수!"하는 것입니다. 말을 잘못한 것인지 마음이 고약한 것인지 그 할머니, 원수와 더불어 한평생을 산 것입니다. 모름지기 우리는 내게 원수, 거기서부터 벗어나야 합니다. 내게는 잘못된 사람이지만 하나님 앞에는 사랑하시는 착한 아들딸일 수가 있습니다.

　오늘 주신 말씀을 따라 신학적으로 깊이 이해하여봅시다. 나는 하나님께 원수되었던 자다—이것을 잊지 말아야 합니다. 로마서 5장 10절에 보면 "우리가 (하나님과) 원수되었을 때에 그 아들의 죽으심으로 말미암아"하였습니다. 내가 하나님 앞에 원수였다는 것을 잊지 말 것입니다. 그럼에도 그는 나를 사랑하셨습니다. 원수같은 나를 사랑하셨습니다. 그런고로 원수사랑이 기본입니다. 원수 사랑하는 마음으로 나를 사랑하시어 내가 하나님의 자녀 된 것입니다. 지금도 내가 받고 있는 사랑이 바로 원수사랑입니다. 그러한 속성의 사랑인 것입니다. 왜? 내가 하나님 앞에 잘못할 때가 너무도 많기 때문입니다. 곁길로 갈 때도 많고, 하나님의 말씀을 거역할 때도 많고, 그 많은 은혜 가운데 살면서 계속 잘못된 길로 가고 있으니 이게 원수 아니고 무엇입니까. 하나님 앞에 원수된 나를 하나님께서 원수사랑의 사랑으로 사랑하시는 것입니다. 그래서 우리가 있는 것이 아닙니까. 내가 입고 있는 사랑, 내가 받고 있는 사랑이 바로 원수사랑인 것입니다. 이것이 뿌리요, 이것이 원초적인 사랑입니다. 또하나 있습니다. 주변의 내 이웃을 놓고 생각할 때도 역시 주변에 있는 모든 분들이 나를 원수사랑, 그 높은 사랑으로 수용해서 내가 오늘 있는 것입니다. 생각해보십시오. 우리는 흔히 내가 다른 사람에게 손해입은 것만 생각하고 내가 남에게 손해끼친 것은 생각지 않습니다. '나는 피해자' 라고만 생각합니다. 내가 가해자되었다는 것은 잊어버렸습니다. 다른 사람 때문에 내가 손해보고 마음아픈 생을 보낸다고 하지마는 나 때문에 다른 사람 괴롭고 어쩌면 그 한평생을 망쳐버렸습니다. 이래도 되는 것입니까. 더러 시어머니가 못돼먹어서 며느리를 아예 죽입니다. 못살게 만듭니다. 한 여자를 죽이고 내 아들 잘되기를 바랍니까. 얼마나 잘못된 일입니까. 내가 남에게 손해본다고는 생각하면서 내가 남을 얼마나 마음아프게 하고 있다는 것을 모릅니다. 내가 남을 죽이고 있습니다. 남의 일평생을 망쳐버렸습니다. 이러고도 하나님 앞에 복 달라고 빌어요? 안될 일입니다. 얼마나 내가 많은 사람을 괴롭히고 있는가, 얼마나 많은 사람을 내가 원수맺고 있는가, 얼마나 많은 사람이 나로 인해서 울고 있는가—이 생각을 왜 못합니까. 그런 가운데 내가 있는 것입니다. 그런고로 원수사랑의 그 너그러운 마음 속에 오늘 내가 있고 그 속에 내가 살아가고 있다는 것을 잊지 말아야 합니다. 오늘 주님께서는 더욱 적극적으로 말씀하십니다. 원수를 위하여 기도하라, 하십니다. 기도하라, 저사람 잘되게 해달라고 기도하라, 하십니다. 너와 적대관계에 있는 저 원수가 평안하게 잘살게 되어야 너도 평안한 것이요, 저가 어렵게되면 점점 더 이를 갈고 증오하게 되고 마지막에 원수갚게 되면 그것은 네게 돌아오는 것이다, 그런고로 원수를 위하여 기도하라, 그가 잘되게 해달라고 기도하라, 적대관계가 아닌 화해의 관계를 갖게 해달라고 기도하라, 이 말씀입니다. 예수님의 말씀입니다. 예수님께서 십자가를 지실 때, 그 아우성을 치며 창으로 찌르고 비난을 하고 조소하는 그 사람들에 대하여 일곱 마디 말씀 중의 첫마디말씀이 '하나님이여, 저들의 죄를 사하여주시옵소서. 저들이 하는 것을 모르기 때문입니다' 하신 것입니다. 예수님 스스로 이렇게 원수를 위하여 기도하셨습니다. 나는 이 말씀을 놓고 가끔 짓궂은 생각을 합니다. 좋은 생각은 아닙니다. 그러나 농담도 하고 진담도 합니다. 만일에 예수님께서 십자가를 지시는 그 순간에 그 극악한 무리들을 내려다보시면서 '이놈들 두고보자. 내가 천벌을 내리리라' 하셨다면 어떻게 되었을까, 이 생각입니다. 예수님께서 그리하셨다면 죄송하지만 저는 예수 안믿겠습니다. 말 한마디가 이렇게 중요한 것입니다. 그 한마디의 기도가 바로 예수께서 그리스도이심을 증거합니다. 나의 구주가 되신 것입니다. 이것을 잊지 마십시오. 원수를 위하여 기도하라—예수님 기도하셨습니다. 언젠가 한번 이북 5도 지도자들이 조찬모임을 갖고 말씀을 부탁하기에 가서 말씀하였습니다. 북한은 지금 어려우니 우리 정성을 다해서 도와줍시다, 하였습니다. 마치고 나오는데 나이많은 장로님 한 분이 제 손을 딱 잡더니 "목사님, 아무리 그래도 요 빨갱이놈들은 안돼요"하는 것입니다. 주면 안된다는 것입니다. "그놈들 망해야" 한다는 것입니다. 그래서 내가 "아니, 왜 그러십니까? 그래도 우리가 원한은 버리고 도와야 되지 않겠습니까"하였더니 한술 더 뜹니다. "곽목사는 젊어서 모르지? 우리가 얼마나 어려움을 당했는지…" 그래서 제가 손을 잡고 "저 그렇게 어리지 않습니다. 제 아버지가 제 목전에서 총살당하는 걸 본 사람입니다." 눈을 크게 뜨더니 "아, 그래도 도와야 하나?" "그럼요. 장로님의 마음속에 있는 그 미운 마음이 다 없어져야 통일이 됩니다." 이 장로님, 마침내 내 손을 잡고 놓지를 못하는 채 한참 우는 것을 보았습니다.

원수를 사랑하라, 원수를 위하여 기도하라, 원수가 배고프거든 먹이라, 목마르거든 마시우라, 원수가 잘못되는 것을 보고 기뻐하지 마라—이것이 성경이 주는 교훈입니다. 망하라고 하면 안됩니다. 위하여 기도할 것입니다. 그 원수 잘되게 해달라고 기도할 것입니다. 그리함으로 나는 자유인이 됩니다. "이같이 한즉 하늘에 계신 너희 아버지의 아들이 되리니"하고 말씀하십니다(45절). 하나님께서는 악한 자의 밭에도 비를 내리시고 선한 자의 밭에도 비를 내리십니다. 하나님 아버지의 온전하심같이 너희도 온전하라, 하십니다. 하나님 아버지의 마음으로 네가 좋아하는 사람도 사랑하고, 네가 미워하는 사람도 사랑하라, 가르치십니다. 그래야 하나님의 자녀가 될 것이다, 하십니다. 그래야 온전한 자유인이 될 것이다, 하십니다. 그래야 온전한 행복을 찾게 될 것이다, 하십니다. 너희 원수를 사랑하라, 너희 원수를 위하여 기도하라, 그리하여야 하나님의 자녀가 되리라, 이르십니다. △